14-18
la première guerre mondiale

ISBN : 2-7028-9874-2

Edition : Mathilde Aycard
Maquette : Francine Héral

Iconographie : DEUXIÈME TERRITOIRE
45, rue Vaneau - 75007 Paris

Réalisation : QUARANTE-QUATRIÈME PARALLÈLE
131, rue de l'Université - 75007 Paris

Édition exclusivement réservée aux adhérents du Club
LE GRAND LIVRE DU MOIS
15, rue des Sablons - 75116 Paris

Pierre Vallaud

14-18
la première guerre mondiale

volume I

Le choix iconographique a été effectué
en collaboration avec Éric Deroo

LE GRAND LIVRE DU MOIS

Nous informons le lecteur que par souci d'authenticité, nous avons conservé dans la retranscription des courriers, la syntaxe et l'orthographe d'origine.

Introduction

Les prémices du conflit qui ensanglante le monde entre août 1914 et novembre 1918 se lisent déjà dans toute l'histoire du siècle précédent. Sur cette durée, les différents facteurs qui se combinent pour faire éclater le conflit sont déjà à l'œuvre avec leur propre logique. Naissance et développement de l'idée de nation et progression du principe des nationalités d'une part, révolution industrielle, construction des empires et rivalités économiques et financières d'autre part. Les multiples linéaments qui sous-tendent ces phénomènes et varient selon les lieux et les moments se croisent et s'entrecroisent jusqu'au fatal assassinat de Sarajevo qui constitue une sorte de court-circuit.

L'explosion, servie par une diplomatie secrète qui empêche les protagonistes de mesurer toutes les conséquences de leurs décisions, perturbe à peine ces « forces profondes », submergées par la guerre généralisée et de plus en plus totale. Très vite, en dépit des espoirs d'un conflit bref, ce sont des territoires immenses, des millions d'hommes et des moyens matériels considérables qui sont mis au service de la confrontation. La machine infernale mise en marche, nul ne parvient à l'arrêter et, au contraire, chacun ou presque s'ingénie à nourrir le feu qui l'anime pour faire pencher la balance en faveur de son camp. Tout est sacrifié sur l'autel de la patrie et ce sont les sociétés entières qui sont en guerre. Les forces semblent bien faibles qui tentent de s'interposer, et ne passe-t-on pas facilement pour un traître lorsqu'on ne souscrit pas à cette folie collective ? Si l'on mesure la force des idées et le poids des sentiments à l'aune de cette guerre, à l'évidence et pour quelques années, c'est l'internationalisme qui est le grand perdant. Les idées généreuses qui l'animent semblent lettre morte et, en tout cas, le rapport des forces n'est pas en sa faveur. Au contraire, le chauvinisme et le nationalisme le plus étroit sont à l'œuvre pour tenter de justifier l'injustifiable. Pourtant, en dépit de tout, et tout patriotisme mis à part, les combattants – c'est-à-dire ceux qui combattent et pas ceux qui les envoient au feu – sombrent rarement dans la haine mise en scène à l'arrière. Courage, héroïsme sont d'autant plus remarquables qu'ils ne se parent pas de grandes valeurs et de grands sentiments mais qu'ils deviennent de simples qualités humaines plus répandues qu'on ne l'imagine en ces circonstances.

Ce que voudrait montrer ce livre c'est la rencontre entre cette histoire écrite par les Parlements, les souverains, les chefs d'État, les diplomates et les états-majors d'une part et, d'autre part, les combattants de l'avant et de l'arrière. Non pas que l'on veuille suggérer qu'il s'agisse de deux histoires distinctes, car ce n'est pas le cas, mais que l'une est la chair de l'autre et que sans ces deux aspects l'on ne peut pas comprendre l'âme de ce conflit (et sans doute de bien d'autres encore).

Fleury, 1915.

Sommaire

THE NOVEMBER

PEARSON'S

1907

> La machine infernale 1914 L'EXPLOSION 1915 L'IMPOSSIBLE VICTOIRE 1916 LA MÊLÉE SANGLANTE 1917 LA SOUFFRANCE ET LE DOUTE 1918 LE SILENCE DES CIMETIÈRES 1919 LA PAIX MANQUÉE

< Dès le début du siècle, Guillaume II, l'empereur d'Allemagne, est un des thèmes favoris de la presse internationale, comme sur la couverture de cette revue britannique. Sa passion pour les uniformes chamarrés et sa raideur symbolisent l'esprit militariste prussien jusqu'à la caricature.

> L'alliance franco-russe

La rupture entre Saint-Pétersbourg et Vienne à la fin des années 1880 conduit la Russie à se rapprocher de la France en dépit du fossé qui sépare l'empire et la République. L'investissement massif des banques françaises en Russie resserre les liens. En 1891, les deux pays signent un traité d'amitié assorti en 1893 d'une convention militaire. L'alliance est née. Soucieux de la consolider, le président de la République française, Émile Loubet, rend une visite au tsar Nicolas II en mai 1902. Cela n'empêche pas la France de se défausser lors de la crise bosniaque des années 1908-1909 et les Russes de lui rendre la pareille lors de la crise d'Agadir en 1911.
Aussi, avec la montée des tensions internationales, le président Raymond Poincaré éprouve-t-il le besoin d'effectuer à son tour un voyage à Saint-Pétersbourg.
Le rapprochement franco-russe n'échappe pas aux marques commerciales, qui utilisent tous les événements et les supports pour faire de la « réclame ». Ici, une image distribuée par les magasins du Bon Marché à Paris.

> 1900-1914 **La machine infernale**

« Toujours ces sacrés Balkans. » Cette réplique d'anthologie, faite par Antoine dans *Les Thibault* de Roger Martin du Gard, résume bien la question épineuse qui est à l'origine de la Première Guerre mondiale.

Entité territoriale constituée à partir des restes de l'Empire ottoman, mélange de peuples artificiellement réunis, cette région empoisonne les relations diplomatiques depuis le début du siècle. Elle excite la convoitise de ses voisins grecs, bulgares, roumains et serbes. Chacun d'entre eux accumule rancœurs et espoirs. La Bulgarie ne se remet pas d'avoir été privée en 1878 des acquis du traité de San Stefano qui lui donnait un territoire double. La Grèce veut reprendre à la Turquie l'Épire, la Thrace et les îles d'Asie Mineure. La Serbie veut récupérer sur l'Autriche la Bosnie et l'Herzégovine.

Chaque pays des Balkans est soutenu en coulisses par des grandes puissances aux ambitions contradictoires et se situe dans l'orbite d'empires chancelants : l'Ottoman en pleine décomposition et qui est en passe d'être supplanté par la Russie, l'Austro-Hongrois qui vit ses dernières belles heures, car il a bien du mal à maintenir l'équilibre entre l'Autriche et la Hongrie, toutes deux souveraines dans une monarchie dualiste. Cette ingérence, de plus en plus mal supportée, attise le mouvement des nationalités, qui prospère d'autant plus facilement que tous les peuples en mal d'autonomie ont un modèle : la Serbie, indépendante depuis 1878. La Serbie où les enfants des écoles n'apprennent pas seulement la géographie de leur pays, mais aussi celle de tous les pays serbes dans l'ordre de leur « rédemption » : la Macédoine, la Dalmatie, la Bosnie, l'Herzégovine, la Croatie, le Banat et la Pannonie. C'est donc autour d'elle que les Slaves du Sud envisagent de constituer une nation libre du joug des grandes puissances : la Grande Serbie.

> L'Empire austro-hongrois à son apogée. On distingue clairement la multiplicité des nationalités.

v Ferdinand Ier, roi de Bulgarie (1887-1918). Le prince, qui a mis longtemps à faire reconnaître son pays et sa souveraineté, finit par proclamer l'indépendance de la Bulgarie le 5 octobre 1908 et prend le titre de tsar. En passe de réaliser ses espoirs nationaux lors de la première guerre balkanique, il est vaincu par ses alliés de la veille pendant la deuxième guerre balkanique.

Une puissance dominante chancelante

Censée être la puissance dominante la plus à même de contrôler les Balkans, l'Autriche-Hongrie affiche une grandeur trompeuse. Couvrant 677 000 km², elle s'étend alors, en effet, sur un territoire immense, ce qui lui donne l'insigne privilège d'être le berceau d'écrivains aussi prestigieux que Kafka, Rilke, Musil et Zweig, de musiciens comme Mahler, Brahms, Bruckner, Janacek, Bartok et Webern, de penseurs comme Freud, Pirnitz et Wittgenstein, de peintres comme Schiele, Kokoschka et Klimt. Vienne, l'une des capitales les plus grandes d'Europe avec 2 millions d'habitants, est à l'image de l'empire, plurinationale et polyglotte. Cette richesse culturelle est un atout lorsque Tchèques, Polonais, Slovènes ou Croates vivent en bonne intelligence avec les Allemands et les Hongrois, comme c'est le cas dans la capitale. Mais elle a aussi ses obligations. Elle contraint l'empire à ne pouvoir accorder quelque indépendance à l'une des nombreuses minorités nationales qui le composent sans risquer par contagion l'éclatement en remettant en cause le principe même de son existence, son caractère multinational.

Or, justement, ces minorités nationales revendiquent de plus en plus haut et fort leur autonomie, et ce, d'autant que l'évolution démographique a rendu les Slaves plus nombreux que les Hongrois. Croates et Slovaques supportent de plus en plus mal d'être dominés par une minorité qui les laisse systématique-

ment en marge de la vie économique, politique et culturelle. Les Tchèques considèrent Autrichiens et Hongrois comme leurs oppresseurs et exigent l'usage de leur langue à l'école et dans l'administration. Partout, les inégalités entre nationalités sont de moins en moins bien tolérées et favorisent des amalgames douteux : le paysan slave durement traité par les grands propriétaires, germains ou magyars, d'Autriche-Hongrie confond volontiers émancipation nationale et réforme agraire.

< Enver Pacha (1881-1922) : militaire à la carrière fulgurante, il s'impose à la tête des Jeunes-Turcs, met fin au pouvoir déjà despotique du sultan Abdülhamid par la révolution de 1908, puis l'oblige à s'exiler en 1909. S'étant rattaché à la dynastie régnante en épousant la nièce du sultan, il prend le titre de pacha, accomplit des réformes, resserre l'alliance avec l'Allemagne, où il a vécu entre 1909 et 1911, participe aux guerres balkaniques, devient ministre de la Guerre en 1914 et pousse son pays dans le conflit.

v 1913. Guerre balkanique. Batterie turque abandonnée sur la position de Rachtani.

La poudrière des Balkans

L'annexion de la Bosnie-Herzégovine par l'Empire austro-hongrois en 1908 achève de pourrir la situation dans les Balkans. Elle entraîne les protestations de la Serbie et du Monténégro, inquiets à la perspective d'être à leur tour annexés, et provoque deux guerres dites « balkaniques », qui apportent bien des souffrances aux populations civiles et sont parfois présentées comme une « répétition générale » de la Première Guerre mondiale.

La première guerre balkanique éclate le 18 octobre 1912 : la Bulgarie et la Serbie, rejointes par la Grèce et le Monténégro, attaquent la Macédoine sous domination turque et l'emportent en trois semaines. Serbie et Grèce se partagent alors la province en oubliant, lors de la distribution, de récompenser leur allié bulgare, ce qui entraîne des désordres dans la région. Fin 1912, une conférence internationale, arguant de ces troubles, en profite pour créer un État, l'Albanie, que la Serbie regarde d'un très mauvais œil car il la prive d'un accès à l'Adriatique.

v Les combattants monténégrins face aux horreurs de la guerre. Plus petit État des Balkans, le Monténégro de Nicolas Ier sort vainqueur des guerres balkaniques. Il annexe la région ouest du Sandjak, de Novi Pazar et du pourtour du lac Scutari, ce qui augmente de plus de la moitié sa superficie.

La deuxième guerre balkanique se déroule de juin à août 1913. La Bulgarie, lésée on l'a vu, se retourne contre ses anciens alliés qui se sont adjoints pour la circonstance le soutien des Turcs et de la Roumanie. Cela fait beaucoup : la Bulgarie est écrasée en quinze jours et renonce définitivement, par le traité de Bucarest (10 août 1913), à la Macédoine, qui retombe à nouveau dans le giron de la Serbie et de la Grèce. Les Bulgares obtiennent juste un accès à la Méditerranée avec la Thrace occidentale, mais doivent rendre à l'Empire ottoman Andrinople (actuelle Edirne) et la Thrace orientale, et céder à la Roumanie la Dobroudja septentrionale.

Ces guerres ont reflété les divisions qui minent la région. L'Entente balkanique qui unissait la Serbie, le Monténégro, la Grèce et la Bulgarie a volé en éclats lorsque Serbes et Grecs se sont appliqués à effacer toute trace de la présence bulgare en Macédoine. En outre, Grèce et Serbie occupent chacune une partie de l'Albanie, qui ne réussit pas à affirmer son indépendance toute neuve. Elles confirment également que les grandes puissances se soutiennent, comme Vienne et Berlin, ou s'affrontent déjà par petits pays interposés, tels Vienne et Saint-Pétersbourg. Chaque grande puissance a ses intérêts propres.

Le tsar de Russie s'est toujours prétendu défenseur des orthodoxes, donc de la Serbie, mais aussi de la Bosnie-Herzégovine (peuplée de Serbes).

˅ Un officier, un porte-drapeau et un soldat d'infanterie monténégrins.

Il prête une oreille attentive aux doléances du grand-duc Nicolas Nicolaïevitch, dont le beau-père est le roi du Monténégro. Il aimerait profiter du conflit dans les Balkans pour dresser à nouveau la croix orthodoxe sur l'ancienne Byzance afin de rétablir son prestige et son autorité de plus en plus chancelants et de faire de la mer Noire une mer intérieure russe. Enfin, il convoite les détroits du Bosphore et des Dardanelles afin d'ouvrir à son pays un accès à la Méditerranée.

L'Allemagne entretient son alliance traditionnelle avec l'Empire ottoman en équipant et en encadrant l'armée turque. L'Autriche-Hongrie veille à préserver le contrôle de l'Adriatique et à étouffer les revendications des minorités nationales. La France, alliée à la Russie, apporte un soutien déjà éprouvé à la Serbie. Dans un tel contexte, il n'est pas étonnant qu'on commence à parler de « la poudrière des Balkans ». Reste à y mettre le feu.

Aux colonies, « l'ogre allemand » montre les dents

Au début du XXe siècle, les grandes puissances européennes dominent le monde. Elles ont placé sous leur tutelle la majeure partie de l'Afrique et de l'Asie, mais leur mainmise suscite bien des jalousies et des rancœurs. Haut lieu des rivalités des grandes puissances, les colonies tendent à devenir un champ de bataille plus ou moins avoué. En Afrique, la Grande-Bretagne rivalise avec la France et le Portugal.

v Le monde en 1914.

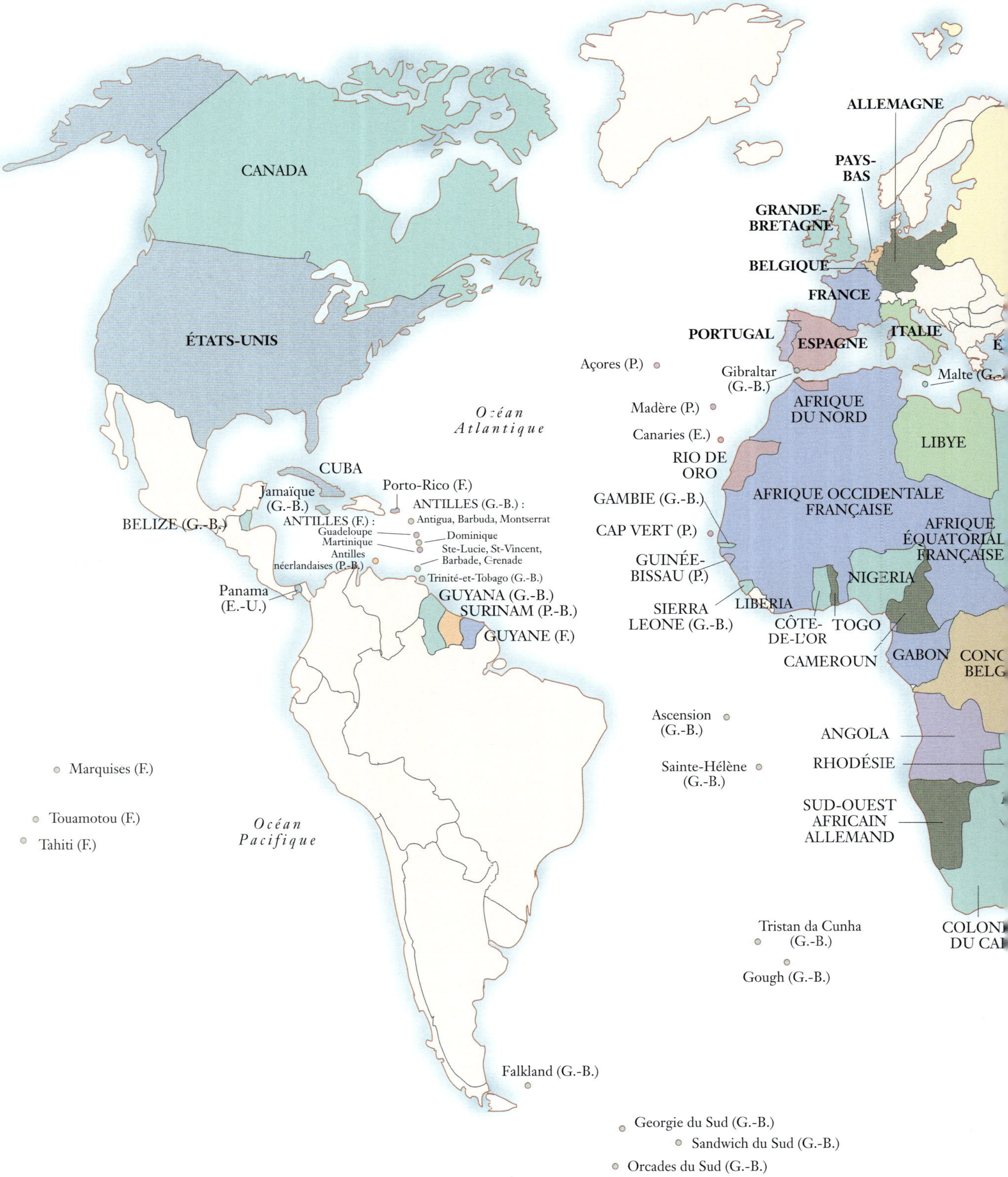

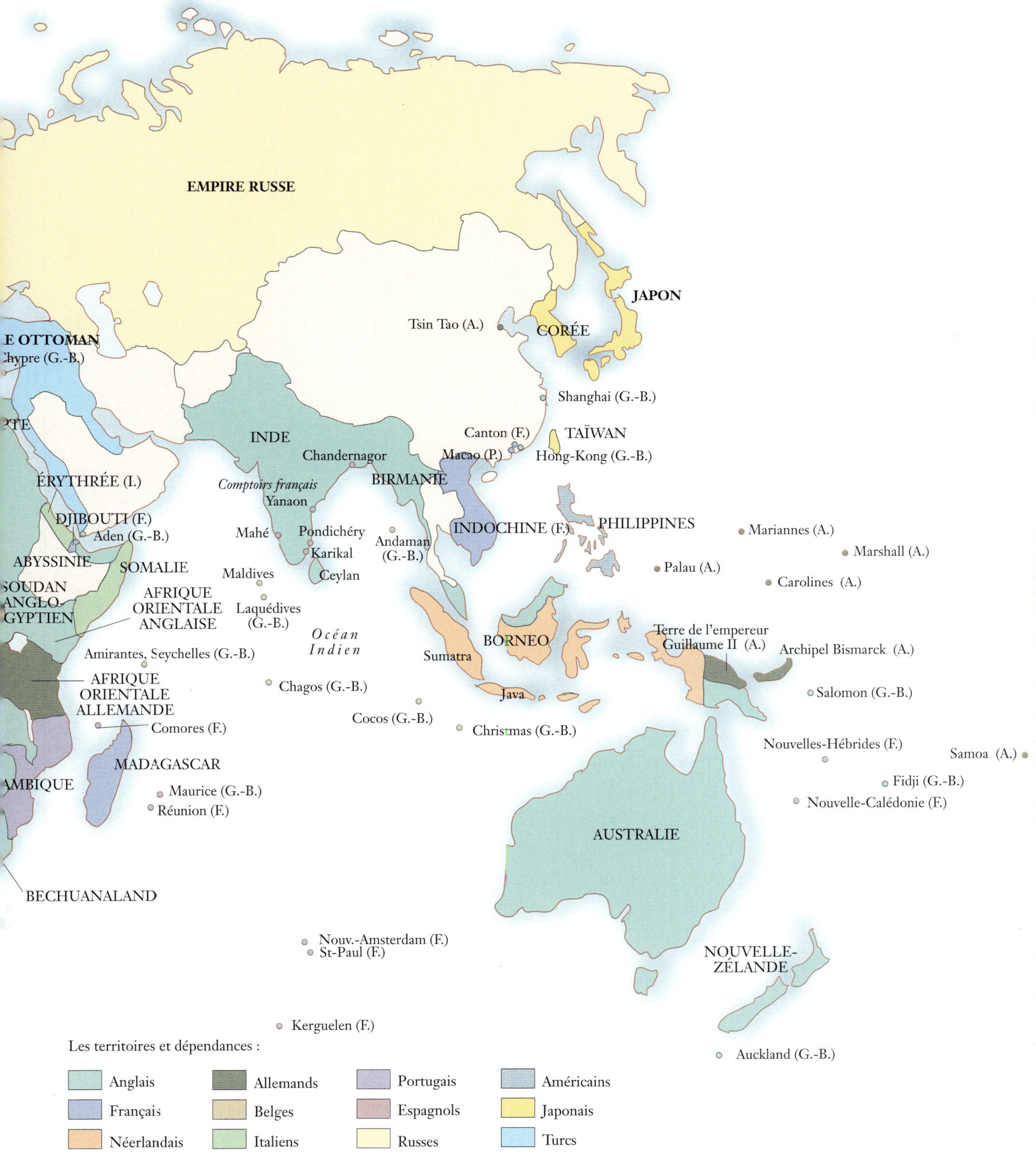
EMPIRE RUSSE
JAPON
Tsin Tao (A.)
CORÉE
E OTTOMAN
Chypre (G.-B.)
Shanghai (G.-B.)
Canton (F.)
TAÏWAN
INDE
Chandernagor
Macao (P.)
Hong-Kong (G.-B.)
ÉRYTHRÉE (I.)
Comptoirs français
Yanaon
BIRMANIE
DJIBOUTI (F.)
Aden (G.-B.)
Mahé
Pondichéry
Andaman (G.-B.)
INDOCHINE (F.)
PHILIPPINES
Mariannes (A.)
Marshall (A.)
ABYSSINIE
SOMALIE
Karikal
Maldives
Ceylan
Palau (A.)
Carolines (A.)
SOUDAN ANGLO-ÉGYPTIEN
AFRIQUE ORIENTALE ANGLAISE
Laquédives (G.-B.)
Océan Indien
Terre de l'empereur Guillaume II (A.)
Archipel Bismarck (A.)
BORNEO
Sumatra
Amirantes, Seychelles (G.-B.)
AFRIQUE ORIENTALE ALLEMANDE
Chagos (G.-B.)
Java
Salomon (G.-B.)
Cocos (G.-B.)
Comores (F.)
Christmas (G.-B.)
Nouvelles-Hébrides (F.)
Samoa (A.)
MADAGASCAR
AMBIQUE
Maurice (G.-B.)
Réunion (F.)
Fidji (G.-B.)
Nouvelle-Calédonie (F.)
AUSTRALIE
BECHUANALAND
Nouv.-Amsterdam (F.)
St-Paul (F.)
NOUVELLE-ZÉLANDE
Kerguelen (F.)
Auckland (G.-B.)
Les territoires et dépendances :
Anglais
Allemands
Portugais
Américains
Français
Belges
Espagnols
Japonais
Néerlandais
Italiens
Russes
Turcs

∨ Guillaume II confie à l'amiral Tirpitz la mission de constituer une puissante flotte, ce qui inquiète les Britanniques. L'expansion maritime allemande se double d'une expansion coloniale ; c'est la *Weltpolitik*, prélude à la Première Guerre mondiale, dont les ambitions sont représentées sur la carte ci-dessous.

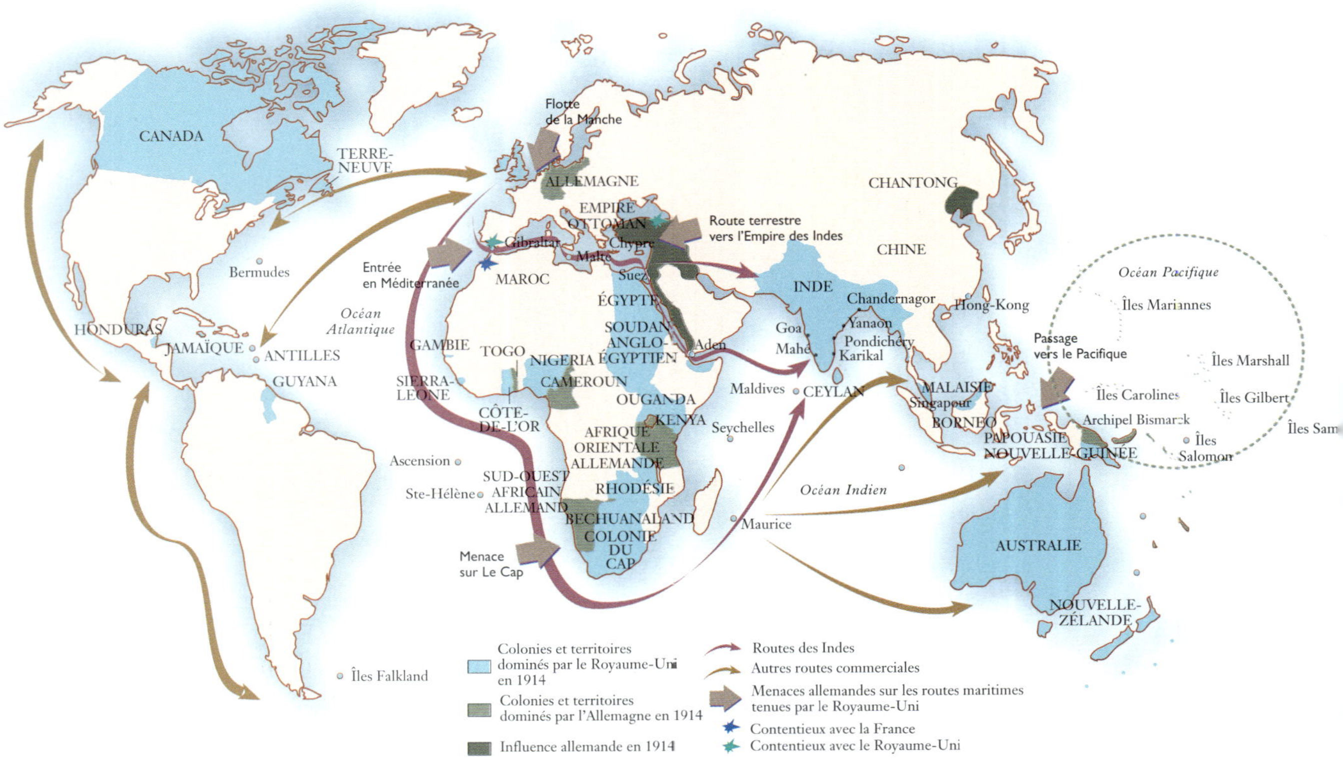

En Asie centrale, les ambitions de la Russie inquiètent. Dans la péninsule indochinoise, la conquête de la Birmanie par les Anglais répond à celle de l'Indochine par la France.

Le partage du monde laisse dans l'ombre un pays, qui est le plus prospère de tous avec la Grande-Bretagne et les États-Unis : l'Allemagne. Dernière venue des puissances colonisatrices, l'ambitieuse Allemagne n'a guère de colonies et réclame de plus en plus fort sa part du « gâteau ». La *Weltpolitik* – politique mondiale – rondement menée par Guillaume II menace vite les intérêts des vieilles puissances coloniales. Les progrès de l'Allemagne sur les marchés internationaux irritent une Grande-Bretagne qui se sent défiée jusque sur son domaine réservé : la mer. Ses interventions au Maroc, à Tanger (1905) – où le Kaiser se pose en défenseur de la liberté marocaine – et à Casablanca (1908) – où des agents allemands tentent de favoriser la désertion des troupes françaises – sont autant d'opérations de déstabilisation. Ses succès au Congo ouvrent une crise franco-allemande d'un an qui ne se termine qu'avec la conférence d'Algésiras. Enfin, l'Allemagne joue aussi les trouble-fête dans l'Empire ottoman dépecé en supplantant la

∨ Alors à son apogée, la carte postale sert aussi de vecteur aux débats politiques. Sur ce dessin, c'est le piège tendu par Guillaume à Marianne au sujet de l'affaire du Maroc qui est dénoncé. La France, qui vient de « troquer » l'Égypte contre le Maroc avec les Anglais, voit d'un très mauvais œil les Allemands se mêler de ses affaires en Afrique du Nord.

Grande-Bretagne et la Russie par l'obtention de la concession sur le chemin de fer Constantinople-Bagdad-Bassora (la fameuse *Bagdad-Bahn*) et l'infiltration de ses ingénieurs et ses conseillers sur place.

Lors de la crise d'Agadir (1911), l'Allemagne provoque même franchement la France en faisant débarquer un contingent chargé d'assurer la protection des colons allemands et en faisant évoluer dans les eaux du port marocain sa canonnière *Panther*. Les négociations sont laborieuses, les Anglais s'en mêlent. Finalement, par le traité du 4 novembre 1911, la France conserve sa liberté d'action au Maroc en échange de la cession à l'Allemagne d'une partie du Congo français. La guerre n'a donc été évitée que de justesse et encore n'est-ce qu'au prix d'un marchandage peu glorieux, qui laisse dans les deux camps des traces indélébiles.

La diplomatie secrète : une bombe à retardement

L'Europe toute-puissante de 1914 est constituée de deux démocraties, la Grande-Bretagne et la France, et de trois régimes autoritaires incarnés par les trois empereurs allemand, austro-hongrois et russe.

Face au bloc de la Duplice constituée par l'Allemagne et l'Autriche-Hongrie en 1879, la France républicaine n'a eu d'autre choix que de v Des attachés militaires russes, belges, britanniques, américains, italiens, japonais, espagnols, allemands et austro-hongrois en poste à Paris prennent la pose aux côtés d'officiers français quelques mois avant le déclenchement de la guerre. Grandes manœuvres, cérémonies militaires et rendez-vous mondains presque quotidiens sont autant d'occasions pour ces officiers de se surveiller sans répit et de recueillir les renseignements les plus divers. L'affaire Dreyfus est encore dans toutes les mémoires ainsi que le rôle joué par le 2e bureau français et les services de l'espionnage allemand.

s'allier avec le seul pays qui voulait bien alors s'associer avec elle, la monarchie absolutiste des tsars (1893). Puis, elle s'est rapprochée des Anglais, oubliant l'incident de Fachoda et signant une Entente cordiale (8 avril 1904) qui n'implique cependant aucun engagement militaire anglais et qui est assortie d'un troc colonial : la France obtient d'établir son protectorat sur le Maroc ; en échange, elle laisse les mains libres au Royaume-Uni en Égypte. Enfin, l'accord Grey-Cambon (novembre 1912) organise la concertation des deux gouvernements en cas de crise européenne.

Évolution des plus malsaines, une sournoise diplomatie secrète coupe peu à peu l'Europe en deux camps et instaure, via le système des alliances, v Le rapprochement franco-britannique réalisé par Delcassé, ministre français des Affaires étrangères, Édouard VII, roi d'Angleterre, et Paul Cambon, ambassadeur de France à Londres, est officialisé par la signature d'accords en 1904. Comme l'illustrent les footballeurs ci-dessous, qui ont pris pour ballon la tête de Guillaume II, l'Entente est essentiellement dirigée contre une puissance allemande en plein essor.

une véritable machine infernale prête à exploser à la moindre étincelle. D'un côté s'est nouée la Triple-Entente – France-Russie-Angleterre – en 1907. De l'autre, la Triplice renouvelée en 1912 réunit l'Allemagne, l'Autriche-Hongrie et l'Italie. Dans cette dernière, cependant, les revendications de l'Italie sur les fameuses terres « irrédentes » appartenant à l'Autriche-Hongrie ne semblent guère compatibles avec une alliance et font d'emblée de l'Italie un maillon faible.

Luttes d'influence en Europe centrale, rivalités aux colonies… Les heurts entre nations se multiplient, incitant chaque puissance à resserrer ses alliances, renforcer ses effectifs militaires et produire des armes. Dans la seule année 1912, Allemands, Autrichiens, Russes et Français augmentent leurs budgets militaires de 15 à 25 %. En 1913, les services de renseignements français sont tombés sur des documents qui leur ont ôté toute illusion sur les faiblesses de l'armée allemande et ils ont pu constater que les effectifs de celle-ci ont été augmentés de 168 000 hommes. La France réagit par la loi de 3 ans (été 1913), qui prolonge d'un an le service militaire et place 750 000 hommes sous les drapeaux.

Même la marine est concernée. Ripostant à l'Allemagne, dont la flotte de guerre est devenue la deuxième du monde sous l'égide de l'amiral Tirpitz, puissamment soutenu par Guillaume II depuis 1897, la Grande-Bretagne redouble le rythme de ses constructions navales afin de conserver le principe du *Two Powers standard* : la puissance navale anglaise doit être égale au moins à celle des deux autres puissances navales mondiales les plus fortes.

Plus grave, la guerre étant de plus en plus dans l'air du temps, les militaires prennent peu à peu le pas sur les politiques et se mettent à dicter leur loi. Les dérives ne tardent pas. C'est ainsi qu'en Allemagne personne ne remet en cause le plan Schlieffen, qui implique la violation de la neutralité belge, et qu'en France personne ne discute le bien-fondé de la conception de Joffre d'une offensive en Lorraine… Mais c'est sûrement l'Allemagne qui offre le modèle militaire le plus achevé aux yeux du monde entier. Jamais le militarisme n'a été aussi développé que sous le règne de Guillaume II ; la caste militaire prussienne incarne ordre, efficacité, valeur morale et religieuse.

Course folle aux armements, lois militaires, esprit de revanche, militarisme, le vent de la guerre commence à souffler en rafale.

L'exaspération de deux nationalismes antagonistes

Autre facteur intensément belliciste, partout le nationalisme prospère. En Italie, cela fait déjà dix ans qu'Enrico Corradini développe une thématique guerrière inspirée des principes « darwiniens », de la sélection naturelle et de la lutte pour la vie. « La guerre, écrit-il en 1914, est une nécessité pour les nations qui sont et tendent à devenir impérialistes, quand elles ne tendent pas vers la mort […]. C'est pourquoi l'inviolabilité de la vie humaine et le pacifisme sont à reléguer dans le patrimoine idéaliste et sentimental des hommes du passé. »

Le poète D'Annunzio enflamme ses auditoires par ses envolées triomphalistes. Le 16 juin 1914, à la veille de l'attentat de Sarajevo, voici ce qu'il déclare à Maurice Paléologue, ambassadeur de France à Saint-Pétersbourg : « La crise que la France vient de traverser m'a secoué dans toutes les fibres de mon patriotisme. Nous vivons une époque infâme, sous le règne de la multitude et la tyrannie de la plèbe… Jamais encore le génie latin n'est tombé si bas ; il a totalement perdu le sens des énergies altières et des vertus héroïques ; il se traîne dans la fange, il se complaît dans l'humiliation… La guerre, une grande guerre nationale, est la dernière chance de salut qui lui reste. C'est par la guerre seulement que les peuples abâtardis s'arrêtent dans leur déclin ; car elle leur donne infailliblement ou la gloire ou la mort… Si le génie latin n'est plus capable de retrouver son ancienne noblesse, eh bien ! qu'il meure, qu'il s'ensevelisse dans les décombres illustres de son passé !… Donc cette guerre que vous semblez craindre,

< François-Joseph, avant l'entrée en guerre, porte encore la croix de l'ordre de Saint-Georges, prestigieuse décoration russe, qu'il devra enlever à son grand regret après la déclaration de guerre contre la Russie.

v Face à l'encerclement continental des Empires centraux que l'alliance entre « alliés » médiatise largement, l'Allemagne et l'Autriche-Hongrie mettent en avant leur mobilité navale et l'aide de Dieu ; un Dieu omniprésent dans la propagande et sur les pièces d'uniforme, ici sur la boucle de ceinturon des soldats allemands, en laiton à plaque argentée : « *Gott mit uns* » (« Dieu avec nous »).

moi, je l'appelle de toutes les forces de mon âme ! » Tout est dit.

Enfin, Marinetti, chef de file des futuristes, a lancé en 1909 de Paris et en langue française son hymne à la guerre dans le *Manifeste du futurisme* : « Seule hygiène du monde, le militarisme, le patriotisme, le geste destructeur des libertaires, les belles idées pour lesquelles on meurt. » Dans sa lancée, il appelle l'année suivante à la destruction de la cité des Doges dans son célèbre « Discours aux Vénitiens » : « Vous pouvez bien m'appeler un barbare, incapable de goûter la divine poésie qui flotte sur vos îles enchanteresses ! Allons donc ! Oh ! rougissez de honte et tombez à plat ventre, l'un sur l'autre, entassés comme des sacs pleins de sable et de pierres, pour former un rempart sur la frontière, tandis que nous préparerons la grande et forte Venise industrielle et militaire, qui doit braver l'insolence autrichienne sur la mer Adriatique, ce grand lac italien. »

En Angleterre, la longue et cruelle guerre des Boers (1899-1902) ravive l'idée impériale.

Surtout, ce nationalisme s'empare de deux pays qui n'en ont pas du tout la même conception et qui, à terme donc, ne peuvent que s'affronter : l'Allemagne et la France. Au début du XXe siècle, l'Allemagne est en train de connaître une expansion sans précédent : sa population passe de 41 millions en 1870 à près de 68 millions d'habitants en 1914 et, fait nouveau, n'émigre plus. Autrefois, elle partait peupler le Brésil ou la Turquie, mais, dans la période d'avant-

SOUVENIR-PROGRAMME
• 14 JUILLET 1912 •
TENUE CRÉÉE PAR EDOUARD DETAILLE POUR L'INFANTERIE DE LIGNE
TENUE DE CAMPAGNE
GRANDE TENUE
EDOUARD DETAILLE 1912.
IMP. LECOQ, MATHOREL & CH. BERNARD.

< C'est à Édouard Detaille, le plus célèbre des peintres militaires, tous très en vogue depuis la défaite de 1870, que l'État-Major demande de concevoir de nouveaux uniformes d'essai pour l'armée française. Le défilé du 14 juillet 1912 à Longchamp offre l'occasion de découvrir ces tenues. Une certaine volonté de modernisation – équipements en toile, couleur plus neutre de la capote en tenue de service à gauche, bandes molletières et casque d'infanterie dans la grande tenue de droite – alterne toujours avec l'une des marques spécifiques du fantassin français : la culotte, le képi et les épaulettes garance. On a beaucoup glosé sur cette couleur et son maintien, « exigé » par les parlementaires du Midi pour sauver cette industrie en déclin. En fait, de récents travaux semblent montrer qu'à distance égale, tenues gris-vert des Allemands et rouge-bleu des Français se distinguent de la même manière. Quant à la tenue de Detaille, elle ne verra jamais le jour sous cette forme, mais inspirera l'intendance lorsqu'elle devra, dans l'urgence, revoir l'uniforme et les équipements des poilus à la fin de 1914…

guerre, son dynamisme permet à tous d'avoir un emploi sur place. Sa marine, son industrie, son commerce sont en pleine croissance. Elle a dépassé la France depuis 1880, devenant ainsi la plus grande puissance économique d'Europe continentale et détient la première place mondiale pour l'industrie électrique et les produits chimiques, la deuxième pour le fer, la fonte, l'acier, le zinc et la troisième pour la houille, production essentielle avec l'importance du charbon dans l'économie.

Le problème, c'est qu'avec une telle expansion, elle est au bord de la surchauffe à cause de l'étroitesse de ses marchés extérieurs. Elle a, en effet, on l'a vu, manqué l'épopée coloniale et reste bridée dans ses ambitions en Europe centrale par la Russie et l'Angleterre.

Dans un tel contexte, il n'est pas étonnant que le courant de pensée dit « pangermaniste » remporte un succès croissant. Il vise à réunir dans une grande Allemagne tous les Allemands vivant hors du Reich et à englober dans la foulée de nombreux Slaves, Hongrois, Français, Belges, Suisses ou Néerlandais, et prospère à travers des associations telle la Ligue pangermaniste *(All deutscher Verband)* fondée en 1893. Il se fonde non seulement sur la nécessité de trouver des débouchés, mais encore sur la théorie de la supériorité du peuple allemand. Le général Friedrich von Bernhardi, pangermaniste convaincu, est aussi l'auteur de *L'Allemagne et la prochaine guerre* (1912), dont le titre est suffisamment éloquent.

Tandis que l'Allemagne voit sa population tripler au cours du XIXe siècle, la France est l'un des rares pays d'Europe dont le nombre d'habitants a stagné pendant ce temps. Elle ne compte qu'à peine 40 millions d'habitants en 1914 et n'est plus que la quatrième puissance économique mondiale après les États-Unis, le Royaume-Uni et l'Allemagne. Surclassée économiquement depuis un demi-siècle – en 1860, la France était au deuxième rang mondial –, elle est, elle aussi, secouée par un sursaut nationaliste.

« Tu seras patriote ! »

Le patriotisme guerrier convoque jusqu'aux enfants en bas âge à l'immense combat qui fait se dresser les peuples les uns contre les autres.

La haine du « Boche » du côté français, celle des Français outre-Rhin sont un puissant levier dont la propagande use et abuse. Pourtant, dans les tranchées, comme en témoignent la plupart des journaux de poilus, la haine s'éteint peu à peu devant l'horreur partagée.

> À l'instar de la *Marseillaise des enfants* – qui proclame : « Nous entrerons dans la carrière quand nos aînés n'y seront plus, nous y trouverons leur poussière et la trace de leur vertu » –, cette carte postale, qui représente la mort d'un héros drapé dans l'étendard tricolore, fait appel aux générations à venir.

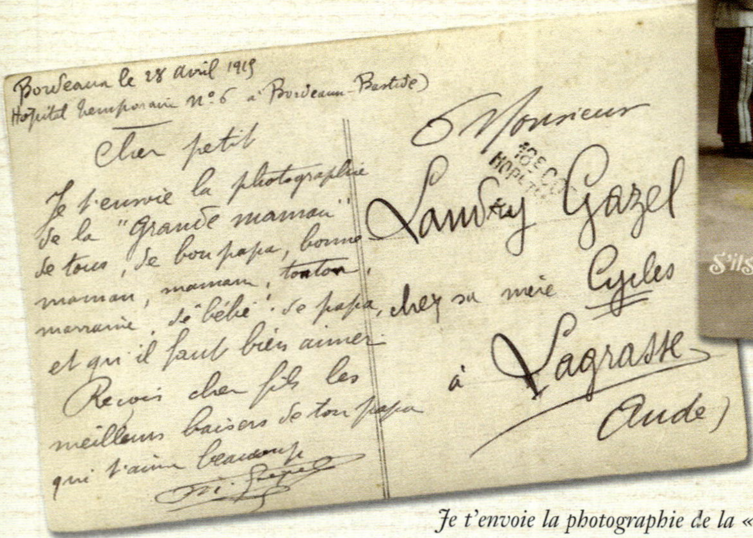
Bordeaux le 28 avril 1915
Hôpital temporaire n°6 à Bordeaux-Bastide)
Cher petit
Je t'envoie la photographie de la "grande maman" de tous, de bon papa, bonne maman, maman, tonton, marraine, de "bébé", de papa, et qu'il faut bien aimer
Reçois cher fils les meilleurs baisers de ton papa qui t'aime beaucoup

Monsieur Landry Gazel chez sa mère Cyles à Lagrasse (Aude)

Bordeaux, le 28 avril 1915
Hôpital temporaire n°6 à Bordeaux-Bastide

Cher fils,

Je t'envoie la photographie de la « grande maman » de tous [allégorie de la France] *: de bon papa, bonne maman, tonton, marraine, de « bébé », de papa, et qu'il faut bien aimer.*

Reçois cher fils les meilleurs baisers de ton papa qui t'aime beaucoup.

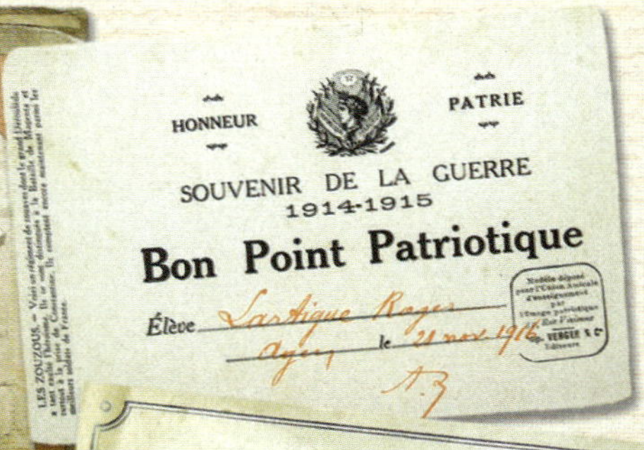

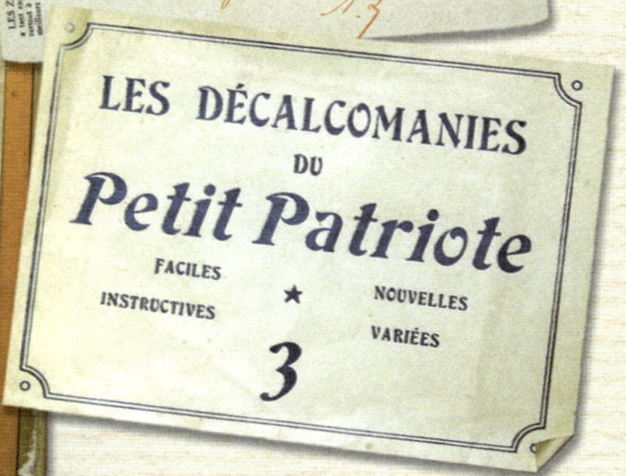

^ Ces décalcomanies rassemblent des figurines de chaque arme, entretenant le patriotisme des plus jeunes.

^ Ce bébé sortant d'un œuf tricolore et déjà armé d'une baïonnette symbolise une « relève » que chacun appelle alors de ses vœux.

v Chantre de la reconquête de l'Alsace-Lorraine, Paul Déroulède (1846-1914) est l'auteur de poèmes et de chansons bien connus par les enfants des écoles et qui tous glorifient la revanche. Le poète meurt sept mois avant la déclaration de guerre.

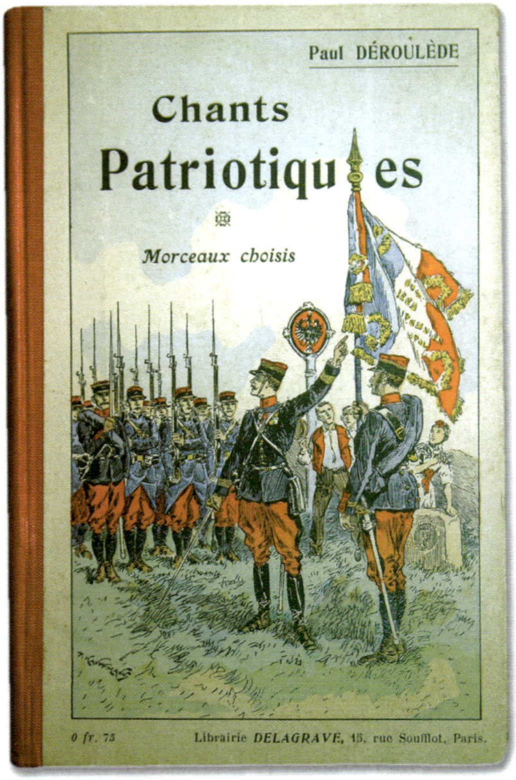

Comme l'a montré la fameuse enquête d'Agathon – pseudonyme d'Henri Massis et d'Alfred de Tarde – publiée en 1913, la fièvre nationaliste enflamme particulièrement la jeunesse universitaire, mais pas seulement. L'un des plus anciens nationalistes est Paul Déroulède (mort en février 1914). Poète qui se veut « sonneur de clairon », il entretient la flamme de la revanche dans ses très populaires *Chants du soldat* et préside la Ligue des patriotes. Charles Péguy, pourtant républicain et dreyfusard, redécouvre les valeurs nationales avec la crise de Tanger et écrit *Notre Patrie* (1905). *L'Aiglon*, d'Edmond Rostand, est la pièce à succès de la Belle Époque. Ernest Psichari, le petit-fils de Renan, écrit *L'Appel des armes*, roman où le héros Maurice, fils d'un instituteur socialiste et pacifiste, retrouve dans l'exemple de son capitaine les traditions nationales.

Parallèlement, il y a un glissement politique du nationalisme. Enraciné à l'origine à gauche, il s'incarnait dans des hommes tels Clemenceau ou le Jaurès de *L'Armée nouvelle*, qui reconnaissait la légitimité d'une défense nationale à condition qu'elle soit organisée démocratiquement. Désormais, il bascule de plus en plus à droite. Ce nationalisme « de droite » repose sur le régionalisme, la terre et les morts, mais aussi l'antisémitisme. Barrès (1862-1923) et Maurras (1868-1952) sont ses éminents représentants. Le premier, membre de l'Académie française, député et fervent catholique, défend la tradition et entretient l'esprit de revanche dans son ouvrage *L'Appel au soldat*. L'une de ses œuvres s'intitule *La Colline inspirée* en référence à ce lieu de pèlerinage lorrain où l'on avait déposé en 1873 une croix de Lorraine brisée pour commémorer la perte de la province.

Le second incarne un autre versant du nationalisme, où la religion n'est qu'un cadre sociologique. Royaliste, il refuse d'entrer dans le jeu parlementaire, rêve d'abattre la « Gueuse » (la République), affiche un antigermanisme viscéral et fonde, en 1905, l'Action française.

Tous deux chauffent à blanc la nation avec leur propagande patriotique et leur apologie de la guerre.

Deux visions incompatibles du nationalisme s'affrontent donc, opposant de plus en plus la France à l'Allemagne. Dans la vision allemande, la nationalité est une différence absolue à préserver contre ce qui pourrait la dénaturer, ce n'est pas une adhésion réfléchie mais l'appartenance par sa naissance à une communauté vivante de race ou de traditions. Dans la vision française de la nation, les frontières importent peu, la nation est l'association d'individus qui veulent vivre sous une loi commune et adhèrent aux mêmes principes.

L'obsession de l'Alsace-Lorraine

Il est une région qui cristallise toutes les haines et le ressentiment nationaliste, c'est l'Alsace-Lorraine. Dès 1876, *Le Tour de France par deux enfants* de G. Bruno, véritable best-seller scolaire – puisqu'il s'agit d'un manuel –, l'atteste. Le livre raconte le voyage de deux jeunes enfants à travers leur pays et permet ainsi de dépeindre les douceurs de la belle France. Or ce n'est pas un hasard si les deux héros, André et Julien, sont deux petits Lorrains, qui fuient l'occupation prussienne et qui recommandent vivement à leurs petits lecteurs « de ne jamais oublier ».

Région frontalière entre l'Allemagne et la France, l'Alsace-Lorraine est aussi un lieu de frictions, de tensions. En 1887, une affaire manque même de déclencher une guerre. Le 20 avril de cette année-là, le commissaire de police de Pagny-sur-Moselle, Schnaebelé, est invité par son confrère allemand de Novéant, Gautsch, à franchir la frontière pour une affaire de service : l'emplacement d'un poteau frontière. Sans se méfier, le commissaire passe donc en territoire allemand, mais à peine arrivé, il est arrêté, accusé de se livrer à l'espionnage et emprisonné à Metz. L'invitation officielle était un piège, qui va manquer dégénérer en guerre ouverte. En effet, Freycinet, de nouveau président du Conseil en janvier 1886, a dû nommer, sous la pression des radicaux, le général Boulanger (1837-1891) comme ministre de la Guerre. Celui-ci, surnommé le « général Revanche », car il n'attend qu'un prétexte pour se venger de l'Allemagne, s'empresse de profiter de l'affaire Schnaebelé pour réclamer l'envoi d'un ultimatum à l'Allemagne. Le gouvernement, lui, plus posé, préfère suivre la voie diplomatique normale et établir la preuve que Schnaebelé a été victime d'un traquenard.

Finalement, Schnaebelé est libéré le 27 sur ordre de Bismarck, et les choses s'apaisent. Quant à Boulanger, à force d'outrances verbales et de diatribes belliqueuses, il finit par effrayer même ses plus fidèles partisans, se fait exclure du nouveau ministère dirigé par Rouvier (1842-1911) et il est mis à la retraite en 1888.

^ Hautement symbolique, chaque côté de la frontière – ici le poste de Mars-la-Tour – est avant guerre un lieu de promenade. Dès 1914, l'arrachage du poteau frontière est abondamment reproduit dans la presse.

La « ligne bleue des Vosges »

LA BLESSURE de la perte de l'Alsace (moins Belfort) et d'une grande partie de la Lorraine par le traité de Francfort (10 mai 1871) est une plaie à vif, et la perspective de redonner dignité aux Alsaciens-Lorrains ravalés au rang de citoyens de seconde zone est une obsession depuis la défaite de 1870. Beaucoup partagent le sentiment d'un Jules Ferry qui avait émis le vœu d'être enterré face à « cette ligne bleue des Vosges d'où monte jusqu'à mon cœur fidèle la plainte touchante des vaincus ». C'est à cette frontière d'ailleurs qu'incidents et provocations, telle l'affaire Schnaebelé (1887), ont déjà failli déclencher la guerre. Par réaction, la propagande patriotique n'en finit pas de chanter l'attachement des Alsaciens-Lorrains à la France, et ce dès le berceau. Elle inspire des milliers de cartes postales éloquentes où Alsaciennes et Lorraines en tenue folklorique campent près d'un poteau frontalier ou brandissent le drapeau français. Les petits Français apprennent à lire et à découvrir leur pays dans *Le Tour de France par deux enfants* dont le but politique délibéré est de développer le patriotisme avec, au centre, les provinces perdues. Devant l'importance de cette mobilisation en faveur des provinces perdues, même Bismarck finira – un peu tard ! – par reconnaître que l'annexion de l'Alsace-Lorraine était une faute : « C'est une seconde Pologne, mais une Pologne avec la France derrière. »

∧ Qu'il soit Lorrain ou Alsacien, l'enfant et les sentiments patriotiques sont au centre de l'iconographie : chant patriotique pour une carte postale et drapeau tricolore pour apprendre à une fillette à faire ses premiers pas.

∨ Cet avion accidenté sur le terrain d'Avord dans les années 1910 évoque davantage une bicyclette ailée que le redoutable instrument de guerre qu'il va bientôt devenir. Si dès l'avant-guerre nombre de chefs militaires voient dans l'aviation une arme nouvelle – n'hésitant pas à la qualifier de cinquième arme –, ils la conçoivent surtout comme un outil de reconnaissance, d'observation et de réglage d'artillerie. Le général Lyautey, engagé depuis 1912 dans la conquête du Maroc, l'utilise comme appareil de bombardement – les bombes étant lancées à la main par l'équipage. En 1914, la France aligne plus de 210 appareils contre près de 240 appareils allemands.

L'affaire Schnaebelé en a éclipsé une autre qui eut lieu la même année, celle de Vexaincourt. Celle-ci fut pourtant importante, car, si le commissaire de police Schnaebelé fut victime d'une arrestation injuste, Vexaincourt fit un mort. Le 24 septembre 1887, l'instituteur de la commune, un administrateur du Crédit nancéien, le sous-lieutenant Henri de Wangen, le garde Brignon, et quelques autres villageois partent à la chasse. À 11 h 30, les chasseurs bredouilles décident de rejoindre une clairière pour déjeuner. Alors qu'ils avancent sur un sentier qui se trouve à trois mètres des bornes-frontière qui séparent les deux pays, quelques détonations retentissent. Brignon s'effondre mort, laissant 4 orphelins derrière lui, et Henri de Wangen est blessé. Une banale partie de chasse dans les Vosges vient de tourner au drame. L'enquête prouvera par la suite que le meurtrier est un soldat allemand d'un régiment de Saverne. On invoque plusieurs mobiles : la rivalité entre chasseurs – les Allemands accusant les Français de tuer tout le gibier d'Alsace –, la traque des déserteurs – de nombreux Alsaciens refusant de servir sous le drapeau allemand – ou encore la francophilie notoire de Brignon. Finalement, les Allemands versèrent une indemnité aux victimes, mais l'affaire réveille, s'il en était besoin, les sentiments germanophobes des Français.

L'incident

L'image du déclenchement de la guerre, c'est l'attentat contre François-Ferdinand, neveu du vieil empereur François-Joseph et héritier de la couronne des Habsbourg d'Autriche-Hongrie en l'absence de descendant direct. Le jeudi 28 juin 1914, l'archiduc et sa femme sont en visite à Sarajevo, la capitale de la Bosnie-Herzégovine, annexée par les Autrichiens au grand dam de la Serbie en 1908. À peine quelques heures après leur arrivée, un passant lance une grenade sur leur voiture décapotable. Réflexe salutaire, l'archiduc la ramasse et la jette au loin où elle explose, blessant quelques officiers et des badauds. L'avertissement ne modifie cependant pas le programme et l'archiduc s'en va écouter les discours protocolaires à l'hôtel de ville. À l'issue de la cérémonie, il quitte les lieux toujours dans sa voiture découverte, lorsqu'un jeune homme saute sur le marchepied et tire à coups de revolver sur lui et sa femme. Cette fois, aucun des deux n'en réchappe.

Le meurtrier, Gavrilo Prinzip, est un Serbe natif de Bosnie, donc un sujet de l'Empire austro-hongrois, et surtout un militant d'une société secrète, Jeune Bosnie, qui semble avoir tissé des liens avec l'organisation terroriste et clandestine serbe, La Main noire. Il a choisi pour frapper une date symbolique, le 28 juin, date anniversaire de la bataille du Champ des merles, Kosovo Polje (1389), un lieu de mémoire primordial pour les Serbes, car c'est là que leurs ancêtres résistèrent héroïquement aux Ottomans. Enfin, il fait partie de ces indépendantistes qui ne sauraient construire un grand État des Slaves du Sud sans la Bosnie-Herzégovine et qui craignent que l'archiduc ne gagne la confiance des Bosniaques par quelque concession. L'héritier du trône est connu, en effet, pour souhaiter mieux équilibrer la monarchie austro-hongroise en donnant aux Slaves du Sud un rôle plus grand. L'assassinat a donc pour objectif de radicaliser les positions. Il va y réussir au-delà de toute espérance !

L'engrenage

L'assassinat de l'archiduc déclenche aussitôt un conflit austro-serbe. L'Autriche-Hongrie, qui n'a aucun doute sur les complicités serbes de l'attentat, décide de mater très vite la rébellion de la Serbie plutôt que de risquer de voir toutes les minorités nationales imiter le petit État et se révolter contre l'empire. Logiquement, avant toute intervention, elle commence

˅ Un pernicieux système d'alliances coupe le monde en deux : d'un côté, la Triplice rassemble l'Allemagne, l'Autriche-Hongrie et l'Italie. De l'autre, l'Entente réunit la France, le Royaume-Uni et la Russie.

Triple-Alliance (ou Triplice) et alliés
- Les empires centraux
- Les alliés des empires centraux
- Italie, partie prenante de la Triplice, neutre en 1914, puis signataire de la Triple-Entente (1915)

Triple-Entente et alliés
- France, Royaume-Uni, Empire russe
- Les alliés (Serbie, Monténégro)

- États neutres, n'ayant adhéré à aucun pacte en 1914
- 1 Rivalité navale et impériale anglo-allemande
- 2 Rivalité austro-russe sur les nationalités
- 3 Rivalité russo-turque sur les Détroits
- 4 Rivalité austro-italienne sur les terres irrédentes
- 5 Contentieux franco-allemand

par demander l'autorisation de poursuivre à Berlin et obtient par retour, le 5 juillet, l'assurance d'un soutien total et inconditionnel. Le 13 juillet, la commission mandatée par les Autrichiens pour prouver les complicités serbes de l'attentat de Sarajevo se clôt par un « non-lieu » ; mais peu importe l'absence de preuves, l'Autriche-Hongrie tient son prétexte et ne le lâchera pas. Le 23 juillet 1914, donc, l'Autriche-Hongrie adresse à la Serbie un ultimatum objectivement inacceptable. En cas de non-application, ce sera la guerre. Le même jour, le président de la République française, Raymond Poincaré, en visite à Saint-Pétersbourg, en profite pour confirmer la solidité de l'alliance franco-russe.

v Largement diffusées, ces vignettes mettent en avant la juste cause des alliés anglais, français, belges et russes : le respect du droit et de la parole donnée fondé sur les devises respectives des quatre nations, des devises où, comme chez l'ennemi potentiel, Dieu figure en bonne place.

Faisant plutôt preuve de bonne volonté, la Serbie accepte toutes les conditions, sauf une, incompatible avec le statut d'un État indépendant à part entière : confier l'enquête de l'attentat à Belgrade à des policiers autrichiens. L'Autriche rompt alors les pourparlers, décide une mobilisation partielle de ses troupes et déclare la guerre le 28 juillet à son petit voisin. Peut-être sa précipitation s'explique-t-elle par l'absence de conscience de l'éventualité d'une guerre plus générale. Vienne et Berlin sont sceptiques sur l'engagement russe. La Russie, en effet, semble affaiblie à la fois militairement depuis sa défaite à Moukden contre le Japon en 1905 et politiquement depuis la tentative de révolution la même année.

Et pourtant, les Russes répliquent par la mobilisation générale dès le 31 juillet. Le même jour, l'Allemagne décrète l'état de siège. Le 1er août, elle déclare la guerre à la Russie ; la France (à 15 h 45) et l'Allemagne (à 17 heures) décrètent la mobilisation générale. En ce tragique samedi, tous les clochers de France font entendre un sinistre tocsin.

Le 2 août, alors que la guerre n'est pas déclarée, un premier heurt – parfois contesté – fait le premier mort français à Joncherey, à la frontière près de Mulhouse. Le 3 août (à 18 h 15), l'Allemagne déclare la guerre à la France, qui s'est rangée dans le camp serbe. Elle passe immédiatement à l'offensive selon le programme prévu de longue date par le plan Schlieffen (1898) qu'applique le général von Moltke, le chef d'État-Major allemand. Cela signifie que les troupes allemandes passent par la Belgique, violant ainsi la neutralité belge garantie par les Anglais à travers le traité de Londres. Conséquence immédiate, le 5 août, l'Angleterre entre en guerre et le chancelier allemand Bethmann-Hollweg apprend à ses dépens qu'il a peut-être qualifié un peu vite le traité de Londres – garant de la neutralité – de « chiffon de papier ».

Affiches appelant à la mobilisation générale, placardées sur les murs de Paris début août 1914. À la lecture de ces affiches et d'un feuillet particulier de son livret militaire, chaque homme en âge d'être mobilisé connaît exactement son dépôt d'affectation et les moyens d'y parvenir.

AVIS
HOMMES de l'ARMÉE TERRITORIALE
RÉSERVE de l'ARMÉE TERRITORIALE
MISE EN SURSIS D'APPEL
PATRONS ET OUVRIERS BOULANGERS
ARRÊTÉ
ARMÉE DE TERRE ET ARMÉE DE MER
ORDRE
DE MOBILISATION GÉNÉRALE
RÉPUBLIQUE FRANÇAISE

v Dans cette lettre du 2 août 1914, jour de la mobilisation, un général français donne à sa femme toutes les recommandations à observer en temps de guerre. Il sera tué quelques jours plus tard.

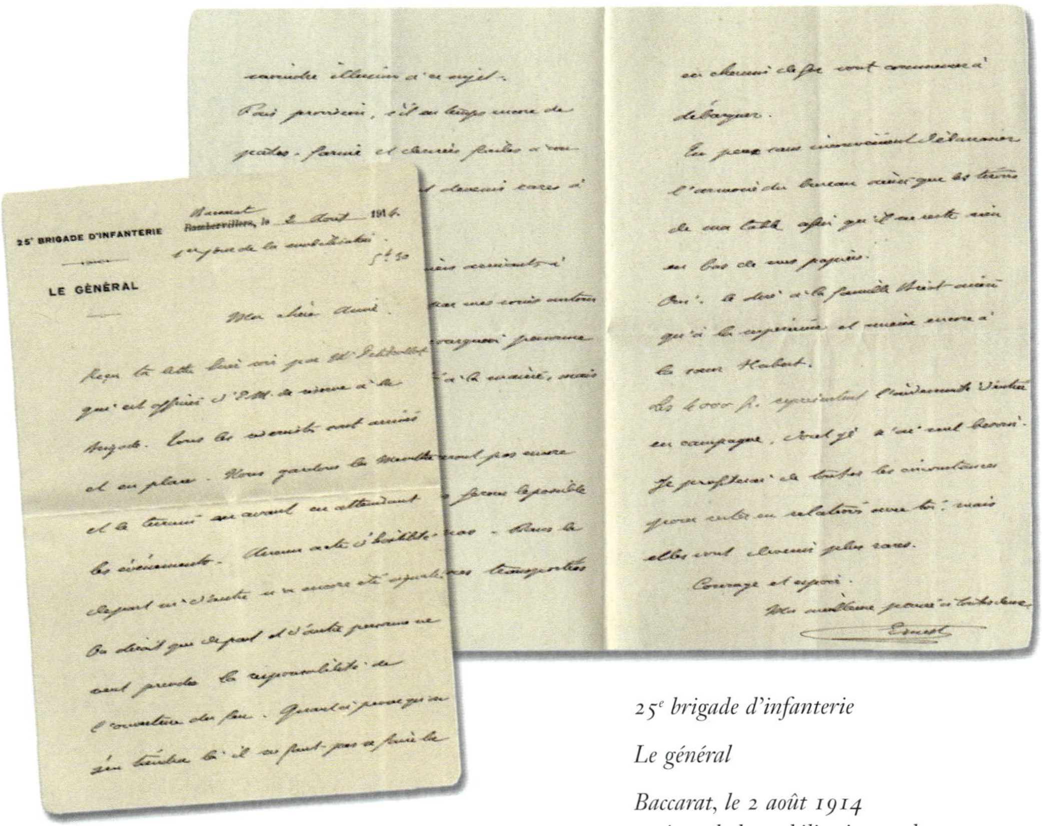

25e brigade d'infanterie

Le général

Baccarat, le 2 août 1914
1er jour de la mobilisation - 5 h 30

Ma chère amie,

Reçu ta lettre hier soir par M. P. qui est officier d'état-major de réserve à la brigade. Tous les réservistes sont arrivés et en place. Nous gardons la Meurthe et le terrain en avant en attendant les événements. Aucun acte d'hostilité de part ou d'autre n'a encore été signalé. On dirait que de part et d'autre personne ne veut prendre la responsabilité de l'ouverture du feu. Quant à penser qu'on s'en tiendra là il ne faut pas se faire la moindre illusion à ce sujet.

Fais provision, s'il est temps encore, de pâtes, farine et denrées faciles à conserver, car elles vont devenir rares à bref délai.

[…] *Non, les Allemands ne seront pas encore demain à Rbs* [Rambervillers ?], *car nous ferons le possible pour qu'ils n'y arrivent pas. Dans la journée les premières troupes transportées en chemin de fer vont commencer à débarquer.*

[…] *Les 4 000 F représentent l'indemnité d'entrée en campagne, dont je n'ai nul besoin.*

Je profiterai de toutes les occasions pour entrer en relation avec toi, mais elles vont devenir plus rares.

Courage et espoir.

Ma meilleure pensée à toutes deux.

Ernest

Malgré l'éloignement de la Grande-Bretagne de la zone d'opérations, celle-ci ne peut voir l'équilibre européen se modifier sans intervenir. Le chancelier en est-il affecté pour autant? Pas si sûr, car il s'estime suffisamment fort pour balayer d'un même revers de manche Français et Britanniques. Le 5 août toujours, le Monténégro déclare la guerre à l'Autriche-Hongrie et, le 6 août, l'Autriche-Hongrie déclare la guerre à la Russie, enfin, le 12, la France et l'Angleterre déclarent la guerre à l'Autriche.

En quelques jours, par le jeu des alliances et la force des passions nationalistes, un rien, un « stupide coup de feu sur la frontière austro-serbe », une simple expédition punitive fait tache d'huile et précipite l'Europe, puis le monde dans la guerre.

Le malaise français

La guerre interrompt une période de prospérité, qui a commencé à partir des années 1890 et s'est caractérisée par la constitution d'une classe très aisée laquelle a donné un éclat particulier à ces années. Grâce aux spéculations boursières et immobilières et à l'absence d'impôt sur le revenu, une certaine bourgeoisie bâtit des fortunes colossales et affiche un luxe ostentatoire. Propriétaire à la fois de somptueux hôtels particuliers dans la capitale et d'imposantes villas de plaisance, on la croise l'été sur la côte normande et l'hiver sur la Riviera italienne ou à Saint-Moritz. Mêlée à une poignée d'aristocrates, elle forme le « Tout-Paris » dont Marcel Proust décrit dans *À la recherche du temps perdu* les rituels : la promenade sur les Champs-Élysées et au Bois, les grands restaurants, les salons, les casinos, les bals, le tourisme culturel.

C'est aussi le temps des innovations technologiques: premier moteur à explosion, premier film, premier essai de TSF, premier réseau électrique. L'Exposition universelle de 1900 est placée sous le signe de la Fée Électricité. On commence à vivre avec l'automobile, le métro, l'autobus. L'aviation fait ses débuts. En quelques décennies, la France passe, au moins partiellement, de l'âge du fer, du charbon et de la vapeur à celui de l'acier, du pétrole et de l'électricité, ce qui fait dire à Péguy en 1913 que le « monde a moins changé depuis Jésus-Christ qu'il n'a changé depuis trente ans ».

L'amélioration des conditions de vie, si elle émerveille les Français, n'est pas générale et n'empêche pas les frustrations. Haines, malaises psychologiques et appétits guerriers traversent les « couches moyennes » de cette époque prétendument belle: enseignants, intellectuels, rentiers, petits entrepreneurs, politiciens et bien sûr militaires. Le taux de suicide dans ces classes « privilégiées » est, avant la Grande Guerre, plus élevé que dans les classes populaires et exprime un dérèglement social préoccupant pour l'avenir.

LES BOCHES
Entre quatre feux.
L'Allemand enm...mielle'

< Extrait d'une série de caricatures intitulées *Les Boches*, ce dessin insiste sur le thème classique de l'encerclement tout en tournant en dérision un soldat allemand régulièrement représenté sous les traits de l'empereur Guillaume II, moustaches en crocs, hautes bottes et casque à pointe vissé sur le crâne. Diverses interprétations existent sur les origines du terme « boche » : il proviendrait d'une contraction du mot « allemand » avec le péjoratif « oche » – voir mioche, pétoche, etc. – d'où « alleboche », « alboche » puis par aphérèse « boche ». Une autre version l'attribue à un mot du dialecte lorrain désignant un poisson avec un gros corps et une petite tête : le caboche. La physionomie des soldats allemands avec l'étroit casque à pointe l'associant au poisson, le caboche serait devenu le boche… D'autres renvoient aux traditionnels envahisseurs venus de l'Est, des tribus barbares d' « Alboches » liées à Attila et à ses « hordes » de Huns auxquels la propagande et la légende populaire associaient les Prussiens depuis la guerre de 1870.

Le « personne ne m'aime » de l'Allemagne

Certes, l'équilibre était instable, mais qu'a-t-il fallu pour que le monde bascule dans la guerre ?

Le moment décisif fut probablement l'éviction du vieux et sage Bismarck par un jeune empereur arrivé sur le trône à 27 ans et bercé depuis l'enfance par les exploits glorieux des canons de Sadowa, de Frœschviller et de Sedan. Jusqu'en 1888, Bismarck, le vainqueur de la guerre de 1870, est tout-puissant et réussit à maintenir un système diplomatique très défavorable à la France, mais qui fonctionne. Le nouvel empereur le congédie en mars 1890 et peut ainsi donner libre cours à sa politique impérialiste et à des visées ambitieuses qui ne peuvent que déboucher sur la guerre.

En outre, il utilise un argument cohérent : l'encerclement de l'Allemagne par des puissances ennemies. Le prince von Bülow présente dans ses Mémoires une Allemagne acculée à la guerre car cernée d'un côté par les Français, « le peuple le plus ambitieux, le plus vaniteux de tous les peuples d'Europe, le plus militariste et le plus nationaliste », de l'autre par les Slaves « pleins d'aversion pour les Allemands », et il conclut : « Au fond, personne ne nous aimait. »

Ultime rempart contre la guerre, on aurait pu croire qu'un même sang coulant dans les veines du tsar et du Kaiser, l'esprit de famille l'emporterait. Mais si le tsar et « l'oncle Willie » s'échangent mille paroles chaleureuses et se donnent du « cousin très sincère et dévoué » à longueur de courrier, toutes ces déclarations ne sont que formules de politesse et leur « vieille amitié » n'empêchera pas la guerre.

Tout s'enchaîne donc comme prévu par la diplomatie secrète sauf que l'Italie, mécontente de ne pas obtenir de Vienne les promesses territoriales qui lui tiennent tant à cœur, proclame sa neutralité.

v Bien que rapidement minoritaires en Europe, des courants pacifistes et antimilitaristes mènent campagne contre l'entrée en guerre, comme le montre ce tract.

> Affiche du Nouveau Théâtre populaire pour une pièce en huit tableaux de MM. Albert Romez, Jean Pic, H. Couarraze, consacrée à Jaurès.

Le pacifisme : un courant fragile brisé

Si les peuples ne pouvaient compter ni sur leurs dirigeants ni sur les vertus de la diplomatie pour préserver la paix, pourquoi n'ont-ils pu empêcher la tragédie par quelque autre biais ? Pourquoi socialisme et syndicalisme, qui avaient fait des progrès en France, en Allemagne, en Grande-Bretagne, n'ont-ils pu servir de rempart ? Peut-être parce que ni à Stuttgart (1907) ni à Bâle (1912), l'Internationale, réunie en congrès, n'a réussi à se mettre d'accord sur les modalités d'une grève générale susceptible de paralyser la machine de guerre en cas de conflit entre États capitalistes. La IIe Internationale, fondée en 1889, s'est révélée incapable de fédérer seule une lutte prolétarienne contre la guerre, incapable de sauver la paix et d'endiguer le raz-de-marée du sentiment national. Les seules vraies oppositions à la guerre proviennent en Russie des bolcheviks et en Angleterre du travailliste Ramsay Mac Donald et du petit Independant Labour Party.

En France, pourtant, l'antimilitarisme était déjà un thème populaire véhiculé par un Urbain Gohier en pleine affaire Dreyfus, par un Abel Hermant, auteur d'un roman largement diffusé, *Le Cavalier Miserey* (1887), ou par un Lucien Descaves dans *Les Sous-Offs* (1889). La vie militaire y était décrite comme dégradante et humiliante, bref, source de tous les vices, critique que reprendra à son compte l'antimilitarisme ouvrier. Ces courants, cependant, s'essoufflent vite. Les élections du 10 mai 1914 ont amené la gauche au pouvoir et on aurait pu s'attendre à la formation d'un gouvernement Caillaux (radical)-Jaurès (socialiste) pacifiste. Mais Mme Caillaux ayant commis un crime passionnel, son mari a dû se retirer provisoirement de la vie politique et la France hérite d'un président du Conseil très falot, René Viviani, et, comme président, du Lorrain Raymond Poincaré, qui ne

Jaurès
a parlé...

v Pour des centaines de milliers de conscrits, le service militaire est un rite de passage à l'âge d'homme, de bon citoyen et futur bon père de famille dont la virilité est censée avoir ainsi été reconnue. Sous les drapeaux, culte de la patrie et du sacrifice pour elle est sans cesse inculqué, expliquant l'extraordinaire pugnacité de beaucoup de soldats pendant la Grande Guerre.

v Cette carte postale résume bien les différentes étapes du conseil de révision. On y distingue tous les types humains dans leur plus simple appareil. En fin de parcours, les deux conscrits affichent une joie qui contraste avec la triste mine des « recalés ». On appréciera les noms des signataires du « brevet ».

veut pas forcément la guerre, mais place l'alliance russe au-dessus de tout. La gauche, hostile à l'allongement du service militaire par la loi des 3 ans (7 août 1913), n'a même pas réussi à empêcher l'adoption de cette mesure en raison de ses divisions et de l'influence de l'État-Major, qui déclarait cette loi indispensable à la défense du pays. Mieux, en août 1913, les parlementaires socialistes français, que l'on aurait pu imaginer très réticents, votent les crédits de guerre.

Le 27 juillet 1914, cependant, quelques syndicalistes défilent contre la guerre sur les boulevards parisiens, mais comme l'exprime fort justement un journaliste picard : « Ceux-là qui criaient : “À bas la guerre” seront les premiers aujourd'hui, demain, à charger leur fusil. »

v En 1911, ce groupe de jeunes « arpètes » prend la pose pour marquer les débuts de son apprentissage ; alors qu'il devait terminer « son régiment » en 1914, c'est la guerre qui l'attend... De même, les conscrits appelés pour deux ans en 1911 voient le service militaire porté à trois ans en 1913 et connaissent, pour les plus chanceux, quatre ans de guerre, ce qui élève à sept années leur temps passé sous les drapeaux.

Le gouvernement a aussi l'habileté de ne pas radicaliser la situation et oublie volontairement le « carnet B », qui prévoyait l'arrestation des militants suspects d'antipatriotisme en cas de guerre. Surtout, l'assassinat le 31 juillet de l'homme qui voulait « déclarer la guerre à la guerre » et qui avait assisté avec « une sorte de désespoir » à son inéluctable arrivée, le socialiste Jean Jaurès, âgé de 55 ans, décapite le mouvement pacifiste. Tué par un déséquilibré, Raoul Villain, alors qu'il est tranquillement attablé au café du Croissant, 146 rue Montmartre dans le 2e arrondissement, le grand tribun socialiste n'aura pas eu le temps de porter au journal *L'Humanité*, situé à deux pas, l'article qu'il préparait et qui dénonçait avec véhémence la politique du gouvernement français à l'égard de la Russie.

Au lendemain de la mobilisation, le Parti socialiste, réuni place Wagram et « submergé par les événements », se résigne à défendre le pays agressé à lutter non contre les Allemands mais contre l'impérialisme ; et le 4 août, à l'heure où l'Allemagne est en train de violer la neutralité belge, Léon Jouhaux, secrétaire général de la CGT, prend la parole à l'enterrement de Jaurès. Il parle des « traditions révolutionnaires des soldats de l'an II allant porter la liberté au monde », appelle le monde ouvrier à « remplir son devoir », oublier son antimilitarisme et renoncer à son mot d'ordre de grève générale au nom de la lutte contre l'impérialisme et le militarisme allemand.

< Un jeune sous-lieutenant d'infanterie étrennant ses premiers galons et épaulettes dorés. Au sol gît son uniforme de l'École spéciale militaire de Saint-Cyr avec, au premier plan, le célèbre shako, également surnommé « casoar », du nom du plumet rouge et blanc qui le surmonte. C'est dans cette tenue que partent à l'assaut les dernières promotions d'officiers sortis de Saint-Cyr. La légende les fera entrer dans l'histoire des premiers combats de la guerre, « chargeant à la tête de leurs hommes, en casoar et gants blancs... ». Aquarelle de Jacques Hilpert.

Le patriotisme provoque les revirements les plus inattendus. Socialiste et antimilitariste, le turbulent Gustave Hervé, par exemple, s'empresse de rallier la patrie. Familier des coups d'éclat, ce professeur d'histoire s'était pourtant fait révoquer après qu'il eut suggéré qu'on enfonçât lors de l'anniversaire de la bataille de Wagram le drapeau tricolore dans le fumier de chaque caserne. Quant au ton très antimilitariste de son journal, *La Guerre sociale*, il lui avait valu quelques séjours à la prison de Clairvaux. Lancé en 1906, en effet, ce dernier appelait régulièrement ses lecteurs à venir conspuer l'armée à la revue de Longchamp.

Célèbre épicurien, le vieil Anatole France – il a 70 ans – se présente symboliquement à un bureau de recrutement. Même la Chambre devient le théâtre de quelques démonstrations d'affection émouvantes : Édouard Vaillant, le révolutionnaire communard, embrasse Albert de Mun, le versaillais, à qui il avait toujours refusé de serrer la main !

Enfin, Raymond Poincaré invente l'expression « Union sacrée », promise à un bel avenir, dans un discours du 4 août 1914 : « La France sera héroïquement défendue par tous ses fils, dont rien ne brisera devant l'ennemi l'union sacrée. » Celle-ci d'ailleurs se réalise vite pleinement : le 26 août, deux socialistes, Jules Guesde (sans portefeuille) et Marcel Sembat (Travaux publics), entrent dans le gouvernement Viviani, qui s'est vu confier tous les pouvoirs, tandis que la Chambre s'ajourne *sine die*. Fait nouveau, le président du Conseil abandonne tout portefeuille.

En Allemagne, les sociaux-démocrates, parmi lesquels dominent les tendances modérées ralliées au réformisme et qui recrutent en partie dans les classes moyennes, multiplient les manifestations de patriotisme. Contrairement à toute attente, en Allemagne, il n'y a pas comme en France unanimité pour se lancer dans la guerre. Le 31 juillet, au sein du groupe parlementaire, une majorité est décidée à voter les crédits militaires. Les grèves sont interrompues le 2 août sur mot d'ordre des syndicats et, le 3 août, la décision de vote favorable est prise à 78 voix contre 14. Liebknecht, Ledebour et Haase, qui sont contre la guerre, n'ont pas pu rallier plus de parlementaires à leur cause.

En Autriche, le courant anti-russe balaie les réticences des sociaux-démocrates. En Russie, enfin, le 8 août, la Douma vote les crédits de guerre et l'augmentation des impôts en la seule absence des socialistes.

v Message de Raymond Poincaré, président de la République, aux Chambres, le 4 août 1914. Manuscrit original.

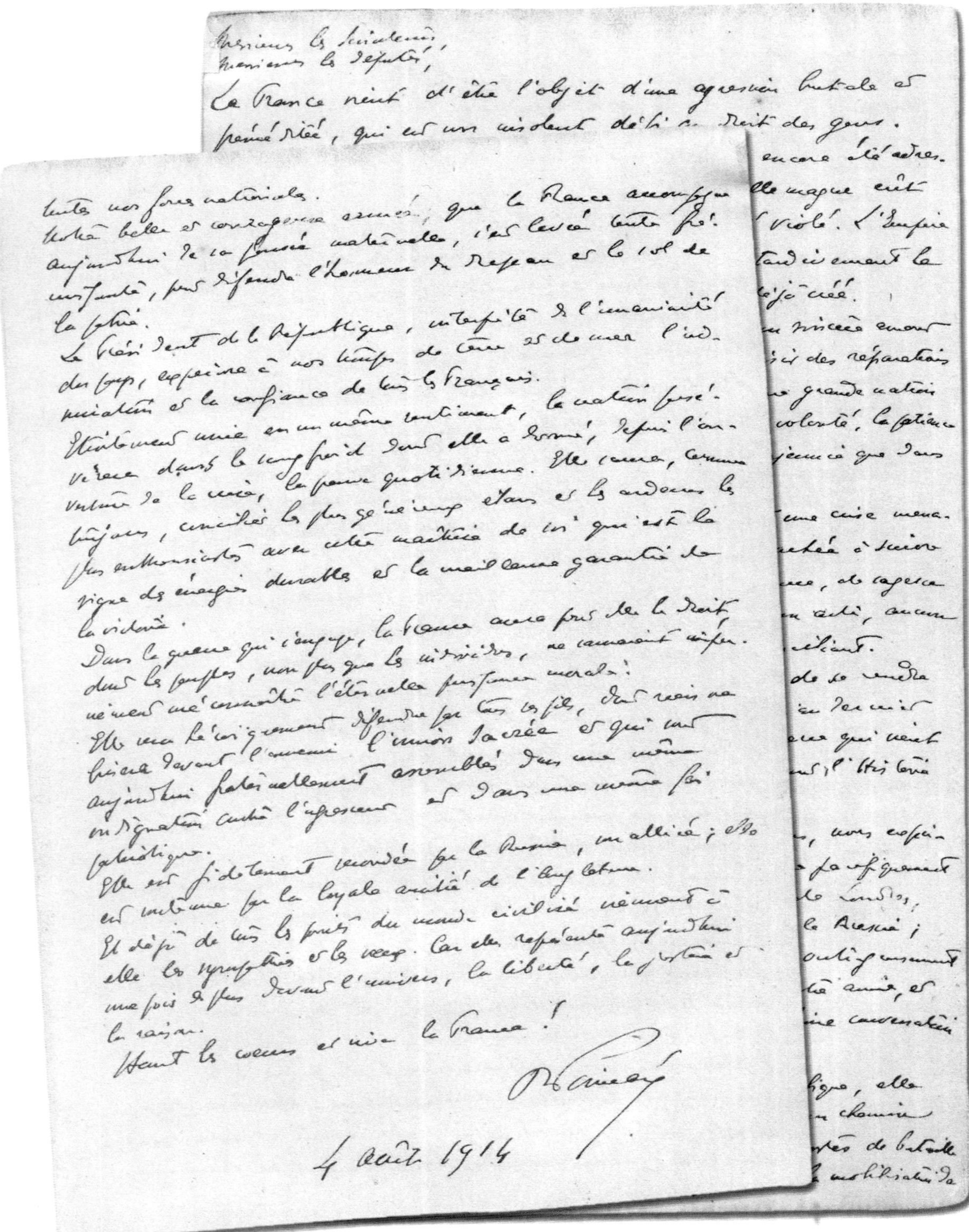

Messieurs les Sénateurs,
Messieurs les Députés,

La France vient d'être l'objet d'une agression brutale et préméditée, qui est un insolent défi au droit des gens.

toutes nos forces nationales.

Cette belle et courageuse armée, que la France accompagne aujourd'hui de sa pensée maternelle, s'est levée toute frémissante, pour défendre l'honneur du drapeau et le sol de la patrie.

Le Président de la République, interprète de l'unanimité du pays, exprime à nos troupes de terre et de mer l'admiration et la confiance de tous les Français.

Étroitement unie en un même sentiment, la nation persévèrera dans le sang-froid dont elle a donné, depuis l'ouverture de la crise, la preuve quotidienne. Elle saura, comme toujours, concilier les plus généreux élans et les ardeurs les plus enthousiastes avec cette maîtrise de soi qui est le signe des énergies durables et la meilleure garantie de la victoire.

Dans la guerre qui s'engage, la France aura pour elle le droit, dont les peuples, non plus que les individus, ne sauraient impunément méconnaître l'éternelle puissance morale.

Elle sera héroïquement défendue par tous ses fils, dont rien ne brisera devant l'ennemi l'union sacrée et qui sont aujourd'hui fraternellement assemblés dans une même indignation contre l'agresseur et dans une même foi patriotique.

Elle est fidèlement secondée par la Russie, son alliée ; elle est soutenue par la loyale amitié de l'Angleterre.

Et déjà de tous les points du monde civilisé viennent à elle les sympathies et les vœux. Car elle représente aujourd'hui une fois de plus devant l'univers, la liberté, la justice et la raison.

Haut les cœurs et vive la France !

Poincaré

4 août 1914

La France vient d'être l'objet d'une agression brutale et préméditée, qui est un insolent défi aux droits des gens.

Avant qu'une déclaration de guerre nous eût encore été adressée, avant même que l'ambassadeur d'Allemagne eût demandé ses passeports, notre territoire a été violé. L'empire d'Allemagne n'a fait hier soir que donner tardivement le nom véritable à un état de fait qu'il avait déjà créé.

Depuis plus de quarante ans, les Français, dans un sincère amour de la paix, ont refoulé au fond de leur cœur le désir des réparations légitimes. Ils ont donné au monde l'exemple d'une grande nation qui, définitivement relevée de la défaite par la volonté, la patience et le travail, n'a usé de sa force renouvelée et rajeunie que dans l'intérêt du progrès et pour le bien de l'humanité.

Depuis que l'ultimatum de l'Autriche a ouvert une crise menaçante pour l'Europe entière, la France s'est attachée à suivre et à recommander partout une politique de prudence, de sagesse et de modération. On ne peut lui imputer aucun acte, aucun geste, aucun mot qui n'ait été pacifique et conciliant.

À l'heure des premiers combats, elle a le droit de se rendre solennellement cette justice, qu'elle a fait, jusqu'au dernier moment, des efforts suprêmes pour conjurer la guerre qui vient d'éclater et dont l'Allemagne supportera devant l'Histoire l'écrasante responsabilité.

Au lendemain même du jour où nos alliés et nous, nous exprimions publiquement l'espérance de voir se poursuivre pacifiquement les négociations engagées sous les auspices du cabinet de [Londres ?] *l'Allemagne a déclaré subitement la guerre à la Russie ; elle a envahi le territoire du Luxembourg ; elle a* [outrageusement ?] *insulté la noble nation belge, notre voisine et notre amie, et elle a essayé de nous surprendre traîtreusement en pleine* [conversation ? convention ?] *diplomatique.*

Mais la France veillait. Aussi attentive que pacifique, elle s'était préparée ; et nos ennemis vont rencontrer sur leur chemin nos vaillantes troupes de [couverture ?] *qui sont à leurs postes de bataille et à l'abri desquelles s'achèvera méthodiquement la mobilisation de toutes nos forces nationales.*

Notre belle et courageuse armée, que la France accompagne aujourd'hui de sa pensée maternelle, s'est levée toute frémissante, pour défendre l'honneur du drapeau et le sol de la patrie.

Le président de la République, interprète de l'unanimité du pays, exprime à nos troupes de terre et de mer l'admiration et la confiance de tous les Français.

Étroitement unie en un même sentiment, la nation persévère dans le sang-froid dont elle a donné, depuis l'ouverture de la crise, la preuve quotidienne. Elle saura, comme toujours, concilier les plus généreux élans et les ardeurs les plus enthousiastes avec cette maîtrise de soi qui est le signe des énergies durables et la meilleure garantie de la victoire.

Dans la guerre qui s'engage, la France aura pour elle le droit dont les peuples, non plus que les [?] *ne sauraient impunément méconnaître l'éternelle* [?] *morale !*

Elle sera héroïquement défendue par tous ses fils, dont rien ne brisera devant l'ennemi l'union sacrée et qui vont aujourd'hui fraternellement assemblés dans une même indignation contre l'agresseur et dans une même foi patriotique.

Elle est fidèlement [secondée ?] *par la Russie, son alliée ; elle est soutenue par la loyale amitié de l'Angleterre.*

Et déjà de tous les points du monde civilisé viennent à elle les sympathies et les vœux. Car elle représente aujourd'hui une fois de plus devant l'univers la liberté, la justice et la raison.

Haut les cœurs et vive la France !

Raymond Poincaré
4 août 1914

v Dernier bal du 14-Juillet avant la déclaration de guerre. Dans quelques semaines, les uniformes envahiront la société. Rien ne sera plus comme avant.

Toute l'Europe de gauche est entraînée dans une puissante vague de chauvinisme… Partout, les solidarités nationales passent avant l'internationalisme prolétarien et le réflexe patriotique fait le reste. En France, l'État-Major, qui tablait sur 13 % de réfractaires, a la bonne surprise de constater qu'à peine un peu plus de 1 % de citoyens n'ont pas répondu à l'ordre de mobilisation générale. En Russie, où la population est solidaire des Serbes et hostile à l'impérialisme austro-allemand, le nombre de déserteurs lors de la mobilisation est infime. Partout triomphe l'Union sacrée. Le Kaiser déclare au Reichstag : « Je ne connais plus les partis, je ne connais que les Allemands. » En Russie, les « cadets » (constitutionnels-démocrates) proposent « l'oubli des discordes intestines » jusqu'à la victoire et les représentants des nationalités proclament leur loyalisme. En France, Paul Deschanel, président de la Chambre des députés, lance un vibrant : « Il n'y a plus que des Français. » C'est donc, semble-t-il, avec la bénédiction des peuples que la déclaration de guerre met fin à quarante-trois ans de paix en Europe.

Le mythe de la fleur au fusil

On a souvent représenté les soldats de toutes nations comme partis la « fleur au fusil », selon la formule d'un célèbre récit de Galtier-Boissière, fondateur du *Crapouillot* en 1915. Nombreux seraient ceux tout excités de se jeter dans une aventure que beaucoup croyaient momentanée, une sorte v Tract sous forme d'un faux billet de train (« de plaisir » !) pour Berlin avec, en prime, l'offre d'un poil de moustache de Guillaume II ; l'humour est épais, mais s'inscrit dans le cri de ralliement général : « Tous à Berlin »…

v La brutale réalité, ce ticket de train de Vichy à Paris, dernier voyage avant le front, retrouvé dans la poche d'un sous-lieutenant du 76e RI, tué en octobre 1914 à Vauquois.

de promenade militaire. En réalité, la liesse ne fut pas générale : Maurice Genevoix le conteste même avec véhémence et le lieutenant De Gaulle a vu des « gens résolus qui retiennent leurs larmes ». La consternation est même fréquente chez ces paysans qui représentaient la majeure partie des mobilisés et qui ne comprenaient rien au conflit sinon qu'il allait leur faire manquer les moissons. S'il y eut un certain consensus en France, c'est plutôt celui qui soude des hommes qui ont appris le patriotisme au catéchisme comme à l'école primaire, où la devise de la Ligue de l'enseignement était en 1881 : « Pour la patrie, par le livre et l'épée. » C'est aussi probablement à une certaine confiance envers une armée bien entraînée grâce à la loi des 3 ans et un corps d'officiers censé avoir progressé depuis 1870. On part « bouffer du Boche » « pour faire comme les copains » ou « par esprit de curiosité », diront les rescapés.

Il ne faut pas, par ailleurs, sous-estimer la part d'inconscience. Tout s'est passé très vite, sans que personne y croie jamais vraiment, d'abord parce que le contexte international était tendu depuis des années sans qu'aucun cataclysme n'ait jamais éclaté jusqu'alors ; ensuite, parce que dans l'immédiat, chacun profite du « bel été 1914 » : les campagnes, du soleil à l'heure des moissons et les villes, vidées de leurs classes aisées parties aux bains de mer, d'un calme de saison.

Pour beaucoup, en outre, l'assassinat de l'archiduc n'est qu'un fait divers de plus. En France, par exemple, l'opinion publique est beaucoup plus intéressée par les terribles orages qui ont fait dix morts après un effondrement de chaussée à Paris ou par le procès de Mme Caillaux qui s'est ouvert en juillet. La femme du député a tué d'un coup de feu, le 16 mars, le directeur du *Figaro*, Gaston Calmette, qui avait eu l'impudence de publier sa correspondance avec le député, du temps où elle n'était encore que sa maîtresse. Face à un crime passionnel, un assassinat politique, la disparition de l'héritier des v Aux poses avantageuses sur fond de décors pompeux de l'avant-guerre succèdent désormais ces clichés pris chez un photographe ambulant, ici en novembre 1914, au hasard des mouvements chaotiques de l'armée. Le drap de lit maculé et mal accroché en arrière-plan, l'absence d'équipement sur la capote gris de fer bleuté, les godillots poussiéreux sont autant d'éléments qui suggèrent le désarroi des fantassins après les trois terribles premiers mois de la guerre. À côté des clichés soigneusement censurés produits par les services officiels de propagande, de plus en plus de soldats envoient à leur famille des photos d'amateurs qui montrent une autre face de la guerre.

Habsbourg et de la comtesse Sophie Chotek von Chotkowa und Wognin, duchesse von Hohenberg, fait pâle figure !

Au Royaume-Uni, une crise constitutionnelle, des mouvements de grève, les manifestations de suffragettes et le risque de guerre civile en Irlande éclipsent également l'événement.

En Russie, enfin, si la population des villes, la bourgeoisie et l'aristocratie applaudissent à la guerre, les simples moujiks, c'est-à-dire l'immense majorité de la population, ignorent totalement les tenants et les aboutissants de la politique internationale et se montrent, au mieux, résignés.

Enfin, une fois le départ venu, par principe, l'ambiance est celle des grandes manifestations militaires suivies à l'époque avec passion et enthousiasme : les trains sont pavoisés, on chante, les femmes offrent aux soldats des fleurs et des baisers, les soldats français crient « À Berlin ! » et les Allemands « *Nach Paris !* ».

Tristes ou joyeux, insouciants ou curieux, les soldats de toute nation comprendront vite que « la guerre courte, fraîche et joyeuse » promise par Guillaume II n'est qu'un mensonge. Côté français, l'illusion sera parfois fort brève, surtout dans les villages et les villes situés près du front, qui assistent, à peine quarante-huit heures après le départ en fanfare des soldats, à leur passage en sens inverse au cours d'une retraite précipitée.

Les forces en présence

Lorsque le conflit éclate, le rapport de forces est favorable à l'Entente. La France, l'Angleterre et l'Empire russe mobilisent, en effet, plus de 35 millions de soldats alors que l'Autriche-Hongrie et l'Allemagne ne peuvent en engager que 22 millions. L'Entente peut aligner 167 divisions d'infanterie contre 147, et 36 divisions de cavalerie contre 22.

À long terme, les perspectives sont également bien meilleures pour l'Entente. La population des États qui la composent est double de celle des Empires centraux (238 millions d'habitants contre 120) et compte deux énormes réservoirs humains : la Russie et les empires coloniaux. Le seul Empire britannique couvre 33 millions de km^2, soit le quart des terres émergées.

À y regarder de plus près, cependant, l'arithmétique ne suffit pas à refléter le rapport de forces. À comparer les armées française et allemande, par exemple, le général Buat constate que si les effectifs des deux armées d'active en début du conflit sont de 910 000 pour la première et 870 000 pour la seconde, l'encadrement en officiers est quant à lui respectivement de 110 000 contre 58 000. Le niveau d'encadrement est donc bien meilleur côté allemand. En outre, le mode de recrutement lors de la mobilisation touche des hommes plus âgés en France (ce qui est logique compte tenu de la faiblesse démographique du pays) qu'en Allemagne. Au 18 août 1914, en

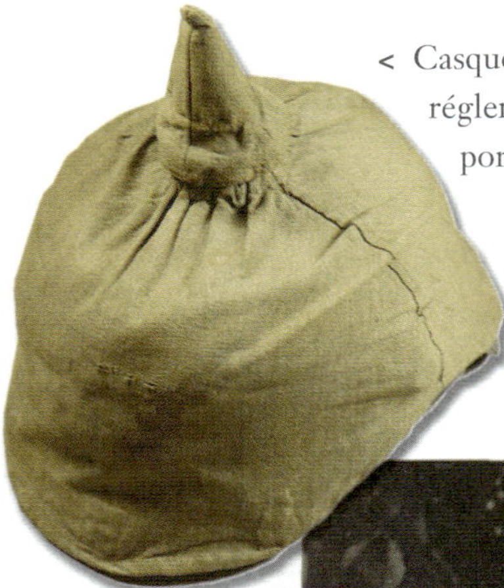

< Casque à pointe de fantassin allemand recouvert de sa housse de toile, réglementaire pour la tenue de combat, housse sur laquelle est normalement porté le numéro du régiment afin de l'identifier.

v Chasseur à pied bavarois. Sa coiffure, un shako de feutre gris-vert, peut être une fabrication classique ou un « ersatz », un succédané, domaine où les Allemands innovent considérablement en utilisant toutes les matières pour leurs équipements : tôle, cuir, carton, feutre…

˅ Carte postale patriotique autrichienne exaltant l'alliance entre l'Allemagne à droite et l'Autriche à gauche. Les enfants sont largement utilisés par les belligérants pour incarner la vitalité et « l'innocence », donc la juste cause de chacun.

France, 4 622 000 hommes se retrouvent sous l'uniforme, ce qui est beaucoup. Pour atteindre ce chiffre, il a fallu appeler jusqu'à la classe 1887 incluse, c'est-à-dire les Français valides jusqu'à 47 ans au moment où les plus vieux mobilisés allemands n'ont pas 29 ans. En caricaturant, ce sont donc une armée de vieux et une armée de jeunes qui s'affrontent.

À comparer l'équipement entre Allemagne et Russie, le même constat s'impose. Les Allemands sont pourvus d'artillerie lourde et surtout de mitrailleuses, armes récentes au tir rapide, continu et automatique. Ce n'est pas le cas de la Russie. Son armée mal équipée a montré ses limites contre le Japon en 1905 et semble à la fois peu motivée et lente à mobiliser. En outre, l'Empire austro-hongrois et l'Allemagne semblent mieux coordonnés que les alliés de l'Entente. Ils sont préparés à la guerre et se sont bien réparti leur tâche. C'est l'Allemagne qui assure la responsabilité effective des opérations. Enfin, ils poursuivent un idéal commun, la *Mitteleuropa*, la constitution d'un seul État d'Europe centrale.

Dans le camp de l'Entente, en revanche, la France s'appuie sur une Grande-Bretagne sans service militaire obligatoire et ne disposant que d'une armée de métier réduite, exclusivement composée de volontaires et spécialisée dans le règlement des conflits coloniaux. Elle ne peut envoyer dans l'immédiat qu'un maigre corps expéditionnaire composé d'une division de cavalerie et de six divisions de fantassins qui va aller se ranger à l'extrême gauche de la ligne française de front. Quant à la Russie, elle est éloignée et fragile et n'a pas respecté ses accords avec les banquiers français. Contrairement à ce qui était convenu, Nicolas II n'a pas investi l'argent prêté par la France dans la défense, mais dans l'économie russe.

Quoi qu'il en soit, les pays de l'Entente alignent au début du conflit 180 divisions : la France et la Russie en ont presque 80 chacune, la Serbie 10, l'Angleterre et la Belgique 5 chacune. Mais là encore, à y regarder de plus près, on constate que l'Allemagne attaque sur le front ouest avec 50 divisions d'active, mais 29 divisions de réserve et 15 divisions dites d'*Ersatz Reserve*, soit en tout 94 divisions contre 79 à la France.

LA MACHINE INFERNALE > 1914

L'explosion

1915 L'IMPOSSIBLE VICTOIRE 1916 LA MÊLÉE SANGLANTE 1917 LA SOUFFRANCE ET LE DOUTE 1918 LE SILENCE DES CIMETIÈRES 1919 LA PAIX MANQUÉE

< Août 1914. Scène de mobilisation sur un quai de gare français. Ce sont des wagons à marchandises (« hommes debout 40-chevaux 8 ») qui acheminent les troupes au front.

« “Tout le monde descend !” crient des voix joyeuses. La porte de notre wagon grince et le soleil envahit l’énorme boîte à demi obscure où nous souffrons depuis plus de deux jours de la fatigue, de la chaleur et du manque d’air. Nous sommes dans les Ardennes. »

1914, Carnet d’un combattant. Notes recueillies par Jules Mazé.

RECRUTEMENT
d Seine 5 Bureau
CLASSE 1902.
N° AU CONTRÔLE SPÉCIAL : 216/8
N° AU REGISTRE MATRICULE :
N° AU RÉPERTOIRE :

Avis important pour l'homme.
Toute réclamation ou demande de renseignements doit être soumise à la Gendarmerie sans retard, en présentant l'ordre d'appel.

Avis pour la poste.
En cas d'absence du destinataire la poste n'a pas à faire suivre le présent ordre, qui doit faire retour au commandant du bureau de recrutement. Si l'agent des postes possède quelques renseignements sur la nouvelle adresse du destinataire, il est prié de les indiquer dans la case réservée à cet effet sur le récépissé rose.

ORDRE D'APPEL SOUS LES DRAPEAUX
à conserver par le destinataire
et à présenter à l'arrivée au corps.
PLM

A M Goujon Charles
à Maizeux 1
B^d de la Liberté
maison Michelot
Chagny

PAR ORDRE DU MINISTRE DE LA GUERRE,
il est prescrit au destinataire de la présente carte de se
présenter IMMÉDIATEMENT ET SANS DÉLAI
à la gare de Chagny au Dépôt

^ Marqué par l’inorganisation totale qui avait caractérisé la mobilisation en 1870, y voyant même une des causes de la défaite, l’état-major a soigneusement préparé l’appel des classes, en particulier depuis la loi de 1905 qui a rendu le service militaire universel, obligatoire et égalitaire et le rappel régulier des hommes pour des périodes de réserve. À la réception de l’ordre d’appel sous les drapeaux, chaque mobilisable dispose d’un coupon lui indiquant gare d’embarquement et dépôt de regroupement, accompagné d’un titre de transport gratuit.

>1914 **L'explosion**

Chaque camp engage le combat comme prévu par son état-major. Contrairement à ce qu'on pourrait croire, le plan allemand n'est pas la toute dernière invention de quelque jeune stratège, mais le testament d'un vieux militaire défunt, le comte Alfred von Schlieffen (1833-1913), lui-même largement inspiré d'une légendaire bataille de l'Antiquité, qui mit à rude épreuve Hannibal.

SON PROJET EST SIMPLE : afin d'éviter de combattre sur deux fronts, il faudra terrasser la France en jetant toutes les forces disponibles contre elle, puis se retourner contre les Russes. Compte tenu du rideau de forteresses françaises construit à l'Est sur la frontière, après le désastre de 1870-1871, l'écrasement de la France en moins de six semaines exige de violer la neutralité belge.

À partir du 4 août, les troupes allemandes déferlent donc sur les routes du petit royaume. Les blés mûrs ondulent sur leur passage, lorsqu'elles coupent à travers champs. En dépit de la détermination farouche de ses combattants, l'armée belge n'est pas en mesure de briser cet élan. Ne possédant de service militaire généralisé que depuis 1912, elle ne compte que 500 000 hommes. En outre, sa défense repose sur quelques forts comme Liège ou Namur, dont les canons allemands réussissent à percer les coupelles. À raison de plus de 20 km par jour en moyenne, l'avancée des Allemands est foudroyante : Liège tombe dix-neuf jours seulement après la mobilisation ; le 19 août, le roi Albert replie l'armée belge sur les forts d'Anvers, le 20 août, les Allemands occupent Bruxelles et le 23, Namur.

La ruée allemande

L'offensive allemande se déploie à travers cinq armées, ainsi réparties de l'aile droite à l'aile gauche. La Ire armée de von Klück part de Cologne, passe par Bruxelles en direction de Lille et Amiens. La IIe armée de von Bülow marche sur Liège et se dirige vers Charleroi. La IIIe armée saxonne de von Hausen doit marcher sur la Meuse à la hauteur de Dinant. La IVe armée du duc Albrecht de Wurtemberg est placée dans la région de Trèves face au grand-duché de Luxembourg pour s'élancer vers Neufchâteau et Sedan. La Ve armée du Kronprinz impérial rassemblée autour de Metz et de Thionville a pour objectif Verdun. Enfin, deux autres armées attendent les Français : la VIIe armée du général von Heeringen dans le nord de l'Alsace et la VIe armée du Kronprinz Ruprecht de Bavière en Lorraine.

Contournant l'ensemble du système défensif français, l'attaque remporte un effet de surprise total. Elle arrive, en effet, au seul endroit où les Français ne l'attendaient pas, dans cette Belgique qu'un état-major français,

< Septembre 1914. Départ de fantassins français pour les Flandres, en gare de Dunkerque. À défaut d'enthousiasme, les soldats affichent une attitude déterminée.

v Courrier envoyé le 20 août 1914 à 19 heures, du sapeur du génie Georges B., annonçant son départ imminent vers les Ardennes. On constate que le courrier fonctionne encore très bien puisqu'il parvient à son destinataire le 22.

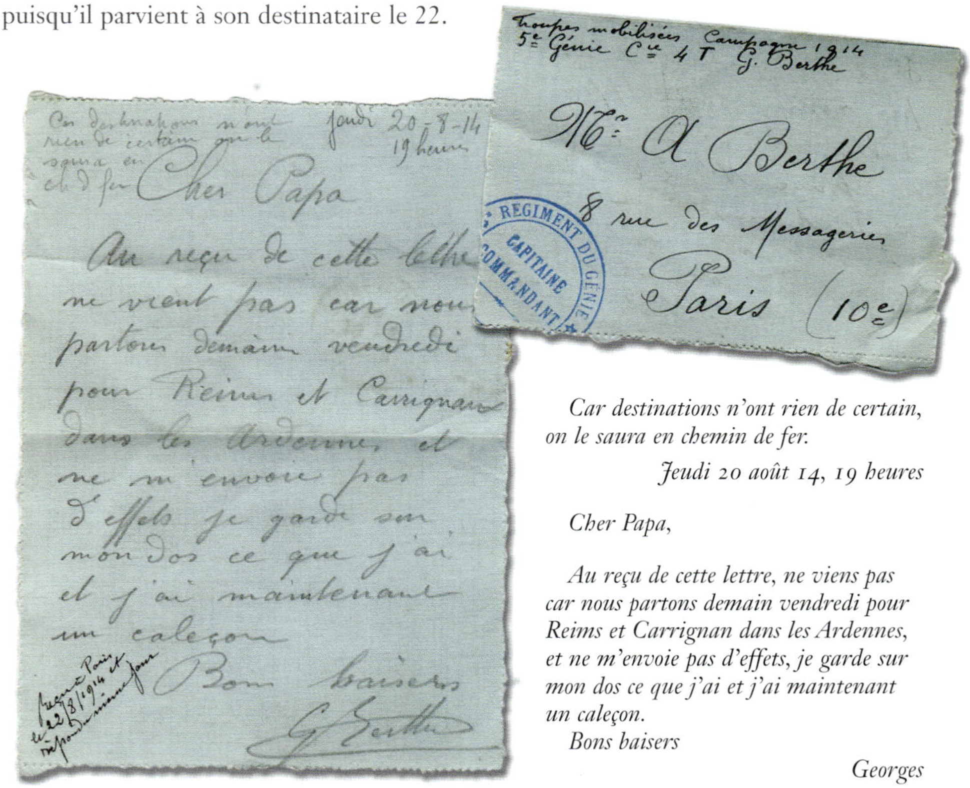

Car destinations n'ont rien de certain, on le saura en chemin de fer.

Jeudi 20 août 14, 19 heures

Cher Papa,

Au reçu de cette lettre, ne viens pas car nous partons demain vendredi pour Reims et Carrignan dans les Ardennes, et ne m'envoie pas d'effets, je garde sur mon dos ce que j'ai et j'ai maintenant un caleçon.

Bons baisers

Georges

trop respectueux des conventions internationales et de la parole donnée ou trop naïf, croyait protégée par sa neutralité.

Côté français, sans se préoccuper des mouvements de l'ennemi, le plan XVII entre en application. Il envisage trois offensives : la très symbolique libération de l'Alsace et de la Lorraine, qui doit délivrer ces femmes dont les maris ou les fils ont dû partir se battre pour le Kaiser, et une attaque dans les Ardennes.

Joffre, commandant en chef français, déploie ses troupes selon cinq grands axes. Un détachement de Haute-Alsace, très vite nommé « armée d'Alsace » et placé sous le commandement du général Pau, doit marcher sur Mulhouse. La 1re armée du général Dubail est concentrée de Belfort à Épinal. La 2e armée du général de Castelnau tient la région Toul-Nancy-Lunéville. La 3e armée du général Ruffey est déployée sur la Meuse de Verdun à Saint-Mihiel. La 5e armée du général Lanrezac se concentre au sud des Ardennes et la 4e armée du général de Langle de Cary se trouve derrière la 3e dans la région de Bar-le-Duc.

v Dans les jours incertains de septembre 1914, sur l'échiquier de la guerre, « nous progressons » paraît le prudent slogan des généraux Joffre et de Castelnau retenu sur cette carte postale. Alors que Guillaume II retire ses soldats et abandonne des prisonniers aux mains des Français, ces derniers donnent la réserve… Bientôt, il n'y aura plus d'Allemands sur l'échiquier.

Le 7 août, Joffre lance l'attaque. Les wagons déversent les soldats à Sedan, Toul, Nancy, Belfort et ceux-ci commencent leur marche vers le Nord-Est, tandis que le corps expéditionnaire britannique débarqué à Boulogne le 14 août marche en direction du Cateau.

Le seul succès offensif des Français a lieu au tout début des hostilités. C'est l'éphémère entrée de l'armée de Pau à Mulhouse le 7 août. La presse salue l'événement. « Après quarante-quatre ans de deuil et d'attente douloureuse, voici donc que se lève pour nos frères de là-bas l'aurore de la délivrance », écrit un peu vite Albert de Mun dans *L'Écho de Paris*, car, dès le 9 août, le « crépuscule » revient : la ville est reprise par les Allemands. Un instant réoccupée par les Français, le 19 août, elle sera encore abandonnée quelques jours plus tard et, cette fois, pour de longues années.

Les Français mènent deux opérations en Lorraine et dans les Ardennes restées célèbres sous le nom de « bataille des frontières ». En Lorraine, les 1re et 2e armées françaises, parties à l'attaque en direction de Sarrebourg et Sarrebruck le 14 août, progressent d'abord quelque peu, car les Bavarois sont chargés de les laisser avancer pour mieux les envelopper dans une tenaille dont les mâchoires seront Metz et Sarrebourg. Les Français s'emparent donc de la ligne des cols des Vosges. Mais dès que les Allemands décident de riposter, ce qui donne la bataille de Morhange (20 août), le vent tourne. Le 22 août, la bataille de Lorraine est une victoire allemande. Au même moment pourtant, Moltke prend deux décisions regrettables pour les Allemands : d'abord, devant les succès de l'aile droite, il s'abstient de lui envoyer les renforts prévus ; ensuite, il lance les Bavarois dans une poursuite des Français qui va s'enliser et être stoppée les 24 et 26 août en avant de Nancy, bien protégée par les défenses du Grand Couronné et bien tenue par Castelnau. Mais la bataille fait rage et le général de Castelnau, qui a fait

> v Casque de fantassin du 115e régiment d'infanterie de la garde du grand-duché de Hesse-Darmstadt. Pour une large part issus de l'aristocratie, les officiers des différents États allemands cultivent les particularismes, à commencer par ceux de leurs uniformes et coiffures. Un des modèles des junkers prussiens est le prince héritier, le Kronprinz Friedrich-Wilhelm, ici au centre de la photo. Ses extravagances et sa silhouette en font, comme son père, une cible de choix pour les caricaturistes.

préparer les ordres de retraite, ne s'abstient de les appliquer que parce que Joffre oppose un refus catégorique à tout repli.

Dans les Ardennes, endroit fort mal choisi entre forêts épaisses et escarpements, et au Luxembourg, les 3e et 4e armées françaises lancent une attaque le 20 août, mais les Allemands ont choisi eux aussi d'agir là à la même date. Le choc frontal est brutal. L'offensive des Ardennes est un échec, la 4e armée de Langle de Cary, décimée par les mitrailleuses ennemies, recule devant les Allemands.

La « comédie de Charleroi » (21-24 août)

À l'extrémité nord-ouest du front français, les Allemands exercent la formidable pression de leur aile droite sans que les Français prennent la mesure de l'offensive ennemie. À partir du 16 août, malgré tout, l'armée du général Lanrezac, voyant que la ligne de front a été bien mal localisée par l'état-major, commence sa remontée vers l'angle Sambre-Meuse. Le 18 août, les trois armées allemandes (von Klück, von Bülow et von Hausen) qui opèrent en Belgique se mettent en mouvement sans que cela alerte le moins du monde le commandement français. Au bout de trois jours, cependant, il devient évident même aux moins clairvoyants que la Ire armée de von Klück arrive à la rencontre de l'armée britannique et la IIe de von Bülow face à celle de Lanrezac. C'est ainsi que vont se jouer deux batailles : Mons côté britannique et Charleroi côté français.

La bataille s'engage le 21. La 5e armée de Lanrezac est chargée, en liaison avec les divisions britanniques, de franchir la Sambre à Charleroi et d'attaquer les troupes allemandes. Elle passe la Sambre comme prévu, mais ses troupes fatiguées n'ont pas le mordant nécessaire. Elles sont usées par la marche qu'elles ont dû faire pour aller de Sedan et Mézières à la Sambre avec un « barda » d'environ 30 kg sur le dos. Les hommes ont les pieds en sang à force de marches et de contre-marches. Ils suent à grosses gouttes sous le soleil de plomb de ce mois d'août et ce, d'autant que l'armée leur a distribué force ceinture de flanelle et tricots, outre la longue capote bleue et le pantalon en tissu bien épais. Beaucoup n'ont pas hésité d'ailleurs à se délester en route, qui de vêtement, qui de vivres, si bien que, sur toutes les routes suivies par les colonnes, « on trouverait de quoi monter un bazar », note le général Lanrezac. Le corps de cavalerie Sordet, épuisé par l'offensive des Ardennes et envoyé en reconnaissance, a complètement manqué la localisation de la menace allemande, il cède et se retranche derrière la 5e armée.

Enfin, la garde prussienne franchit la Sambre et s'empare d'Auvelais et de Tamines. Les Français reculent. Le 23 août, la situation va de mal en pis. Avec son 1er corps à droite de la 5e armée, Franchet d'Esperey est en train de prendre à partie la garde prussienne quand il apprend que l'armée

∨ Sur un quai de gare français, un convoi de l'armée des Indes (630 000 soldats). Comme la France, qui a mobilisé les contingents de son empire colonial, le Royaume-Uni fait appel à toutes les forces du Commonwealth. Soldats de métier aguerris par de nombreuses campagnes outre-mer, les Hindous forment les premiers renforts du corps expéditionnaire britannique sur le continent.

∨ Cette casquette de l'armée britannique est en réalité une boîte à bonbons. Elle fait partie des milliers d'articles en tout genre produits dans l'euphorie de l'entrée en guerre ; la date portée sur la jugulaire, « 1914 », indique sans doute que le conflit devrait se terminer rapidement.

v Cette lettre du 11 août 1914 d'une femme à son mari parti au front manifeste l'ensemble des problèmes et des sentiments de ce début de guerre : manque de nouvelles, inquiétude, angoisse face à l'avenir, questions sur le ravitaillement. On note le ton avec lequel il est indiqué que chaque jour il y aura prière pour les combattants ; on imagine encore une guerre courte.

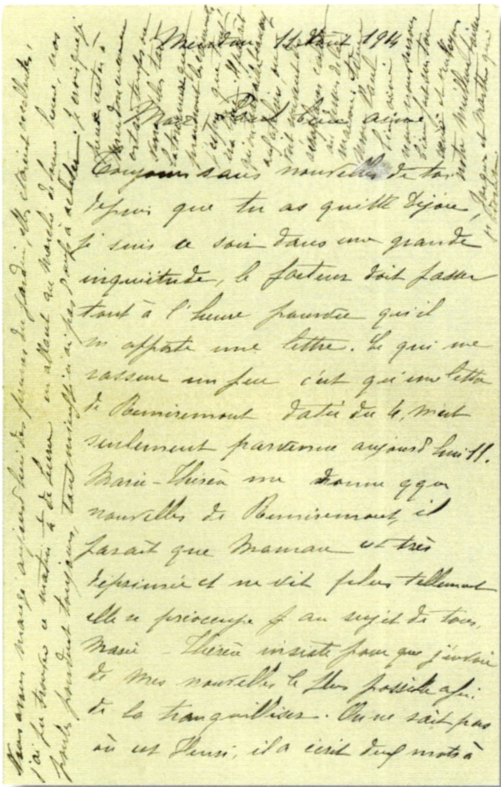

Meudon, 11 août 1914

Mon Paul bien aimé,

Toujours sans nouvelles de toi depuis que tu as quitté Dijon. Je suis ce soir dans une grande inquiétude, le facteur doit passer tout à l'heure pourvu qu'il m'apporte une lettre. Ce qui me rassure un peu c'est qu'une lettre de Remiremont datée du 4 m'est seulement parvenue aujourd'hui 11.

[…] Maman est très déprimée et ne vit plus tellement. Elle se préoccupe au sujet de tous. […] On ne sait pas où est Henri. […] Il est au 31ᵉ bataillon de chasseurs à pied et doit sûrement être à la frontière. Paul G. est à Gérardmer, croit-on. Maman me demande si j'ai fait des provisions de vivres, elle en a fait pour une centaine de francs, moi je n'ai fait aucune réserve, on entend dire par les journaux qu'on ne manquera de rien, malgré tout je ferais peut-être bien de me munir de quelques conserves […].

Félix est au 7ᵉ escadron du train attaché jusqu'alors à Remiremont, Maman n'a pas voulu qu'il parte, dans l'état d'âme où il était […].

Marie-Thérèse est allée reconduire Elisabeth à L., elle en est revenue précipitamment dès que l'ordre de mobilisation générale a été donné, elle a fait un voyage long et pénible.

Ici on engage la population à se faire vacciner. On dit aussi qu'une aspiration quotidienne de quelques gouttes de P., antiseptique très agréable, suffit à protéger contre les contagions, je pourrai m'en munir mais jusqu'ici la santé de la population est excellente. […]

Nous sommes sortis tout à l'heure pour aller à l'église prier pour toi ; tous les jours à 9 heures pendant la durée de la guerre il y a salut et prière pour ceux qui combattent. J'ai beaucoup prié et fait prier Jacques afin que Dieu te protège et te conserve à nous. Que deviendrions-nous sans toi, mon Dieu !

Je t'en prie tâche de trouver le moyen de m'écrire souvent ne serait-ce qu'un mot, il finira bien par me parvenir, j'ai tant besoin d'être rassurée, dis-moi bien comment tu te portes, ce que tu fais, ne me cache rien, tu entends. […]

Nous avons mangé aujourd'hui des prunes du jardin, elles étaient excellentes, j'ai pu trouver ce matin un quart de beurre en allant au marché de bonne heure, nos poules pondent toujours, tant mieux je n'ai pas d'œufs à acheter. Je crois que je peux rester à Meudon encore un certain temps, on verra la tournure que prendront les événements. J'espère que tout va bien. Il paraît qu'on travaille beaucoup à [?]. On voit souvent des aéroplanes évoluer au-dessus de la maison. Mon dieu que cette vilaine guerre se termine bien vite, j'ai bon espoir et je crois bien que nous serons victorieux car jusqu'alors tout marche bien pour nous, je continue à beaucoup prier. […]

Je te quitte mon petit mari bien aimé, il est l'heure de faire le dîner. Jacques me charge de te dire qu'il a été bien sage aujourd'hui pour faire plaisir à père.

[…] Nous t'envoyons notre meilleur baiser. Jacques et Marthe qui t'adorent.

v Dans un régiment de grenadiers, le jeune prince de Galles (à droite) s'initie au maniement du fusil Lee-Enfield. Comparés à celles des Français et même des Allemands, les tenues et équipements britanniques sont extrêmement modernes et bien conçus. Les brelages et sacs divers en forte toile, dits « Mills », permettent de multiples usages, quant aux uniformes, recherche du confort et solidité les distinguent. Ils serviront de modèles à la plupart des armées mondiales, à commencer par celle des États-Unis.

v Une des innombrables cartes postales éditées en Grande-Bretagne dans le goût des séries enfantines naïves.

saxonne du général von Hausen a passé la Meuse derrière lui. Heureusement, les Saxons n'attaquent pas et se dérobent pendant la nuit. Dès le 22, cependant, Bülow a gagné la partie et la 5e armée se replie sur Maubeuge.

Dans la masse des soldats anonymes jetés dans les combats de Charleroi se trouve le jeune Pierre Drieu la Rochelle. En 1934, il immortalisera la bataille dans l'un de ses meilleurs livres intitulé *La Comédie de Charleroi* et écrit au moment même où il commence à embrasser le fascisme. Certains interprèteront ce choix extrémiste comme la réponse à l'immense désarroi qui frappe une partie de cette jeunesse grandie les pieds dans la boue et la tête sous les obus. Parti à la guerre avec des rêves d'héroïsme, à Charleroi, Drieu a déjà compris que « tout cela n'est que mascarade » et qu'au front il faut se résigner à être un « veau parmi les veaux ».

« On nous interdisait de boire de l'eau de peur qu'elle soit empoisonnée. [...] Arrivés dans la ville de Thann, les jeunes filles de chaque côté de la route avaient chacune un seau de liqueur mélangée avec de l'eau ; il faisait tellement chaud, on avait le feu dans le corps, dans chaque seau on trempait son quart, mais on n'arrivait pas à se désaltérer. »

Histoire passionnante de la vie d'un petit ramoneur savoyard, Le Sycomore, 1978

Dessin de Jacques Hilpert, septembre 1914.

< Les photos prises pendant l'automne 1914 sont rares tant les opérations sont incertaines et mouvementées pour les régiments français. Ici, en septembre, un groupe de fantassins, aux tenues et armes en état, sacrifie au culte du « pinard » alors largement répandu dans toutes les couches de la société et célébré dans les armées elles-mêmes. On estime, non sans raison, qu'il évite les miasmes de l'eau. La cave d'une maison abandonnée a sans doute alimenté cette halte.

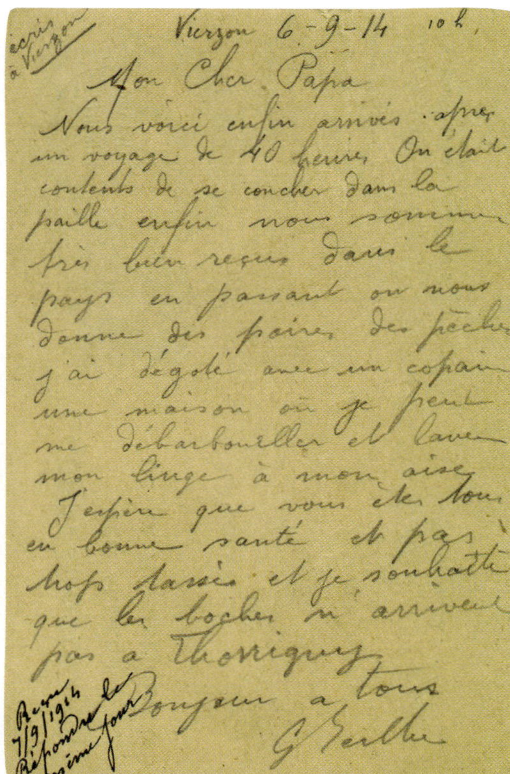

écrit à Vierzon

Vierzon 6-9-14 10h.

Mon Cher Papa
Nous voici enfin arrivés après un voyage de 40 heures On était contents de se coucher dans la paille enfin nous sommes très bien reçus dans le pays en passant on nous donne des poires des pêches j'ai dégoté avec un copain une maison où je peut me débarbouiller et laver mon linge à mon aise
J'espère que vous êtes tous en bonne santé et pas trop lassés et je souhaite que les boches n'arrivent pas a Thorigny
Bonjour a tous
G [illegible]

Reçu 7/9/1914 Répondu le même jour

Vierzon, le 6 septembre 1914

Mon cher Papa,

Nous voici enfin arrivés, après un voyage de 40 heures. On était content de se coucher dans la paille, enfin nous sommes très bien reçus dans le pays, en passant on nous donne des poires, des pêches. J'ai dégoté avec un copain une maison où je peux me débarbouiller et laver mon linge à mon aise. [...] je souhaite que les Boches n'arrivent pas à Thorigny.

> Dans le *Bulletin des armées de la République* figure le remaniement ministériel du 26 août 1914. Viviani fait de son cabinet un gouvernement d'union nationale ; en témoigne la présence des socialistes Jules Guesde et Marcel Sembat.

v Papiers militaires du soldat Léopold Lhéritier : né en 1894, il appartient à la classe 1914 mais a préféré devancer l'appel en s'engageant en 1912. Son livret de soldat a été renvoyé à sa famille avec la mention « mort pour la France le 27 septembre 1914 (tué à l'ennemi) […]. Rayé des contrôles le 28 septembre 1914 ». Quelques mois plus tard, nombre de familles ne reçoivent même plus ces émouvantes reliques, car l'intensité des combats ne permet pas toujours de les récupérer sur le terrain.

v Campagne 1914-1915. Plateau de Barcy (Seine-et-Marne). Mise en terre d'un soldat allemand.

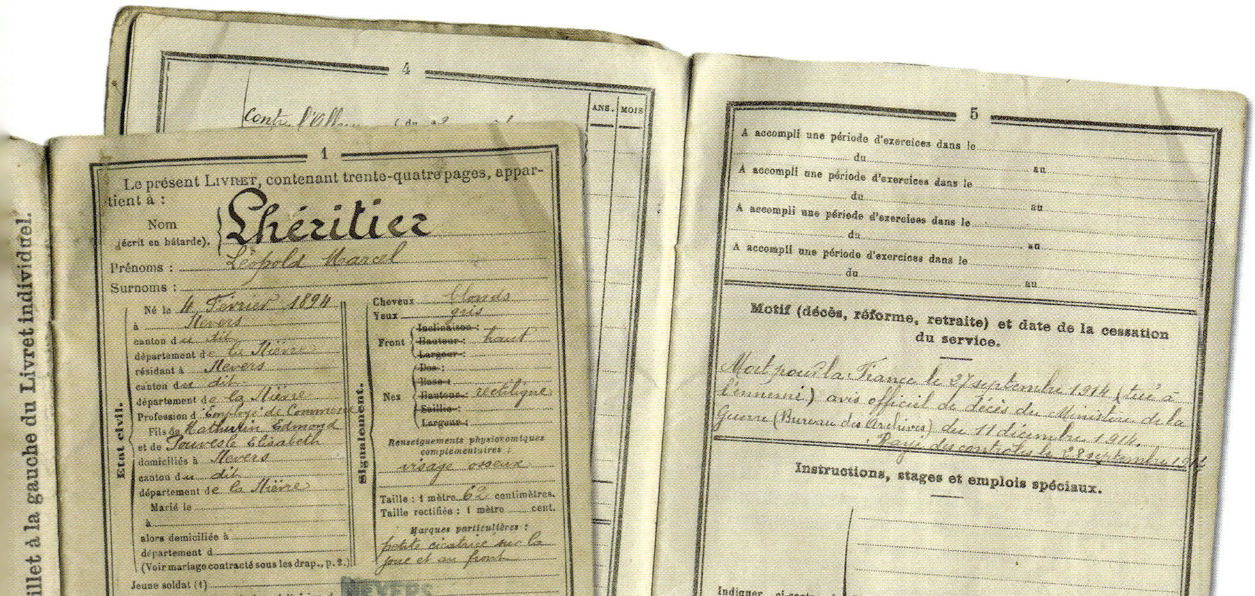

N° 14. Vendredi 28 Août 1914.

BULLETIN DES ARMÉES
DE LA RÉPUBLIQUE

PARAISSANT CHAQUE JOUR

LE NOUVEAU CABINET

Le ministère vient de se reconstituer par adjonction de six nouveaux membres, M. Briand, Delcassé, Millerand, Ribot, (arcel Sembat et Jules Guesde (ce dernier ans portefeuille), qui remplacent MM. Mesmy, Noulens, Renoult, Raynaud, Couyba.

M. Viviani, président du conseil, avait dressé, le mercredi 26 août, la lettre suiante à M. le Président de la République :

Monsieur le Président de la République,

Dans les circonstances que le pays traerse, il m'a paru nécessaire d'élargir le inistère que je présidais. J'ai réuni mes ollègues en conseil de cabinet et, après s avoir remerciés tous du dévouement atriotique avec lequel ils avaient rempli ur rôle difficile, je leur ai fait part de mon ésir, en leur exposant que je vous perettrais, par l'offre de ma démission, de ... une personnalité politique de l'œure que je définissais.

Ils ont bien voulu accepter les raisons que faisais valoir, et j'ai l'honneur de vous emettre, avec ma démission propre, celle ı cabinet.

Agréez, monsieur le Président, l'assurance mon respectueux dévouement.

RENÉ VIVIANI.

M. le Président de la République a accpté la démission qui lui était offerte, ais il a chargé immédiatement M. Viviani reformer le nouveau ministère.

Le *Journal officiel* du 27 août publie les ms des membres du Gouvernement :

ésident du conseil,	MM.
sans portefeuille....	VIVIANI
stice (v.-p. du conseil)	BRIAND
faires étrangères...	DELCASSÉ
térieur...........	MALVY
ierre..........	MILLERAND
irine	AUGAGNEUR
nances.........	RIBOT
riculture.........	FERNAND DAVID
avaux publics.......	SEMBAT
avail..........	BIENVENU MARTIN
mmerce, postes, télé-	
raphes...........	THOMSON
truction publique..	SARRAUT
lonies	DOUMERGUE
ıs portefeuille.....	JULES GUESDE

I. Viviani a présenté ses collègues au sident de la République, qui les a reciés de lui apporter, dans ces moments lifficiles, leur collaboration. Les ministres décidé d'adresser au pays un manifeste ant connaître dans quel but s'est constile nouveau cabinet de défense natioe.

HOMMAGE A L'ARMÉE

Le nouveau ministre de la guerre, M. Alexandre Millerand a pris dès jeudi, dans la matinée, possession de ses services. Un de ses premiers actes a été d'adresser au général Joffre, commandant en chef du groupe principal des armées de l'Est, la lettre suivante :

Mon cher général,

Au moment où je reprends la direction du ministère de la guerre, je veux que mon premier acte soit pour envoyer aux troupes qui combattent sous vos ordres et à leurs chefs le témoignage de l'admiration et de la confiance du Gouvernement de la République et du pays.

La France est assurée de la victoire parce qu'elle est résolue à l'obtenir. A votre exemple et à celui de vos armées, elle gardera jusqu'au bout le calme et la maîtrise de soi, gage du succès.

Soumise à la discipline de fer qui est la loi et la force des armées, la Nation tout entière levée pour la défense de son sol et de ses libertés, a accepté d'avance, d'un cœur ferme, toutes les épreuves, même les plus cruelles. Patiente et tenace, forte de son droit, sûre de sa volonté, elle tiendra.

Je vous donne l'accolade.

A. MILLERAND.

SITUATION MILITAIRE
(27 août.)

Dans le Nord, l'armée anglaise a été attaquée par des forces supérieures et, après une brillante résistance, s'est reportée un peu en arrière. Nos armées ont maintenu leurs positions. Les troupes belges de la défense mobile de Namur les ont rejointes après de brillants engagements.

Sur la Meuse, nos troupes ont repoussé avec une extrême vigueur plusieurs attaques allemandes. Elles ont pris un drapeau et fait prisonnier un colonel.

Longwy, bombardé depuis le 3 août, ne s'est rendu qu'aujourd'hui. Sa défense a été d'autant plus brillante que sa fortification était très vieille et ne comportait qu'une simple enceinte qui a été effondrée au cours de ce bombardement de vingt-quatre jours. Plus de la moitié de l'effectif était hors de combat. Son chef, le lieutenant-colonel Darche, a été nommé officier de la Légion d'honneur.

Notre offensive entre les Vosges et Nancy, poursuivie depuis cinq jours avec la plus grande énergie, a obligé l'ennemi à céder du terrain. Sur une partie du front mesurant 7 kilomètres, on a relevé 7,000 Allemands tués.

Enfin dans les Vosges, nos troupes refoulent l'ennemi qui les avait fait replier sur Saint-Dié et avait hier bombardé cette ville.

LA GUERRE SUR MER

Depuis trois semaines que les flottes anglaises et françaises travaillent de concert, en se partageant la besogne, elles ont obtenu de grands résultats militaires.

Dans la mer du Nord, la flotte anglaise a forcé la flotte allemande à se réfugier au long des côtes ou dans les ports germaniques, à passer même dans la Baltique, et si la flotte anglaise ne s'est pas encore montrée devant Brême et Hambourg, c'est à cause des mines dont les Allemands ont parsemé la mer du Nord et que des chalutiers anglais s'occupent à draguer. Mais, d'ores et déjà, on peut dire que le littoral allemand est bloqué et que pas un vaisseau de commerce ne peut, de ce côté, ravitailler cet empire industriel dont l'agriculture ne peut plus suffire à l'alimentation du peuple.

Dans la Manche, les croiseurs, torpilleurs et sous-marins français et anglais ont assuré la sécurité parfaite du passage aux troupes anglaises, qui sont arrivées dans un ordre et avec une rapidité qu'en d'autres temps on eût déclarés merveilleux.

Dans la Méditerranée, la collaboration anglo-française a établi le contrôle absolu de notre flotte sur tous les rivages d'Europe, d'Asie turque et d'Afrique. Toutes les entrées de la grande mer intérieure, Gibraltar, Port-Saïd et les Dardanelles sont tenues ou surveillées par des forces franco-anglaises ; à travers la Méditerranée nous avons pu ramener, sans le moindre incident, nos troupes du 19e corps et les contingents que l'on rappelait du Maroc ; cette opération, que l'on jugeait autrefois si chanceuse, s'est accomplie avec une facilité complète et dans le minimum de temps prévu.

Les deux croiseurs allemands, *Gœben* et *Breslau*, qui comptaient s'y opposer, ont dû se réfugier dans les Dardanelles ; après y avoir piraté durant quelques jours, ils ont été désarmés par les Turcs, sous la surveillance de la mission anglaise qui reconstitue la marine ottomane.

La flotte autrichienne s'est réfugiée de même dans l'Adriatique, où notre flotte la bloque, après avoir fait lever le blocus des v Unités d'élite de l'armée britannique, les Écossais, surnommés « jocks », partent en guerre avec leur fameux kilt. Il est effectivement porté en tenue de combat, comme en témoigne ce fantassin prisonnier en automne 1914. Un couvre-kilt *(kilt apron)* en épaisse toile de coton kaki est aussi réglementairement en dotation.

Mons (23 août)

Pendant ce temps, la Ire armée de Klück entre en contact avec l'armée britannique. Les hommes de sir John French donnent du fil à retordre à l'adversaire, le retardent à Mons (23 août), dont le beffroi Renaissance offre une vue dégagée à des kilomètres à la ronde, mais ils ne peuvent l'empêcher de poursuivre sa marche vers le sud et d'enlever au passage Le Cateau et Péronne. À gauche des Britanniques, des divisions territoriales du général d'Amade forment un barrage entre Valenciennes et Arras, et le corps de cavalerie Sordet se rattrape de ses erreurs de la veille en aidant les Anglais à décrocher sans trop de pertes, mais la retraite est inévitable et douloureuse. Devant la puissance de l'ennemi, ces derniers commencent à douter au point de se demander s'ils ne vont pas réembarquer leur corps expéditionnaire.

Le coup d'éclat de Guise

Lanrezac sait qu'à sa droite, dans les Ardennes, l'armée de Langle de Cary battue recule sur la Meuse ; les forts de Namur ont été pris et la ville a été occupée le 23 août ; à sa gauche, French est harcelé par des forces en v Avec ces fantassins du régiment du Suffolk, on retrouve la modernité des tenues de campagne d'une armée qui jusqu'à la guerre est composée de volontaires et qui a su intégrer les innovations liées aux sports, à la chasse, aux expéditions sous tous les cieux. À la différence des Français dont l'unité de base est le régiment (environ 2 000 hommes), en Grande-Bretagne c'est une formation administrative, implantée localement, un dépôt qui gère et alimente ses bataillons. Ces derniers, qui peuvent être très nombreux et ne comptent pas plus de 800 hommes, portent également le nom de la région de recrutement, ici le Suffolk. Trois bataillons (2 400 hommes) forment ainsi une brigade, grande unité organique des Britanniques.

v Soldats belges, cavaliers ou grenadiers, protégeant l'entrée d'un village des Flandres. Photo sans doute posée, ou prise à l'entraînement, l'officier qui observe à la jumelle demeurant trop exposé.

> Les premiers blessés français soignés par les infirmiers que signalent leurs brassards et, avec eux, les premières plaques tricolores signalant les tués que l'intendance a fabriquées dans un alliage léger afin qu'on y grave facilement noms et unités. Ici, celle du soldat Henri Dérouillat, du 161e RI, mort pour la France le 22 août 1914 à Mercy-le-Haut, Meurthe-et-Moselle.

nombre supérieur. Lanrezac décide donc d'entamer une retraite sur la ligne Givet-Maubeuge. Le 24 août, l'armée de Bülow progresse d'autant plus vite qu'elle n'a plus personne devant elle ! La grande retraite va ramener devant Paris les deux armées française et britannique dans les quinze jours.

Le 27 août, bien qu'il se soit résigné à une retraite obligatoire la veille, Joffre ordonne à Lanrezac d'attaquer sur Saint-Quentin le lendemain. Lanrezac proteste, mais Joffre le menace explicitement de le faire fusiller en cas de désobéissance. Les offensives relancées échouent toutes.

Au nord, cependant, les corps de Bülow lancés à la poursuite d'une armée française en déroute sont surpris par l'attaque et pour la première fois, à Guise, le 29 août, les Français remportent une petite victoire, mais l'euphorie est de courte durée. Très vite, Bülow, ayant appelé Klück en renfort, reprend le contrôle des opérations. Bientôt, Lanrezac, apprenant qu'à sa droite la 4e armée s'est repliée et qu'à sa gauche les Anglais reculent, commence une retraite. Ce choix sauve indubitablement des vies, mais coûte aussitôt son poste à Lanrezac, coupable également aux yeux de Foch

d'être en mauvais termes avec French. Il est remplacé par Franchet d'Esperey à la tête de la 5e armée. Cinquante mille Français se laissent enfermer dans la forteresse de Maubeuge, qui tombe aux mains des Allemands le 7 septembre.

Les lacunes de l'état-major

À peine quelques jours après le début de la guerre, l'état-major français révèle de graves lacunes. Il n'a pas vu venir l'attaque. Il n'a pas localisé la ligne de front. Il ne connaît que le sinistre dogme de la « guerre à outrance » et se retrouve à faire reculer ses troupes dans le plus grand désordre. Il a choisi une tactique suicidaire en lançant ses fantassins en pantalon rouge garance et en képi en terrain découvert face à des Allemands enterrés dans des trous avec des mitrailleuses. Il a laissé ses meilleures troupes d'active partir à l'assaut sans cartes géographiques précises, sans appui d'artillerie, au son du clairon comme sur un terrain de manœuvres, et elles se sont fait massacrer. Les canons à longue portée allemands déciment les renforts français avant même que ceux-ci n'arrivent sur la ligne de front. En quelques jours, des divisions entières sont réduites à quelques poignées d'hommes. Pièces lourdes et mitrailleuses manquent, les services auxiliaires, notamment les liaisons téléphoniques, sont déficients. La cavalerie avec lance et cuirasse est obsolète. L'échec des offensives, les v Emblème utilisé dès le siècle précédent par l'armée prussienne, en particulier dans les unités de cavalerie, la tête de mort a pour but de terroriser l'adversaire mais aussi de rappeler aux soldats d'élite qui la portent qu'ils sont prêts à mourir au combat. En Allemagne, cet insigne sera repris par les corps francs d'extrême droite dans l'immédiat après-guerre, puis par les diverses formations de la SS hitlérienne. Ils se chargeront d'en faire le symbole sinistre de l'horreur et de la destruction à travers toute l'Europe.

> Proclamation allemande imprimée à Lunéville et affichée dans les territoires occupés du nord de la France et de Belgique, fin 1914, qui indique combien, dans cette guerre totale, les populations ne sont plus épargnées par les combattants. Dans chaque camp, les souvenirs et fantasmes de la guerre de 1870 guident les comportements : hantise du franc-tireur chez les Allemands et des barbares sanguinaires chez les Français.

retraites hâtives, enfin, ont démontré l'incompétence du commandement supérieur.

Joffre est d'ailleurs le premier à déplorer cette situation. Il reproche aux officiers de ne pas appliquer les principes du règlement de 1913, qui n'envisageait aucune attaque sans une solide préparation d'artillerie. En conséquence, il multiplie les sanctions. Estimant que certains gradés ont démérité, il les envoie en résidence loin du front. Cent trente-quatre officiers généraux se retrouvent ainsi expédiés dans la ville de Limoges (mais aussi à Lyon, Toulouse ou Rennes). Ils immortalisent ainsi sans le vouloir l'expression « être limogé » !

Dès ce mois d'août, aussi, la France compte ses premières victimes célèbres. Ernest Psichari, le petit-fils d'Ernest Renan, tombe le 22 août 1914 près de Virton en Belgique et, parmi les Français qui tentent d'endiguer le déferlement allemand, un certain Charles De Gaulle est blessé sur le pont de Dinant.

Les fils d'Attila

En septembre 1914, l'artilleur chef de pièce Ivan Cassagnau envoyé dans l'est de la France témoigne, dans son journal : « Je vais donc à Raon en reconnaissance de nourriture. Tout a été réquisitionné et pillé. Avant de filer, Fritz s'est, de surcroît, abondamment soulagé dans les pétrins et les boulangers ne peuvent encore rien cuire. Il faut d'abord nettoyer. L'église

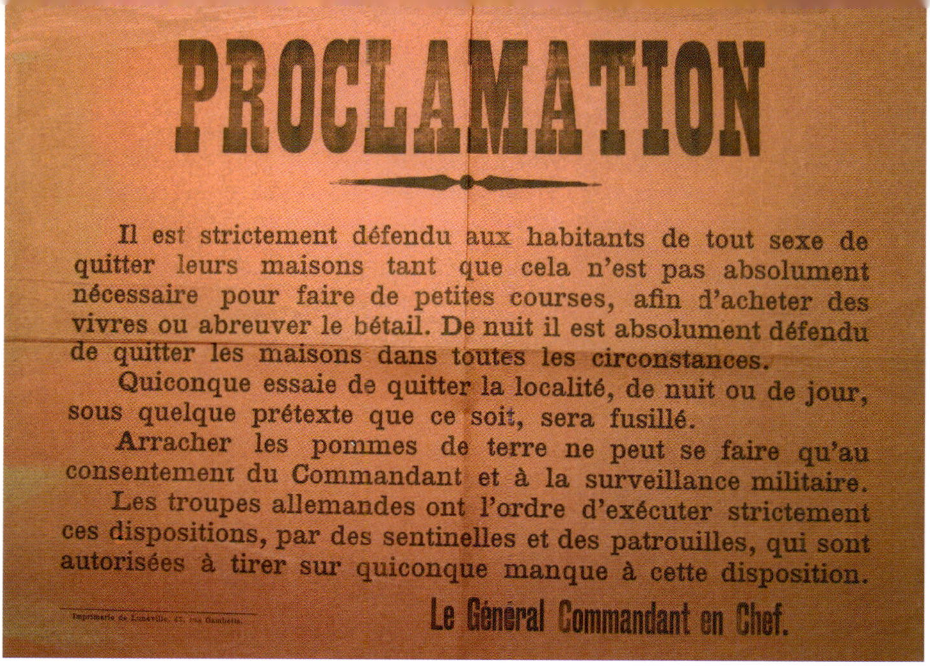

PROCLAMATION

Il est strictement défendu aux habitants de tout sexe de quitter leurs maisons tant que cela n'est pas absolument nécessaire pour faire de petites courses, afin d'acheter des vivres ou abreuver le bétail. De nuit il est absolument défendu de quitter les maisons dans toutes les circonstances.

Quiconque essaie de quitter la localité, de nuit ou de jour, sous quelque prétexte que ce soit, sera fusillé.

Arracher les pommes de terre ne peut se faire qu'au consentement du Commandant et à la surveillance militaire.

Les troupes allemandes ont l'ordre d'exécuter strictement ces dispositions, par des sentinelles et des patrouilles, qui sont autorisées à tirer sur quiconque manque à cette disposition.

Le Général Commandant en Chef.

a été profanée. Elle est d'une saleté repoussante. Faut-il que la Bête revienne vite sous le civilisé ! Ce sont vraiment les fils d'Attila ! »

Dès l'ouverture des hostilités, l'offensive allemande se révèle redoutable. Dans tout le Nord-Est, la population tremble devant l'arrivée d'hommes qui jouissent d'une terrible réputation. On soupçonne souvent les soldats allemands d'être une horde de barbares, qui pille les maisons, violente les faibles, viole les femmes et coupe les mains des enfants. Le souvenir des uhlans de la guerre de 1870-1871 est encore très présent dans les esprits.

Toutes ces représentations ne sont pas purement fantasmagoriques. L'invasion des troupes allemandes s'accompagne, en effet, d'exactions. On estime à 6 000 le nombre de civils tués pendant la progression allemande en Belgique et en France du Nord en août-septembre 1914. Dès le 4 août, six otages sont exécutés à Warsage (Belgique) et le village de Battice devient le premier d'une longue liste de villages brûlés. En Belgique, les Allemands ne s'attendaient à aucune résistance. Or le roi des Belges, Albert Ier, constitutionnellement commandant en chef en cas de guerre, a d'emblée montré l'exemple. Il a refusé de pactiser avec le Kaiser qui invoquait leurs lointains liens de parenté et a appelé, soutenu par l'archevêque de Malines, Mgr Mercier, à une résistance farouche. Celui qui va devenir le « roi soldat » a ordonné aux commandants des forts de lutter jusqu'à la mort et aux soldats de détruire les moyens de communication. Les Belges font sauter systématiquement les ponts au fur et à mesure de leur retraite. Ces sabotages énervent les Allemands. En représailles, ils mettent à feu toute la ville de Louvain, tuant plus de 200 civils et détruisant à jamais les précieux manuscrits et incunables de la bibliothèque, accréditant ainsi leur mauvaise réputation. Ils prennent des otages, exécutent près de 400 personnes à Tamines, plus de 200 à Andenne et près de 670 à Dinant, hommes, femmes et enfants confondus.

> Septembre 1914, réfugiés belges à Paris. Totalement démunies, ces familles sont bientôt suivies par celles du Nord et de l'Est, mais leur arrivée n'entraîne pas de mouvements de panique chez les Parisiens dont l'évacuation se déroule dans un ordre relatif.

v Moulage en plâtre d'une médaille que les Allemands se préparaient à fondre pour célébrer leur entrée dans Paris. Dans la même veine, il existe plusieurs projets d'affiches et de cartes postales. La diffusion répétée de telles pièces dans la presse alliée contribue cependant à rendre leur authenticité suspecte. Parallèlement aux opérations militaires, le conflit innove aussi dans le domaine de la guerre psychologique et de « l'intoxication » de l'adversaire.

Certains invoquent la nécessaire sévérité d'une armée d'occupation, la peur panique d'Allemands hantés par la présence de francs-tireurs. D'autres tentent d'excuser ces infamies par l'exigence de faire régner l'ordre en pays ennemi, de « faire des exemples », de se garantir la coopération des populations par le moyen le plus sûr en temps de guerre : la menace. Ainsi, en arrivant à Liège, les Allemands placardent une affiche qui ne laisse aucun doute aux habitants sur leurs intentions : « La population d'Andenne, après avoir témoigné des intentions pacifiques à l'égard de nos troupes, les a attaquées de façon la plus traîtresse. Avec mon autorisation, le général qui commandait ces troupes a mis la ville en cendres et a fait fusiller 110 personnes. Je porte ce fait à la connaissance de la Ville de Liège pour que ses habitants sachent à quel sort ils peuvent s'attendre s'ils adoptent une attitude semblable. Liège, le 22 août 1914, général von Bülow. »

Devant tant de barbarie, un flot de réfugiés belges marchent vers la France ou tentent de passer en Angleterre par Anvers. Cela donnera ces photographies de femmes et d'enfants jetés hébétés sur un quai de Londres par un petit matin blême. Dès le 26 août arrive en gare du Nord le premier train de réfugiés belges. Témoin de leur détresse, Élisabeth Hausser note dans *Paris au jour le jour* : ils sont « haves, effarés, les yeux pleins d'épouvante, vêtus à la diable, sans autre bagage qu'une serviette ou un panier ». Puis, c'est au tour des Français paniqués de se jeter en catastrophe sur les routes. La brutalité de l'ennemi s'exprime là aussi par l'assassinat de civils et des destructions. C'est ainsi que le beffroi d'Arras s'effondre sous les bombes dans la nuit du 7 octobre 1914. Quant aux malheureux villages frontaliers, pris, perdus et repris, ils sont brûlés par le feu des combats et s'exposent à chaque retour dans le giron allemand à « payer » leur bon accueil aux Français. Nomeny, village martyr, est entièrement incendié. Ces actes de terreur provoquent le premier exode en sol français du XXe siècle. Des milliers de civils français, belges, anglais se pressent sur des routes encombrées.

La défense de Paris

Panique ! Le 2 septembre, les avant-gardes allemandes sont à Senlis (45 km de Paris) et à Meaux (moins de 25 km de Paris). Le grondement sourd du canon emplit l'air. Des patrouilles allemandes rôdent à la lisière des faubourgs. La situation est grave. Le 2 septembre au soir, le président de la République et le gouvernement quittent la capitale et se réfugient à Bordeaux avec les 1 400 tonnes d'or et les 3 000 tonnes d'argent de la Banque de France. Les Allemands sont entrés dans Soissons. Dans trois jours au plus, ils seront à Paris si rien ne les arrête. Devant cette sombre perspective, des centaines de milliers de Parisiens prennent à leur tour le chemin de l'exode. L'État favorise le départ des volontaires et 12 trains, mis gracieusement à disposition de la population, s'ébranlent vers la Mayenne, le Cher, la Creuse... Le 8 septembre, le recensement fait apparaître qu'il n'y a plus qu'un million huit cent mille Parisiens dans la capitale, soit 63 % de la population de 1911.

Pour défendre la capitale, Joffre rappelle le vieux général Gallieni (1849-1916), qui vient d'être mis à la retraite. Nommé gouverneur de Paris, il reprend du service avec panache, organise la défense de la capitale en référence à 1870 et participe au succès de la bataille de la Marne par ses conseils stratégiques et en réquisitionnant les taxis parisiens afin de conduire les renforts sur le front.

Finalement sauvée par le changement de direction de Klück et la bataille de la Marne, la capitale échappe au pire. Elle essuie, cependant, le feu ennemi, celui des canons, mais aussi des avions. Le 30 août, un premier lâcher de trois bombes fait un mort. Le 1er septembre, un nouveau passage en fait un autre. Le 11 octobre, un raid de « taubes » terrorise la population avec ses 22 bombes, bien qu'il n'y ait, en fait, « que » 3 morts.

Le 9 décembre néanmoins, le gouvernement se réinstalle à Paris et le 20 décembre, la libre circulation des piétons est rétablie et les voitures peuvent entrer et sortir de Paris par 14 portes ouvertes de 5 heures à 22 heures. Enfin, signe que la vie peut vraiment reprendre son cours, le 4 janvier 1915, la capitale cesse d'être incluse dans la zone des armées.

Le « miracle » de la Marne (6-13 septembre 1914)

Trois armées marchant sur Paris, la situation semble désespérée. C'est alors que, s'écartant du plan Schlieffen, les troupes de Klück abandonnent soudain la route vers la capitale et, cherchant à couper la retraite de l'ennemi, offrent ainsi le flanc à l'armée française. Le premier à s'apercevoir du changement de direction des Allemands est un lieutenant de l'état-major de Joseph Gallieni que l'aviateur et futur constructeur d'avions Louis Bréguet emmène en reconnaissance au-dessus de la Marne le 2 septembre. Il en informe aussitôt son chef. Gallieni ne saurait laisser passer une telle occasion. Il demande en urgence l'autorisation d'attaquer le flanc à découvert de l'armée de Klück grâce aux nombreuses forces concentrées dans la région parisienne. Joffre approuve.

Parmi les troupes qui commencent à marcher en formation de combat pour mener des actions préparatoires à la bataille se trouve Charles Péguy. Une rafale de mitrailleuse ne lui laisse pas le temps d'aller plus avant : il tombe au champ d'honneur le 5 septembre, près de Meaux. Le 22, il sera rejoint dans la mort par un autre écrivain prometteur, Alain-Fournier. L'auteur du *Grand Meaulnes*, installé, lui, dans le secteur le plus à l'est du front de la bataille de la Marne, la Meuse, tombe dans une embuscade dans le petit bois de Saint-Rémy-la-Calonne.

Les Alliés attendent les Allemands ainsi répartis. À l'est du front de la bataille, les armées de Castelnau à Nancy et de Sarrail à Verdun bloquent les Allemands. Leur résistance acharnée à l'ennemi sera essentielle. À leur gauche, v L'ordre du jour de la bataille de la Marne, 6 septembre 1914, message adressé par le général Joffre aux armées, à l'exception des 1re et 2e armées.

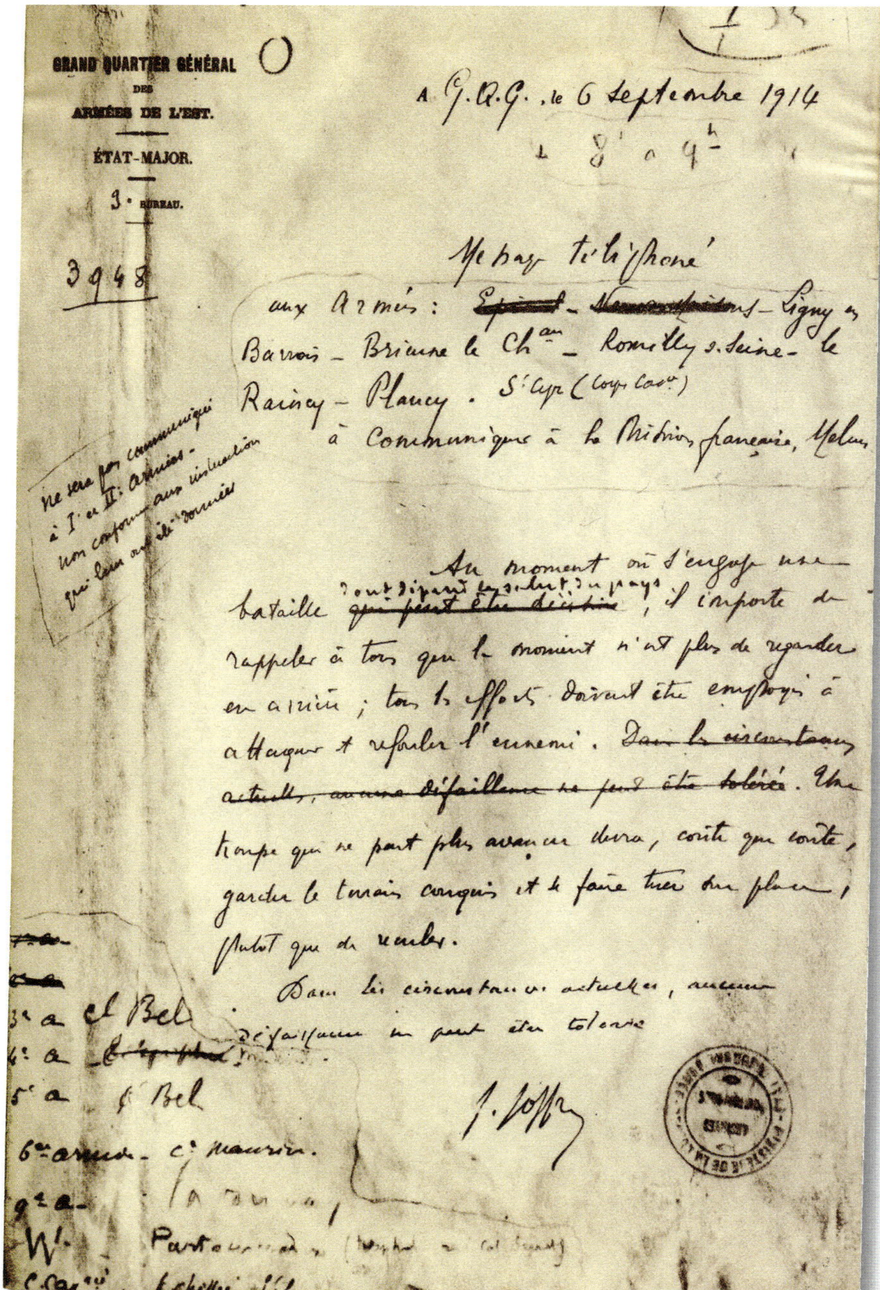

GRAND QUARTIER GÉNÉRAL
DES
ARMÉES DE L'EST.
ÉTAT-MAJOR.
3e BUREAU.

3948

A G.Q.G., le 6 septembre 1914

Message téléphoné

aux Armées : ~~Épinal~~ – ~~Neufchâteau~~ – Ligny en Barrois – Brienne le Château – Romilly s. Seine – le Raincy – Plancy. St Cyr (Corps Cav.)
à communiquer à la Mission française, Melun

ne sera pas communiqué à I et II armées non conformes aux instructions qui leur ont été données

Au moment où s'engage une bataille ~~qui peut être décisive~~ dont dépend le salut du pays, il importe de rappeler à tous que le moment n'est plus de regarder en arrière ; tous les efforts doivent être employés à attaquer et refouler l'ennemi. ~~Dans les circonstances actuelles, aucune défaillance ne peut être tolérée.~~ Une troupe qui ne peut plus avancer devra, coûte que coûte, garder le terrain conquis et se faire tuer sur place, plutôt que de reculer.

Dans les circonstances actuelles, aucune défaillance ne peut être tolérée.

J. Joffre

Au moment où s'engage une bataille dont dépend le salut du pays, il importe de rappeler à tous que le moment n'est plus de regarder en arrière ; tous les efforts doivent être employés à attaquer et refouler l'ennemi. Une troupe qui ne peut plus avancer devra, coûte que coûte, garder le terrain conquis et se faire tuer sur place, plutôt que de reculer.

Dans les circonstances actuelles, aucune défaillance ne peut être tolérée.

Joffre

∨ Si les fameux taxis sont entrés dans le légendaire de la bataille de la Marne, il ne faut pas oublier tous les autres véhicules qui furent réquisitionnés au même moment. À preuve ces zouaves qui entourent une découvrable Sizaire et Naudin, suivie d'une camionnette ; sur d'autres photos on les voit débarquant de colonnes d'autobus parisiens.

la 4ᵉ armée de Langle de Cary va, avec l'aide de Sarrail, devoir empêcher les Allemands de réussir une percée dans la trouée de Revigny. Au centre, dans les marais de Saint-Gond, la 9ᵉ armée du général Foch résiste aux furieux assauts allemands. Les coloniaux se font tuer dans le château de Mondement et la 42ᵉ division qui les relève ne trouve plus qu'un édifice abandonné aux flammes par les Allemands. À la gauche de Foch et un peu en retrait se trouvent la 5ᵉ armée de Franchet d'Esperey et les Britanniques.

À l'ouest du front, enfin, campent les troupes de la 6ᵉ armée française de Maunoury, celle que Joffre a constituée en vue de contre-attaquer la ruée allemande. Située face aux soldats de Klück, c'est elle qui ouvre les hostilités lors de la bataille de l'Ourcq (6-9 septembre), un des principaux et des plus violents engagements de la Marne.

Joffre a décidé que les armées devaient résister, coûte que coûte. Son premier ordre, le 6 août, est à ce titre explicite (*cf.* page précédente). Tandis qu'il a transféré son GQG (Grand Quartier général) de Vitry-le-François v La bataille de la Marne.

à Bar-sur-Aube, Moltke, installé à Luxembourg, est à plus de 200 km de la bataille et n'a pas une très bonne vue de la situation. Très vite, en revanche, Klück comprend ce qui le menace, mais, faisant pivoter son armée, il perd le contact avec l'armée allemande voisine, celle de Bülow. Peu à peu, le front allemand (Bülow, Klück) se rompt et une brèche s'ouvre.

Cependant, la 6e armée est menacée sur son aile gauche. Gallieni a alors une idée de génie ; il fait conduire en renfort des troupes fraîches au front grâce à la réquisition des taxis de Paris. Au total, près de 4 000 hommes parcourent ainsi en quelques heures les quelque 50 km qui les séparent du front. Le 8, French et Franchet d'Esperey, profitant de la brèche, font une percée sur environ 40 km et le lieutenant-colonel allemand Hentsch donne l'ordre de la retraite. Le 10 au matin, la retraite allemande est évidente. Faute de réserves, de munitions, de force et de fers à leurs chevaux, les soldats français ne sont pas en mesure, cependant, d'exploiter leur avantage et d'obliger les Allemands à reculer davantage.

Tir d'un canon de 75 lors des combats sur la Marne. Mis au point en 1897, d'une portée allant jusqu'à 11 km, d'un poids avec son avant-train de 3 550 kg, tiré par 6 chevaux et mis en batterie en 1 minute, le canon de 75 mm est un des meilleurs matériels sortis des arsenaux français. Il devient, aux côtés des poilus, un des héros de la guerre, une journée patriotique lui étant même consacrée.

v Dans ce courrier, un officier supérieur a pris la peine de relater à sa famille dans quelles conditions est mort l'artilleur V. Faute de temps et devant les pertes, ces lettres, pourtant si importantes pour les proches, se feront de plus en plus rares.

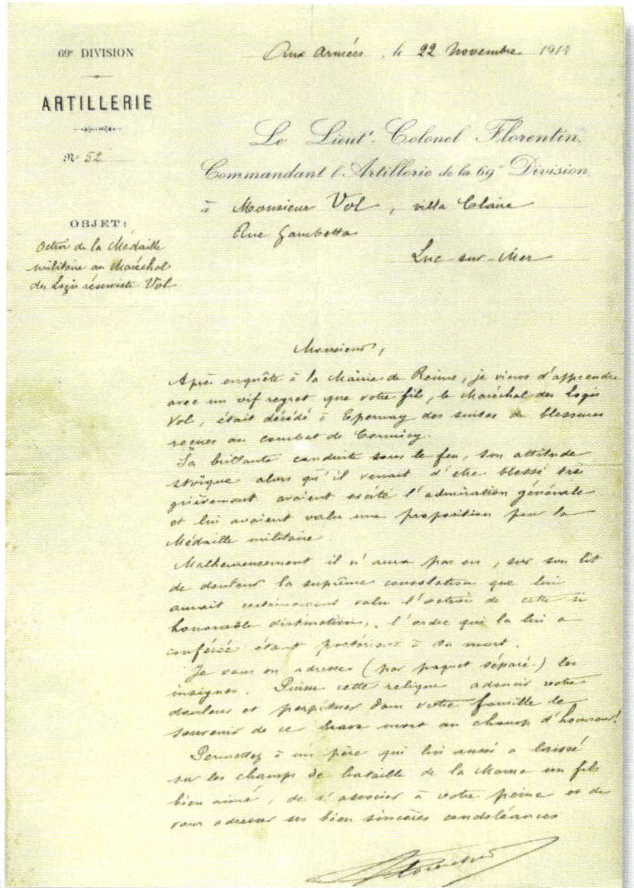

69e DIVISION

ARTILLERIE

N° 52

OBJET : Octroi de la Médaille militaire au maréchal des logis réserviste Vol

Aux armées, le 22 novembre 1914

Le Lieut' Colonel Florentin Commandant l'Artillerie de la 69e Division

à Monsieur Vol, villa Claire
Rue Gambetta
Luc-sur-Mer

Monsieur,

Après enquête à la Mairie de Reims, je viens d'apprendre avec un vif regret que votre fils, le maréchal des logis Vol, était décédé à Épernay des suites de blessures reçues au combat de Cormicy.

Sa brillante conduite sous le feu, son attitude stoïque alors qu'il venait d'être blessé très grièvement avaient excité l'admiration générale et lui avaient valu une proposition pour la Médaille militaire.

Malheureusement il n'aura pas eu, sur son lit de douleur la suprême consolation que lui aurait certainement valu l'octroi de cette si honorable distinction, l'ordre qui la lui a conférée étant postérieur à sa mort.

Je vous en adresse (par paquet séparé) les insignes. Puisse cette relique adoucir votre douleur et perpétuer dans votre famille le souvenir de ce brave mort au champ d'honneur !

Permettez à un père qui lui aussi a laissé sur les champs de bataille de la Marne un fils bien aimé, de s'associer à votre peine et de vous adresser ses bien sincères condoléances

Aux armées, le 22 novembre 1914

Monsieur,

Après enquête à la mairie de Reims, je viens d'apprendre avec un vif regret que votre fils, le maréchal des logis Vol, était décédé à Épernay des suites des blessures reçues au combat de Cormicy.

Sa brillante conduite sous le feu, son attitude stoïque alors qu'il venait d'être blessé très grièvement avaient excité l'admiration générale et lui avaient valu une proposition pour la médaille militaire.

Malheureusement il n'aura pas eu sur son lit de douleur la suprême consolation que lui aurait certainement valu l'octroi de cette honorable distinction, l'ordre qui la lui a conférée étant postérieur à sa mort.

Je vous en adresse les insignes. Puisse cette relique adoucir votre douleur et perpétuer dans votre famille le souvenir de ce brave, mort au champ d'honneur.

Permettez à un père, qui lui aussi a laissé sur les champs de bataille de la Marne un fils bien-aimé, de s'associer à votre peine et de vous adresser ses bien sincères condoléances.

« L'heure des attaques a sonné »

Champagne, 1914-1915

« L'HEURE DES ATTAQUES a sonné. Après avoir contenu l'effort des Allemands, il s'agit maintenant de le briser, et de libérer définitivement le territoire national envahi.

» Soldats ! La France compte plus que jamais sur votre cœur, votre énergie, votre volonté de vaincre à tout prix. Vous avez déjà vaincu sur la Marne, sur l'Yser, en Lorraine et dans les Vosges. Vous saurez vaincre encore jusqu'au triomphe définitif ! »

Général Joffre, 19 décembre 1914

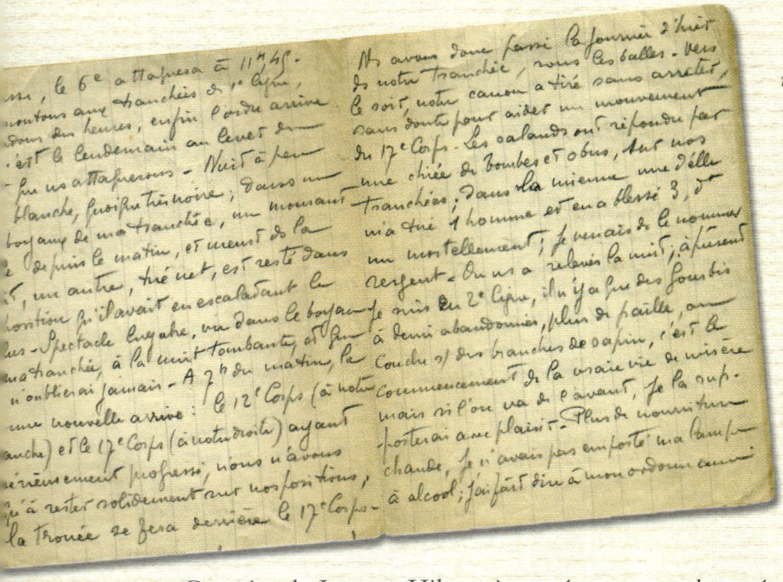

^ > Courrier de Jacques Hilpert à son épouse. Champagne, aux abords de Souain.

23 décembre 1914

[…] *Il s'agissait de l'offensive générale de l'armée française, et de l'attaque des tranchées du moulin de S… que le 247e devait faire. C'est fait maintenant, ou plutôt ce n'est pas fait puisqu'on n'a rien enlevé, mais enfin l'attaque est terminée.*
Cela s'est fait avant-hier, le 5e bataillon attaquait le premier, nous, 6e bataillon, devions continuer. Cela n'a pas été long… 2 sections sont sorties, baïonnette au canon, de ma place j'ai vu les types tomber les uns après les autres, les uns très raides, les autres cherchant à se relever, c'était horrible. À 11 heures et demie on me prévient que le 5e bataillon n'ayant pas réussi, le 6e attaquera à 11 h 45. Nous montons aux tranchées de première ligne, attendons des heures, enfin l'ordre arrive que c'est le lendemain au lever du jour que nous attaquerons. Nuit à peu près blanche, quoique très noire ; dans un des boyaux de ma tranchée, un mourant râle depuis le matin, et meurt dans la nuit ; un autre, tué net, est resté dans la position qu'il avait en escaladant le talus. Spectacle lugubre que je n'oublierai jamais.
À 7 heures du matin, la bonne nouvelle arrive : le 12e corps (à notre gauche) et le 17e corps (à notre droite) ayant sérieusement progressé, nous n'avons qu'à rester solidement sur nos positions ; la trouée se fera derrière le 17e corps. Nous avons donc passé la journée d'hier dans notre tranchée, sous les balles. Vers le soir, notre canon a tiré sans arrêter, sans doute pour aider un mouvement du 17e corps.
Les salauds ont répondu par une chiée de bombes et d'obus sur nos tranchées ; dans la mienne une d'elle a tué 1 homme et en a blessé 3, dont un mortellement ; je venais de le nommer sergent.

À présent je suis en 2e ligne, il n'y a plus que des fourbis à demi abandonnés, plus de paille, on couche sur des branches de sapin, c'est le commencement de la vraie vie de misère, mais si l'on va de l'avant je la supporterai avec plaisir. Plus de nourriture chaude, je n'avais pas emporté ma lampe à alcool […].

La veille de l'attaque, mes hommes sont restés toute la nuit sous une pluie battante, sans un abri […].

^ Beauséjour (Champagne), 1915, cote 156. Tranchée de première ligne. Le bouleversement du sol est tel qu'on ne sait si le pied qui émerge au premier plan, à gauche, appartient à un vivant ou à un cadavre…

1er avril 1915

[en repos après avoir été blessé à la jambe]

[…] *Ma blessure est cicatrisée à présent. Je n'ai plus qu'un peu de fatigue dans la cuisse et j'espère me reposer encore quelques jours et ne pas partir aux tranchées dès demain soir, d'autant plus que nous allons au bois S… où c'est fatiguant, et où on est constamment sur le qui-vive.* […] *le terrain où a été pris le 271e est à nous à présent* […]. *Mais il y a des tas de cadavres tout autour. Peut-être le capit. B est-il parmi eux ? La plaine est noire de corps. Quant aux tranchées, elles en sont faites. On fait des parapets avec eux. C'est gai ! Et malgré la tartine officielle publiée dans les journaux, cela tient bon ! J'en ai rapporté une baïonnette qui augmente ma collection d'objets militaires boches. J'ai déjà de quoi faire de jolis trophées.* […] *C'est le calme plat dans les communiqués en ce moment. Je suppose que cela prépare quelque chose ou qu'on attend un fait quelconque. En tout cas on ne croit plus que ce soit bien long, bien que les journaux racontent bien des blagues.* […]

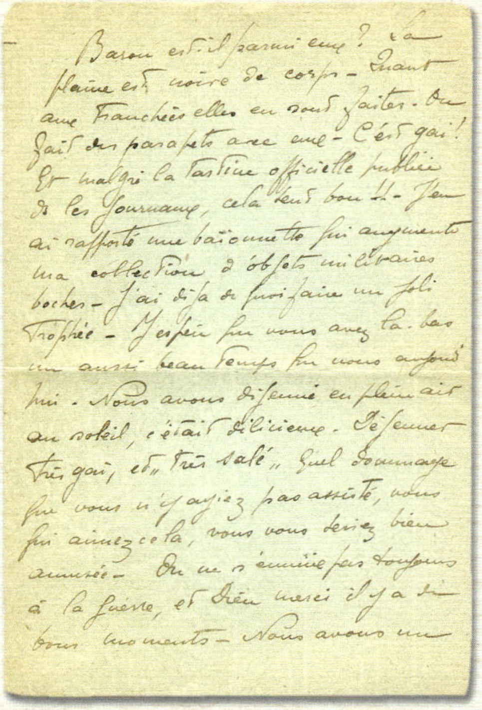

Baron est-il parmi eux ? La
plaine est noire de corps – Quant
aux tranchées elles en sont faites. On
fait des parapets avec eux – C'est gai !
Et malgré la tartine officielle publiée
dans les journaux, cela tient bon !! J'en
ai rapporté une baïonnette qui augmente
ma collection d'objets militaires
boches – J'ai déjà de quoi faire un joli
trophée – J'espère que vous avez là-bas
un aussi beau temps que nous aujourd'
hui – Nous avons déjeuné en plein air
au soleil, c'était délicieux. Déjeuner
très gai, et „très salé„ Quel dommage
que vous n'y ayez pas assisté, vous
qui aimez cela, vous vous seriez bien
amusée – On ne s'ennuie pas toujours
à la guerre, et bien merci il y a de
bons moments – Nous avons un

v L'acharnement des Allemands à détruire Reims, la cité royale, bouleverse l'opinion publique qui est désormais convaincue que l'ennemi est un « barbare » sans âme. En réalité, c'est la guerre à outrance, encouragée par les progrès industriels et l'exaspération des sentiments nationaux, qui émerge dès 1914.

Signe que l'état-major allemand prend conscience de ce premier tournant dans la guerre, le Kronprinz écrit : « À la bataille de la Marne s'accomplit le tragique destin de notre peuple. » Le général von Moltke, congédié, est remplacé par le général von Falkenhayn au poste de ministre de la Guerre. Dans le camp français, en revanche, Joffre devient « le vainqueur de la Marne ».

Première bataille à avoir arrêté la progression vertigineuse des Allemands incessante depuis quinze jours, premier essai fructueux de coopération entre militaires et civils avec la réquisition des taxis, la Marne est restée dans toutes les mémoires comme un « miracle », selon la formule de Maurice Barrès, qui écrit dans *L'Écho de Paris* du 22 décembre 1914 : « C'est l'éternel miracle français, le miracle de Jeanne d'Arc... »

v Le général Gallieni, carte postale illustrée. Rappelé au service par le général Joffre, Gallieni est un officier colonial déjà très connu pour ses campagnes en Indochine et surtout à Madagascar. Son rôle dans la défense de Paris lui vaut d'être nommé ministre de la Guerre en 1915, puis d'être fait maréchal de France à titre posthume après son décès en 1916.

L'intervention des « taxis », plus symbolique qu'autre chose, car le plus gros des troupes fut amené en wagons et en camions, frappe les esprits parce qu'elle associe les civils, le peuple de Paris à la victoire.

En fait, si les Français ont fait là preuve de ressources réelles, le vrai miracle consiste surtout dans la décision allemande de renoncer à prendre une capitale qui était pourtant à portée de main. Cette décision n'est cependant pas gratuite : les distances énormes parcourues par l'aile droite de l'armée allemande allongent les lignes et commencent à poser des problèmes de ravitaillement et d'acheminement des munitions.

Le courage exemplaire des soldats français ne fut pas moins patent et inspira d'ailleurs une page célèbre à Klück : « Que des hommes ayant reculé pendant dix jours, que des couchés par terre, à demi morts de fatigue, puissent reprendre le fusil et attaquer au son du clairon, c'est la chose avec laquelle nous n'avons jamais appris à compter. C'est là une possibilité dont il n'a jamais été question dans nos écoles de guerre. »

Au lendemain de la Marne, le front est stabilisé des Vosges à Soissons. Les Allemands arrêtent leur repli sur les rives de l'Aisne, en Champagne, en Argonne, soit environ 70 km en arrière de leur ligne de départ. En face, les armées françaises se répartissent ainsi : la 6e de Maunoury sur les plateaux du Soissonnais, la 5e de Franchet d'Esperey à moitié sur les plateaux, à moitié dans la région de Reims, la 4e de Langle de Cary en Champagne orientale, la 3e de Sarrail de l'Argonne à Verdun. Les deux adversaires ne cessent de se harceler. C'est ainsi que le 19 septembre, la 5e armée française a maille à partir dans la région de Reims et que la splendide cathédrale est incendiée.

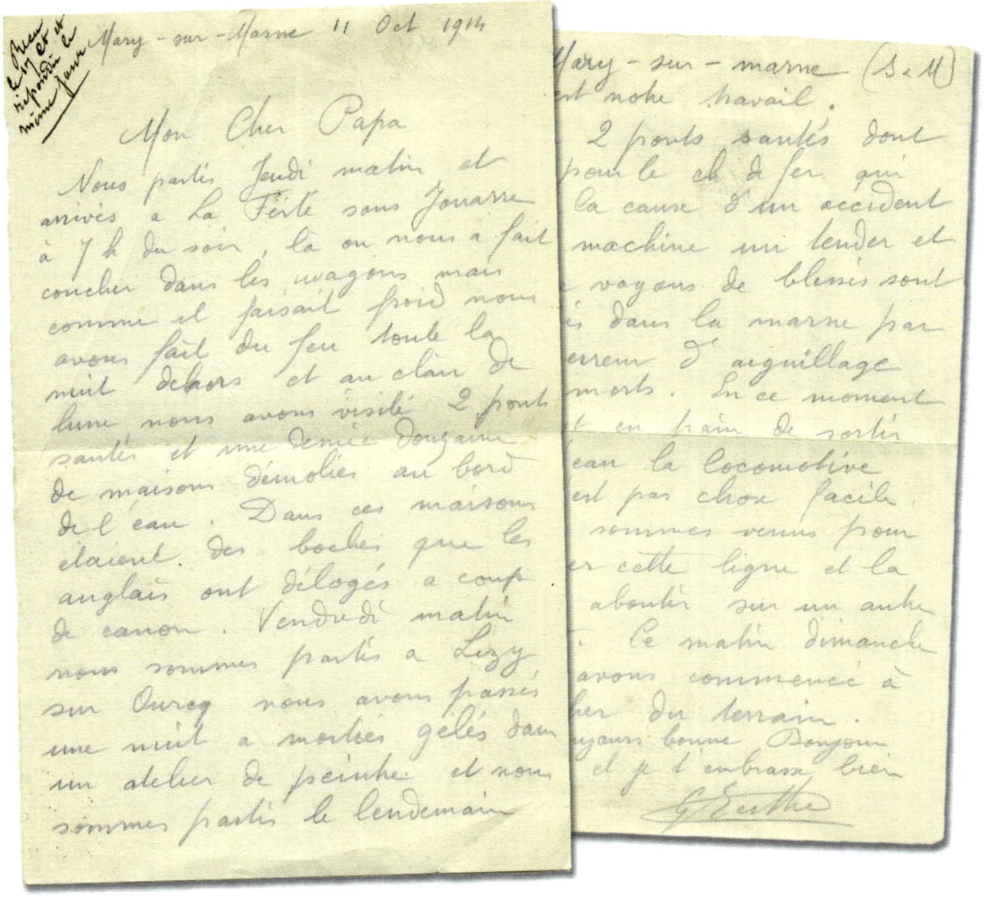
Reçu le 17 et répondu le même jour

Mary-sur-Marne 11 Oct 1914

Mon Cher Papa

Nous partis Jeudi matin et arrivés à La Ferté sous Jouarre à 7 h du soir, là on nous a fait coucher dans les wagons mais comme il faisait froid nous avons fait du feu toute la nuit dehors et au clair de lune nous avons visité 2 ponts sautés et une demie douzaine de maisons démolies au bord de l'eau. Dans ces maisons étaient des boches que les anglais ont délogés à coup de canon. Vendredi matin nous sommes partis à Lizy sur Ourcq nous avons passés une nuit à moitiés gelés dans un atelier de peinture et nous sommes partis le lendemain

Mary-sur-marne (S. et M)
…t notre travail.
… 2 ponts sautés dont
… pour le ch de fer qui
… la cause d'un accident
… machine un tender et
… wagons de blessés sont
…és dans la marne par
… erreur d'aiguillage
… morts. En ce moment
…t en train de sortir
… eau la locomotive
… est pas chose facile
… sommes venus pour
…er cette ligne et la
… aboutir sur un autre
… Ce matin dimanche
… avons commencé à
…her du terrain.
… jours bonne Bonjour
… et je t'embrasse bien

Mary-sur-Marne, le 11 octobre 1914

Mon cher Papa

Nous sommes partis jeudi matin et arrivés à la Ferté-sous-Jouarre à 7 heures du soir, là on nous a fait coucher dans les wagons mais comme il faisait froid nous avons fait du feu toute la nuit dehors et au clair de lune. Nous avons visité 2 ponts sautés et une demi-douzaine de maisons démolies au bord de l'eau. Dans ces maisons étaient des Boches que les Anglais ont délogés à coup de canon.

Vendredi matin nous sommes partis à Lizy-sur-Ourcq, nous avons passé une nuit à moitié gelés dans un atelier de peinture et nous sommes partis le lendemain à Mary-sur-Marne (Seine-et-Marne) où est notre travail.

Ici 2 ponts ont sauté dont un pour le chemin de fer qui a été la cause d'un accident, une machine, un tender et quatre wagons de blessés sont tombés dans la Marne par une erreur d'aiguillage – 20 morts. En ce moment on est en train de sortir de l'eau la locomotive ce n'est pas chose facile. Nous sommes venus pour dériver cette ligne et la faire aboutir sur un autre pont. Ce matin dimanche nous avons commencé à défricher du terrain.

Santé toujours bonne. Bonjour à tous et je t'embrasse bien fort.

Georges B.

< vCorrespondance d'un sapeur du génie affecté à la remise en état des voies, routes et ponts que les armées alliées ont détruit lors de l'avancée allemande, ici le grand pont métallique de Creil détruit par le génie français à l'approche des Allemands en septembre 1914.

Une folle course à la mer

Les deux adversaires cherchent à emporter la décision plus au nord en se débordant l'un l'autre en direction de l'ouest. Cette tactique appelée « course à la mer » dure plus de deux mois (12 septembre-22 novembre). Elle occasionne trois grandes batailles : Arras (1er-9 octobre), l'Yser (18-27 octobre) et Ypres (14 octobre-22 novembre). Toutes sont livrées dans des conditions climatiques déplorables. Les hommes pataugent dans la gadoue et grelottent, trempés jusqu'aux os.

À Arras, capitale de l'Artois, les combats acharnés opposent les Français à la VIe armée du Kronprinz Ruprecht. Elle bouscule la 70e division de Fayolle et la 77e division du général Barbot. Vimy est prise par les Allemands. Devant la dégradation de la situation, Joffre nomme en catastrophe Foch adjoint au commandant en chef à la tête d'un groupe d'armées comprenant la 2e armée de Castelnau et la 10e de Maud'huy. La contre-attaque finit par décourager les Allemands.

Parallèlement, à partir du 4 octobre, les Britanniques, craignant le pire, se sont placés à l'extrême gauche du dispositif allié afin de couvrir les ports de la mer du Nord, indispensables en cas de réembarquement du corps expéditionnaire.

v 1914, tirailleurs sénégalais dans une gare parisienne. Préconisé comme solution au déficit démographique français par le colonel et futur général Mangin, le recours à la « force noire » est un échec. Mal préparés, malades, saisis par les bombardements d'artillerie, les Africains connaissent de lourdes pertes lors des premiers engagements. Formés en bataillons mixtes, ramenés dans les camps du Sud-Est en hiver, mieux équipés, les contingents levés non sans révoltes à travers toute l'Afrique noire combattront avec la même détermination que les autres unités recrutées outre-mer sans oublier l'Afrique du Nord. Au total, près de 608 000 « indigènes » sont recrutés et 431 243 envoyés sur les divers théâtres d'opérations. Le total des pertes sera de 81 112 tués et disparus, en proportion des pertes identiques à celles des régiments métropolitains.

Quant aux Belges, ils sont en pleine déroute. La forteresse d'Anvers tenue par le général Deguise a fini par capituler le 10 octobre, mais vide de toute garnison. L'armée belge (30 000 hommes) assiégée dans Anvers a, en effet, réussi à s'esquiver le 7 octobre et à rejoindre les Français. Le 16 octobre, le général Joffre rencontre le roi Albert à Furnes et ils décident d'un commun accord de protéger jusqu'au bout le mince lambeau de territoire belge qui reste encore libre.

v Depuis les opérations de conquête en Afrique et en Asie, qui ont permis entre autres de faire oublier partiellement la défaite de 1870, la grande presse a popularisé les exploits des troupes coloniales. Fin septembre 1914, un de leurs régiments, le 24e de Perpignan, s'emparant d'un drapeau bavarois, on n'hésite pas à composer spécialement une chanson à leur gloire.

Sur l'Yser, la bataille fait rage pendant douze jours. Le camp des Alliés rassemble les Britanniques, la partie de l'armée belge qui a rejoint les Français après avoir longé la côte, les 6 000 fusiliers marins de l'amiral Ronarc'h qui ont été acheminés de Dunkerque et la 8e armée provisoire de d'Urbal, un mélange d'unités d'active, de territoriaux et de coloniaux. Ces derniers paient un lourd tribut à la bataille : sur 2 000 Sénégalais, seuls 411 en sortent vivants. Les fusiliers marins eux aussi sont héroïques. « Le passage de Dixmude (Belgique) doit être tenu par vous tant qu'il restera un fusilier marin vivant », disait le commandement, et si Dixmude finit par être abandonnée ce n'est effectivement qu'après le sacrifice des fusiliers. Pour faire cesser le combat, acharné sur le canal, les Belges en viennent à une solution radicale : l'ouverture des écluses de Nieuport afin d'inonder la vallée. Devant la menace de noyade, les Allemands stoppent aussitôt l'offensive.

À Ypres, la bataille commence le 23 octobre. L'offensive franco-britannique se transforme vite en bataille défensive face à la supériorité de l'ennemi. Les Allemands, qui visent Calais et Dunkerque, afin de priver l'Angleterre de son accès le plus direct en France et en Belgique, attaquent furieusement. Ypres est en flammes. Anglais et Français perdent plus de 100 000 hommes. Seul le nombre élevé de leurs propres pertes finit par arrêter les Allemands. Plus de 130 000 d'entre eux ont péri entre le 13 et le 25 octobre et beaucoup sont de jeunes recrues volontaires qui ont rejoint la nouvelle IVe armée de Wurtemberg, ce qui vaut à Ypres d'être baptisée le « massacre des innocents ».

< Depuis qu'ils ont défilé en 1899 à Paris aux côtés du commandant Marchand, le héros de Fachoda de retour de son expédition, les tirailleurs sénégalais fascinent le public. Aussi, nombre d'illustrateurs les prennent pour modèle, en particulier dans les hôpitaux et les camps du Sud-Est où leurs unités sont repliées pendant l'hiver à partir de 1916. Figure placide coiffée de la chéchia rouge, sourire de « grand enfant », parler « petit nègre » vont bientôt servir de support à la marque Banania et enfermer à tout jamais les tirailleurs derrière les traits de « Y'a bon ».

Une armée de toutes les couleurs

Lorsque la guerre éclate, les armées française et britannique comptent des centaines de milliers d'« indigènes » coloniaux mobilisés et acheminés en Europe ou sur les théâtres d'opérations extérieurs au sein d'unités régulières, de formations des services ou des groupements de travailleurs. Quant aux Allemands, qui disposent d'un domaine colonial plus restreint et refusent de mener en Europe la guerre avec ceux qu'ils considèrent comme des « sauvages », ils maintiennent leurs forces coloniales en protection de leurs possessions outre-mer.

Du côté allié, plusieurs arguments sont mis en avant pour justifier le recours aux colonisés. La Grande-Bretagne, où n'existe pas la conscription obligatoire, est dotée d'une petite armée de métier et s'appuie sur l'*Indian Army*, troupe professionnelle ayant fait ses preuves et immédiatement disponible, bientôt suivie des divers contingents du Commonwealth. Et, dès 1914, des milliers de fantassins et de cavaliers hindous débarquent en

< Le 14 juillet 1913, les tirailleurs tonkinois reçoivent leur drapeau des mains du président de la République. Ce geste, hautement symbolique, consacre le rôle des soldats indochinois au sein de l'armée française. Paradoxalement, le commandement continue à voir en eux de médiocres combattants et les affectera dans les bataillons d'étape, les services ou les unités de travailleurs.

^ Fantassins et cavaliers hindous sur le transport de troupes qui les conduit à Marseille. Parmi eux, à gauche, les célèbres lanciers chers à Rudyard Kipling. 2,8 millions d'hommes issus de l'empire britannique participent à la guerre ; parmi eux, 1,4 million appartiennent à l'armée des Indes, qui perdra 62 000 hommes dans le conflit.

Europe. En France, le déficit démographique face à l'Allemagne et aux colonies, les discours républicains qui font des tirailleurs des modèles de l'assimilation civilisatrice ont favorisé toute une doctrine d'emploi. « Force noire » prônée par le colonel Mangin, « Force jaune » du général Pennequin, proposent un recours aux troupes indigènes en échange de droits et d'égalité à venir, arguments bientôt relayés par la mission du député sénégalais Blaise Diagne. D'autres en revanche y voient la dette dont doivent s'acquitter les colonisés pour tous les bienfaits apportés par la mère patrie. À la fin de la guerre, près de 600 000 tirailleurs, venus de tout l'empire, auront été recrutés par la France et 430 000 engagés sur les divers fronts. 82 000 y laissent la vie.

> Tirailleur algérien ou tunisien que rien ne permet de distinguer à cette époque, car ils appartiennent souvent à des unités de marche mixtes.
Au total, l'Afrique du Nord envoie au front 205 600 « indigènes ». 48 000 d'entre eux sont tués ou portés disparus, pertes comparables à celles des unités d'infanterie métropolitaines.

ᐯ Convoi d'artillerie en route vers le front. Hormis les capacités balistiques et la puissance des obus, qui ont évolué, hommes, pièces et caissons sont toujours acheminés par traction hippomobile, comme sous le Premier Empire. La motorisation des moyens de transport est une des grandes innovations du conflit.

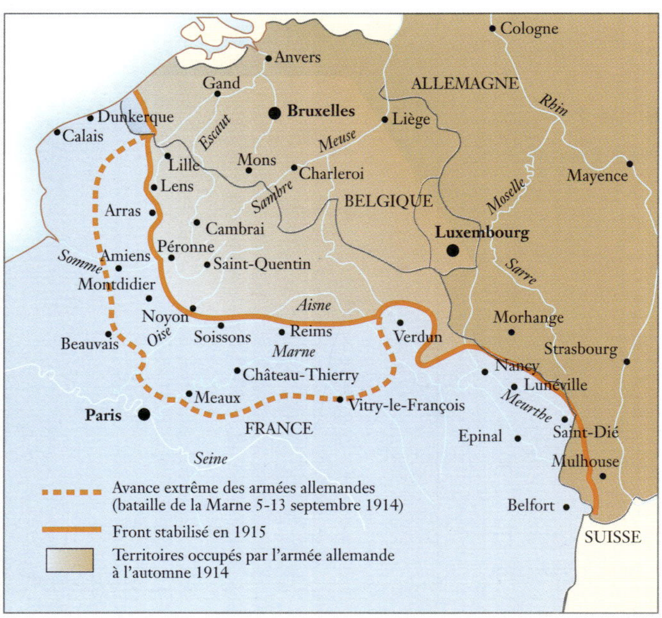

v Cet avis en fait foi, c'est le maire qui officiellement prévient la famille des soldats tués. Dans de nombreux villages, sa seule arrivée devant une maison suffit à annoncer le drame.

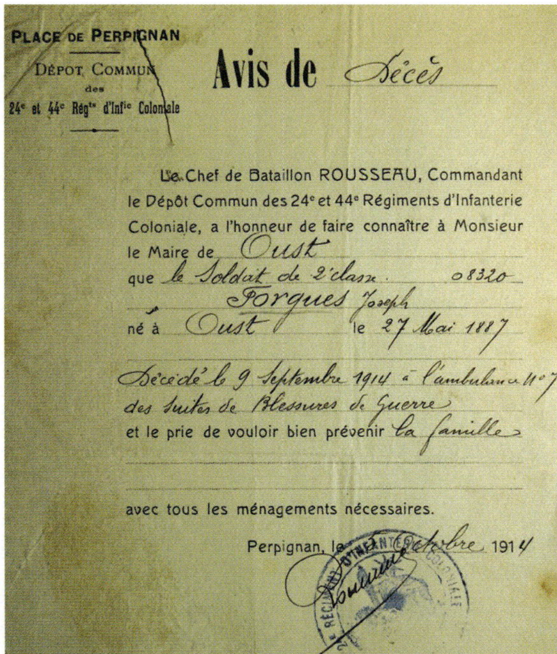

PLACE DE PERPIGNAN

DÉPOT COMMUN des 24e et 44e Régts d'Infie Coloniale

Avis de Décès

Le Chef de Bataillon ROUSSEAU, Commandant le Dépôt Commun des 24e et 44e Régiments d'Infanterie Coloniale, a l'honneur de faire connaître à Monsieur le Maire de Oust

que le Soldat de 2e classe 08320

Forgues Joseph

né à Oust le 27 Mai 1887

Décédé le 9 Septembre 1914 à l'ambulance n° 7 des suites de Blessures de Guerre

et le prie de vouloir bien prévenir la famille

avec tous les ménagements nécessaires.

Perpignan, le Octobre 1914

Erich Maria Remarque a immortalisé dans *À l'Ouest rien de nouveau* le parcours de ces jeunes de 19 ans qui ont souvent été enrôlés dans la guerre par leur professeur.

« Kantorek était notre professeur : un petit homme sévère vêtu d'un habit gris à basques, avec une tête de musaraigne. […] Kantorek pendant les leçons de gymnastique nous fit des discours jusqu'à ce que notre classe tout entière se rendît, en rang, sous sa conduite, au bureau de recrutement, pour demander à s'engager. Je le vois encore devant moi, avec ses lunettes qui jetaient des étincelles, tandis qu'il nous regardait et qu'il disait d'une voix pathétique : "Vous y allez tous, n'est-ce pas camarades ?" […] personne ne pouvait facilement s'abstenir car, en ce temps-là, même père et mère nous jetaient vite à la figure le mot de "lâche". C'est qu'alors, ces gens-là n'avaient aucune idée de ce qui allait se passer. […] Notre instruction militaire dura dix semaines et ce temps-là suffit pour nous transformer d'une manière plus radicale que dix années d'école. Nous apprîmes qu'un bouton bien astiqué est plus important que quatre tomes de Schopenhauer. »

En Champagne, aussi, quelques vaines percées sont tentées. Dans cette phase de la campagne, le chemin de fer et les véhicules automobiles sont des « armes » aussi décisives que le fusil et le canon ; Joffre, officier du génie et ancien colonel d'un régiment de chemin de fer, a donc l'occasion comme jamais de démontrer son savoir-faire.

Fin 1914, afin de ne pas finir l'année sur un échec, Falkenhayn déclenche une double attaque plus symbolique qu'autre chose sur Ypres et Dixmude (10-17 novembre), même si Dixmude tombe. Ces combats sont néanmoins les derniers du premier volet de la guerre, celui de la guerre de mouvement, car désormais c'est une nouvelle page qui s'ouvre. Avant d'aller plus avant, il faut également considérer les combats qui se déroulent en cette même année 1914 sur le front oriental le long des 800 km qui vont de la Baltique à la frontière roumaine.

Saint-Pétersbourg
Golfe de Finlande
Narva
Revel
ESTONIE
Hapsal
Lac Peipous
Louga
Pernau
Golfe de Riga
Valk
Pskov
Dno
Marienburg
Ostrov
LIVONIE
Riga
COURLANDE
Libau
Mer Baltique
Duna
Dvinsk
Chavli
Memel
Polotsk
Vitebsk
Tauroggen
Sventsiany
Tilsit
Vilia
Kovno
Königsberg
VIIIe armée
Vilna
1re armée
Dantzig
Molodetchno
Marienburg
Mazurie
PRUSSE ORIENTALE
Minsk
Allenstein
Niémen
RUSSIE
Tannenberg
Groddno
2e armée
Bialystok
Volkovysk
Thorn
Narev
EMPIRE ALLEMAND
Vistule
Bug
Posen
9e armée
Varsovie
Louninetz
Pinsk
Brest-Litovsk
Kalisch
Lodz
Pripet
Marais du Pripet
Radom
Lublin
5e armée Plehye
Breslau
4e armée Evert
Cholm
VOLHYNIE
Oppeln
Kielce
Lutsk
Rovno
Groupement Kummer
GALICIE
3e armée Roussky
Jitomir
Cracovie
Ire armée Dankel
Jaroslav
Przemysl
Lemberg
IIIe armée Brudermann
Tarnopol
IVe armée Auffenberg
IVe armée Auffenberg
8e armée Broussilov
Stanislau
BUKOVINE
AUTRICHE-HONGRIE
IIe armée Groupement Koevess
Dniestr
Czernovitz
Concentration des armées austro-allemandes
Concentration des armées russes
Avances russes jusqu'en décembre 1914
Principaux engagements
CARPATES
BESSARABIE

v Carte postale humoristique illustrant la supposée puissance de l'armée russe. Le mythe du « rouleau compresseur russe » fait pourtant long feu. Mal entraînées, mal armées, mal encadrées et peu motivées, les armées du tsar peinent très vite face aux Allemands.

Le front de l'Est

Contrairement à ce qui était attendu, les opérations à l'Est commencent dès fin août-début septembre. Sans attendre d'avoir fini de mobiliser l'ensemble de leurs troupes, les Russes passent à l'attaque, privant les Allemands du répit d'un mois ou deux escompté en raison de la supposée « lente mobilisation russe ».

Autre surprise, les Russes attaquent les Allemands dans le bastion légendaire de leurs ancêtres : la Prusse-Orientale et sa capitale Königsberg, fief des chevaliers Teutoniques.

Le 18 août, le groupe d'armée du général Jilinski, c'est-à-dire la 1re armée du général Rennenkampf et la 2e armée du général Samsonov, se lancent à l'assaut, l'une par le sud, l'autre par le nord, des lacs de Mazurie. Les Russes ont sans conteste l'avantage numérique : le général allemand von Prittwitz ne dispose que de 11 divisions d'infanterie (environ 200 000 hommes) contre 22 divisions russes. C'est donc en toute logique que le général russe Rennenkampf est victorieux à Gumbinnen (18-21 août).

Moltke, affolé, retire alors deux corps d'armée du front ouest pour contenir l'avance russe, congédie Prittwitz et le remplace par un tandem, qui vient de se distinguer lors de la bataille de Liège et n'en est encore qu'au début de sa gloire : Hindenburg-Ludendorff. À Paris, face à la panique de l'état-major allemand, on se félicite – un peu vite – de l'efficacité du « rouleau compresseur russe ».

Les Russes gâchent alors leur chance à cause d'une petite haine entre chefs. Rennenkampf et Samsonov se détestent, en effet. Le second, qui avance beaucoup plus vite que son adjoint, se garde bien de l'attendre, creusant un vaste espace entre les deux armées. L'Allemagne peut donc

concentrer ses forces contre l'une, puis l'autre des forces russes et ce, avec d'autant plus de succès qu'elle a parfaitement localisé les armées ennemies grâce aux ordres de mouvements russes transmis par messages non codés.

Le coup fatal porté par les Allemands aux Russes est donné à la bataille de Tannenberg, nommée ainsi par Hindenburg en souvenir de la défaite des chevaliers Teutoniques face aux Slaves au même endroit en 1410. Il n'est jamais trop tard pour prendre sa revanche.

L'armée du général Samsonov est encerclée, puis écrasée par les Allemands (27-30 août 1914). Samsonov capitule et se suicide. Les Allemands font 92 000 prisonniers russes et s'emparent de 500 canons.

Les troupes allemandes se retournent alors contre les troupes de Rennenkampf. C'est la bataille des lacs Mazures commencée en pleine bataille de la Marne (8-13 septembre) et remportée par les Allemands. Mais les Russes limitent les dégâts et Rennenkampf sauve le gros de son armée par une prompte retraite à l'abri du Niemen (15 septembre).

Désormais, les Allemands, qui ont brisé la marche russe vers la Silésie et Berlin, vont pouvoir pénétrer assez profondément en territoire polonais pendant l'hiver 1914-1915. Quant à leur chef, le vieil Hindenburg (67 ans), il sort comme jamais auréolé par la victoire.

Si Tannenberg et la bataille des lacs Mazures sont une victoire allemande à part entière, les premiers échanges balaient, cependant, pas mal d'idées reçues sur l'armée russe. Certes, elle souffre de grosses lacunes au niveau du commandement, du renseignement et de l'équipement, certes elle manque de mitrailleuses et de fusils. Un million quatre cent vingt mille hommes se trouvent sous les drapeaux ; en comptant les réservistes en cours de mobilisation et les conscrits, on obtient le chiffre de six millions d'hommes. Or il n'y a que 4 650 000 fusils, 7 000 canons et presque pas d'artillerie

< Mitrailleurs allemands autour de leur Maxim MG 08 de calibre 7,92 mm. Très fiable, ce système de tir par court recul du canon et avec refroidissement par eau a été adopté avec quelques variantes par de nombreux belligérants. Cherchant une arme moins lourde, plus mobile sur le terrain, les Allemands mettent au point, à partir de ce modèle, toute une gamme de mitrailleuses légères, tandis que les Français choisissent de développer un fusil-mitrailleur.

lourde. Pourtant, l'armée russe a prouvé une réelle efficacité. D'abord, l'état-major a pallié sa lenteur à mobiliser en faisant stationner les 2/5 de ses armées à un point stratégique. Ensuite, même en infériorité numérique, ces armées ont su se dérober et ne pas se laisser complètement encercler aux lacs Mazures. Enfin, la Russie est expérimentée grâce aux batailles de frontières menées précédemment en Asie et se révèle capable d'improvisation.

Conclusion logique, l'offensive russe est loin d'obtenir des résultats nuls. D'abord, en pénétrant en Prusse-Orientale, la Russie est le seul pays de l'Entente à avoir violé l'intégrité du territoire allemand de toute la guerre.

Ensuite, en obligeant Moltke à prélever du front de l'Ouest des corps d'armée qui lui font cruellement défaut pendant la bataille de la Marne, les Russes empêchent qu'il ait l'avantage et changent probablement ainsi le cours du conflit.

Tannenberg, une bataille emblématique

Soljenitsyne a tiré une véritable leçon de Tannenberg : « Dans une guerre qui a duré quatre ans et qui a brisé le moral de la nation, qui pourrait dire quelle a été la bataille décisive ? […] Et pourtant, on peut affirmer que la première défaite russe a été déterminante, a donné le ton à toute la suite de la guerre et au tour qu'elle pris pour la Russie : on s'était lancé dans la première bataille sans avoir rassemblé ses forces – et on ne devait jamais plus réussir à les rassembler à temps ; comme on l'avait fait la première fois, on devait toujours continuer par la suite à jeter dans la bataille des hommes qui n'avaient pas été instruits, que l'on venait d'amener sur le terrain, sans leur laisser le temps de respirer. »

L'invasion manquée de la Serbie par l'Autriche

Le front est de l'Autriche est très long et escarpé : il s'étend sur plus de 500 km du nord du pays à la Roumanie et englobe la crête des Carpates, des cols et des fortifications. Une fois ce rempart franchi s'ouvre la plaine hongroise qui mène au cœur de l'Autriche.

Groupe de soldats russes entourant une infirmière. Contrairement à certains a priori en France, leur tenue, solide et simplifiée à l'extrême, est parfaitement adaptée à ces combattants pour l'essentiel d'origine rurale. Elle apparaît ainsi très moderne pour l'époque et les troupiers russes la porteront jusqu'au milieu des années soixante…

En 1914, deux possibilités s'offrent aux Autrichiens : attaquer d'abord les Russes en Galicie ou commencer par la Serbie. Des deux possibilités, ils vont choisir la plus passionnelle, mais la moins bonne : la seconde. Ils laissent donc les Russes envahir la Galicie pour concentrer toutes leurs forces sur leur ennemi mortel, la Serbie. Le chef d'état-major autrichien Conrad von Hötzendorf est le partisan le plus déterminé de cette tactique : il a poussé l'empereur à la guerre pour mater la Serbie et brûle de châtier enfin les Serbes. En outre, avec l'entrée en guerre de la Turquie, il dispose de quelques arguments : prendre Belgrade, c'est permettre à l'Orient-Express de relier Vienne à Istanbul via Budapest, Belgrade et Sofia. Enfin, guidé par un sentiment de supériorité absolue sur le peuple serbe qu'il tient pour arriéré et barbare, il ne doute pas de la victoire. Or, sur ce point, il se trompe, les Serbes résistent férocement, mettant en échec le plan d'attaque pourtant judicieux des Autrichiens. C'est le prince héritier Alexandre qui exerce le commandement et son chef d'état-major est le général Radomir Putnik. La Serbie dispose de 11 divisions, soit 300 000 hommes, et de 600 canons. Premier revers pour l'empire, après avoir franchi le Danube et occupé Belgrade, les Autrichiens sont vite forcés de rebrousser chemin. Ils font retraite à partir du 19 août, n'ayant de cesse de regagner au plus vite les ponts qu'ils ont construits sur la Drina. Dans la panique, ils oublient même de les détruire. Du coup, les Serbes, aidés des Monténégrins, non contents d'avoir repoussé les Austro-Hongrois de leur sol dès le 24 août, vont même jusqu'à envahir et occuper la Bosnie pendant quarante jours, délai après lequel l'arrivée des renforts côté austro-hongrois les oblige à se

< v Le roi Pierre Ier de Serbie. Ancien élève de l'École spéciale militaire de Saint-Cyr, le souverain incarne, en France, avec son visage ridé et ses épaisses moustaches, la pugnacité de la petite armée serbe. Dans la presse française, de multiples reportages relatent les exploits du souverain ou la vie quotidienne des hommes, pourtant sans commune mesure avec les opérations des fronts ouest et est.

retirer. Il faut dire que la situation de l'armée serbe limite ses capacités d'opérations. Les munitions manquent. Les soldats sont souvent mal vêtus et mal chaussés. Le ravitaillement ne suit pas et les civils errent pour fuir les combats. Le 2 décembre, la capitale Belgrade tombe aux mains des Austro-Hongrois, mais leur triomphe est de courte durée. À peine plus d'une dizaine de jours plus tard, un nouvel approvisionnement des Serbes en munition et la détermination de Pierre Ier entraînent un nouveau retournement de situation. Le roi apparaît sur la ligne de front le fusil à la main et dans une ultime résistance chasse les Autrichiens de Serbie. Le 15 décembre, ces derniers abandonnent Belgrade et repassent la frontière. Il y a bien eu châtiment d'une nation par l'autre, mais pas dans le sens attendu. Les Autrichiens non seulement se sont fait humilier, mais ils ont perdu sur le front serbe 230 000 hommes, dont 40 000 prisonniers. En 1914, l'avantage est donc encore dans le camp serbe, mais la petite nation vit ses derniers beaux jours, car le typhus et les bombes vont bientôt fondre sur elle.

vCasquette de campagne, toutes armes, de l'armée russe. Selon les modes, les soldats enlèvent ou renforcent le cercle métallique qui maintient leur coiffure, lui donnant cet aspect tantôt souple, tantôt rigide qui les caractérise. Sabre d'officier toutes armes, à l'exception des Cosaques, avec dragonne aux couleurs de l'ordre de Saint-Anne qu'a reçu son possesseur. Patte d'épaule, à gauche, de sous-lieutenant du 4e régiment spécial d'infanterie et, à droite, d'engagé volontaire du 2e régiment d'infanterie. Croix de Saint-Georges d'officier, de quatrième classe, ordre uniquement attribué pour faits de guerre.

Le Monténégro

Il a mobilisé en même temps que la Serbie, mais ses faits d'armes vont se limiter à l'occupation du Lovcen par les Monténégrins, de Grahovo et de Plestié par les Autrichiens, et à des bombardements dans l'Adriatique. Son armée ne compte que 4 divisions dont l'effectif, après les pertes des dernières guerres, ne dépasse pas 35 000 hommes.

Les Autrichiens attaquent les Russes dans les Carpates

L'Autriche mène sa bataille contre la « Pologne russe » sur sa frontière nord dans deux directions au sud de Varsovie et en Galicie en s'adossant aux forteresses de Lemberg et de Przemysl. Conrad von Hötzendorf lance ses troupes sans les appuyer par une préparation d'artillerie suffisante. La bataille tourne donc fatalement à l'avantage des Russes : très vite l'avancée austro-hongroise est suivie d'un recul.

Les Autrichiens sont surpris de trouver des troupes russes mobilisées en masse sur le front Rovno-Ivangorod : quelque 4 armées formant le Groupe du sud-ouest du général Ivanov. Les armées autrichiennes marchent sur les rives de la Wieprz en direction de Lublin-Cholm, obligeant les Russes à se replier sur Cholm le 1er septembre.

Pendant ce temps, Roussky et Broussilov multiplient les manœuvres d'encerclement en gardant le cap sur la ville historique de Lemberg. Le 29 août, une nouvelle offensive russe ouvre la voie vers Lemberg et, le 3 septembre, les troupes russes entrent dans la ville.

Devant leurs échecs répétés, le 11 septembre, les Austro-Hongrois renoncent à aller plus avant et se reti-

v Carte autrichienne exaltant les combats en Galicie. « À une grande victoire en Galicie. Assaut de positions ennemies fortifiées par les troupes alliées », proclame cette carte de propagande autrichienne.

rent en attendant les renforts allemands. Les Russes en profitent pour occuper toute la Galicie orientale et investissent Przemysl, mettant le siège devant la fameuse forteresse au bord du San. Assiégée en septembre, dégagée en octobre, Przemysl est une place forte importante pour les Autrichiens. Malheureusement pour eux, elle ne tarde pas à retomber aux mains des Russes et, le 11 novembre, un nouvel encerclement de la forteresse commence. Le Russe Schuvalov, qui l'assiège, ne s'épuise pas en offensives, il sait que le temps joue pour lui et que la faim finira bien par faire sortir le loup du bois. Quant à Kusmanek, le défenseur de la garnison, il assiste au dépérissement de ses troupes par inanition. C'est une terrible humiliation pour les Autrichiens. Obligés de se replier derrière le San et les Carpates, les Autrichiens laissent la voie libre vers la Silésie minière et industrielle.

Dès le début des hostilités, donc, une première constatation s'impose : la grande puissance militaire qui a tant voulu la guerre et qui l'a déclenchée l'a bien mal commencée. En Russie comme en Serbie, l'Autriche s'est fait bousculer et ses résultats sont peu concluants. Et pourtant, l'Empire austro-hongrois dispose de forces considérables. L'armée d'active jouit d'un grand prestige social et compte à la déclaration de guerre 60 divisions d'infanterie et 11 de cavalerie. Le service militaire dure deux ans, et l'infanterie est bien entraînée, l'artillerie lourde sortie des usines Skoda est remarquable. La cavalerie comprend des corps d'élite comme les hussards hongrois ou les lanciers polonais. Certains attribuent ses échecs à la disparité des peuples

> Tranchée russe devant Varsovie. Les fantassins sont équipés du fusil Mossine-Nagant, modèle 1891, époque à laquelle la plupart des armées européennes ont renouvelé leur armement d'infanterie. Baïonnette au canon, les hommes attendent l'ordre de charger.

qui la composent. Issus d'un empire plurinational, les soldats austro-hongrois parlent, outre l'allemand et le hongrois, 8 langues différentes (tchèque, slovaque, croate, serbe, slovène, ruthène, polonais, bosniaque). Dans de telles conditions, la cohésion et la fiabilité de l'armée semblent difficiles. En réalité, les Alliés, qui misent sur la désaffection des soldats slaves ou leur fraternisation (notamment avec les Russes), ont vite fait de déchanter. Autrichiens, Hongrois et Allemands sont parfaitement fidèles à l'empire. Les Croates catholiques lui sont aussi attachés, les Polonais également parce qu'ils haïssent Allemands et Russes. Enfin, les musulmans bosniaques appartiennent à des régiments coloniaux éprouvés. Si les Austro-Hongrois d'origine serbe, tchèque, roumaine ou encore les Ukrainiens de langue ruthène marquent plus volontiers leurs distances avec l'empire, cela ne met pas en péril toute l'armée autrichienne et tous ceux-là ne se désolidariseront que tardivement. Par comparaison avec sa principale alliée, l'Allemagne, assez vite abandonnée par ses soldats alsaciens et polonais, l'Autriche-Hongrie a eu finalement beaucoup moins de déserteurs. Les vraies raisons des défaites austro-hongroises résident donc plutôt dans les pertes, très vite importantes, qui frappent les officiers subalternes, ceux qui savent parler dans leur langue natale aux différentes troupes et qui connaissent leurs soldats. Ils seront, en effet, bien mal remplacés par des bourgeois hautains et rarement polyglottes que le *Brave Soldat Chveik* – « best-seller » antimilitariste – se complaît à caricaturer. L'autre faiblesse de l'armée austro-hongroise, c'est l'insuffisance de son équipement en armement moderne et notamment en mitrailleuses. L'artillerie est médiocre et, en tactique, dépassée.

Varsovie : une bataille austro-germano-russe

En septembre 1914, les terribles engagements du front ouest n'empêchent pas les Allemands de venir en aide à leurs alliés autrichiens en difficulté à l'est. Ils décident de gêner les Russes aux abords de la Vistule avec notamment la IXe armée de Hindenburg et Ludendorff afin de laisser aux Autrichiens les mains libres au sud pour passer le San et libérer Przemysl.

En face, Broussilov garde l'est des Carpates et la 10e armée monte une offensive contre la Prusse-Orientale. Sinon au centre, les Russes ont décidé, eux, d'abandonner une partie du terrain qu'ils tiennent, de resser-

< Cosaque du Caucase portant la longue « tcherkeska » ornée de fausses cartouches, tenue traditionnelle de ces cavaliers. Réputés braves, ils subissent des pertes très lourdes et ont le plus faible taux de prisonniers de toute l'armée russe, préférant la mort à la captivité.

v Officiers autrichiens. Seuls quelques détails (insignes, plaques, parfois coiffures…) identifient dans l'armée austro-hongroise les principaux groupes de population qui la composent, dont : 44 % de Slaves, 28 % d'Austro-Allemands, 18 % de Hongrois, 8 % de Roumains et 2 % d'Italiens.

rer leur front et de concentrer leurs forces autour de Varsovie, ville de 900 000 habitants, alors située en Pologne russe, d'où ils se lanceront à l'assaut de l'ennemi. Les 4e et 9e armées russes s'opposeront à la IXe armée allemande, tandis que les autres armées attaqueront sur ses flancs.

L'attaque allemande refoule les Russes à partir du 4 octobre et le 10 octobre ont lieu de sévères affrontements. Les Allemands s'installent dans les forts de Varsovie, mais la ville est sauvée à temps par le 1er corps sibérien qui, circonstance émouvante, est largement composé de fils de Polonais déportés. Nombre d'entre eux découvrent donc la capitale où vécurent leurs ancêtres le jour même de leur mort.

Pendant ce temps, les Autrichiens, à la faveur de l'aide allemande, réussissent à lever le siège de Przemysl le 11 octobre et suivent la retraite délibérée des Russes de Przemysl vers le San. Tentant d'avancer en direction de la ville d'Ivangorod le 22 octobre, ils sont défaits et reculent près de Cracovie. Le 11 novembre commence un nouveau siège de Przemysl.

De leur côté, les Allemands, que le rapide redéploiement russe le long de la Vistule menace, choisissent de se retirer juste après la mi-octobre. Leur retraite les ramène à moins de 100 km de leur point de départ, non sans qu'ils eurent en chemin tout détruit méthodiquement sur leur passage : réservoirs, bouches d'eau, rails, ponts, poteaux télégraphiques… Varsovie est donc une victoire russe.

Livrée en novembre, cependant, la deuxième bataille de Varsovie se conclut plus favorablement pour les Puissances centrales. Le 23 novembre, les Russes se replient sur Lodz, grande ville industrielle de 400 000 habitants que les Allemands finissent par prendre le 6 décembre. Cette prise marque la fin de la guerre de mouvement en Pologne. Elle cède la place à une guerre de position qui commence le 20 décembre et va durer tout l'hiver.

Le sursaut autrichien

Au mois de novembre, les Autrichiens se ressaisissent, ils lancent une série de contre-attaques autour de Cracovie. Le 3 décembre, Hötzendorf essaie de déboucher des Carpates et de frapper le flanc gauche des Russes. Il attaque à un point faible du front russe entre la 3e armée au sud de Cracovie et la 8e de Broussilov dans les Carpates. Entre les villes de Limanova et Lapanov, un espace de trente kilomètres est sans défense. Il tente donc d'enfoncer là un coin. L'offensive se fait à travers les montagnes enneigées et gelées. Le Feld-Marschal von Roth ne tarde pas à menacer le côté de Radko Dimitriev. Dans la nuit du 3 au 4 décembre, les Autrichiens sont à Lapanov. Le général Ivanov envoie Broussilov à la rescousse. Les Russes menacent alors les Autrichiens d'être tournés sur leur droite. Pour empêcher cette manœuvre, les Autrichiens s'arc-boutent sur les hauteurs qui surplombent le champ de bataille de Rajbrot à Limanova. Les Russes concentrent alors leurs coups sur le Salasz et la Mordarka, mais les Autrichiens leur opposent plusieurs divisions de cavalerie renforcées par les volontaires polonais de Pilsudski, qui ont choisi le camp autrichien par haine des Russes. Le 7, les Cosaques de l'avant-garde de Broussilov sont en vue. S'opère alors une manœuvre cocasse : Broussilov avance contre les Autrichiens qui tiennent Limanova, et Boroevic marche sur ses talons pour l'arrêter. Les 10 et 11, les combats sont particulièrement âpres et se poursuivent jusqu'à la nuit en sanglants corps-à-corps. C'est alors que Boroevic rattrape Broussilov, plaçant le général russe dans une position impossible, coincé entre deux armées autrichiennes. Le 12, les Austro-Hongrois remportent la victoire de Limanova-Lapanov devant Cracovie contre les Russes d'Ivanov. Cette victoire est la dernière de tout le conflit remportée par les Autrichiens sans l'aide des Allemands.

˅ Deux navires allemands, le *Goeben* à droite et le *Breslau* à gauche, ancrés dans le Bosphore au pied d'un immeuble qui arbore le drapeau rouge à croissant blanc des Ottomans.

En dépit de ce sursaut, fin 1914 la guerre a fait de très nombreuses victimes austro-hongroises, décimé l'élite de certains régiments, et les Russes occupent leur territoire sur une profondeur de 240 km.

Le « front de mer »

Si l'équilibre des forces terrestres entre les deux camps semble souvent assez égal, il est un domaine où l'Entente l'emporte absolument grâce à l'allié britannique, c'est la maîtrise des mers. Avec 64 cuirassés, 10 croiseurs de bataille et 108 croiseurs légers, le Royaume-Uni possède incontestablement la première flotte du monde. Dès le 4 août, d'ailleurs, la Royal Navy a largué les amarres afin de secourir les ports belges en évacuant des réfugiés et en apportant des renforts à la poche d'Anvers où s'est retranchée l'armée belge.

Au début de la guerre, Guillaume II, conscient de la suprématie britannique, a décidé de maintenir la marine traditionnelle dans ses ports et les Austro-Hongrois, qui possèdent pourtant 12 cuirassés, 7 croiseurs, 55 torpilleurs et 6 sous-marins, ont suivi son sage exemple. Les seuls navires allemands qui tentent de troubler la navigation commerciale sont des corsaires,

c'est-à-dire généralement des navires pris de court par la déclaration de guerre et qui n'ont pas eu le temps de rejoindre leur base. Tous naviguent sur des océans lointains et ne survivent que grâce aux ravitaillement de cargos arrivés des eaux allemandes ou au piratage. Quelle que soit leur destinée tumultueuse, presque tous finiront au fond des mers à plus ou moins longue échéance.

Ainsi, le *Königsberg* vogue dans l'océan Indien avant d'être acculé dans le delta du Rufiji. Le *Karlsruhe* coule 17 navires avant de sombrer lui-même par accident. Le croiseur *Emden* coule un croiseur russe et un contre-torpilleur français le 28 octobre avant d'être coulé le 9 novembre par le *Sydney*, un croiseur australien, mais l'épopée de son équipage ne s'arrête pas là, puisqu'une partie des marins réussit à s'enfuir sur une goélette volée, à naviguer jusqu'aux Indes et, au terme d'un périple homérique passant par le Yémen, à atteindre Constantinople en juin 1915.

Mention spéciale doit être faite au *Goeben* et au *Breslau*. À la déclaration de guerre, le premier, basé à Pola, et le second, à Durazzo, s'empressent de rejoindre les eaux de la mer Noire non sans avoir bombardé au préalable, le 4 août 1914, l'un Philippeville, l'autre Bône en Algérie. Ils pensent inciter ainsi l'Empire ottoman à entrer dans la Triplice. Cette initiative n'enthousiasme d'abord guère les Turcs, qui somment l'amiral Souchon placé à la tête de l'escadre de cesser de faire route vers Constantinople. Puis les négociations entre l'Allemagne et l'Empire ottoman ayant progressé, les deux cuirassés allemands sont accueillis à bras ouverts par les Turcs et rebaptisés le 10 août *Yavu Sultan Selim* et *Midilli*.

Ainsi, les seuls vrais engagements de 1914 ont lieu au bout du monde. Le premier se déroule dans le Pacifique le 1er novembre 1914, c'est la bataille du Coronel, petit port chilien. L'amiral von Spee déclenche l'action en décidant de rassembler ses corsaires et de passer du Pacifique à l'Atlantique

< Affiche anglaise pour la « journée du marin ». Première marine du monde, la Royal Navy est cependant menacée par la flotte très moderne du Kaiser, et subit des pertes sévères. Pour aider les marins, des journées d'entraide sont organisées tout au long de la guerre.

sud. L'amiral britannique Christopher Cradock, commandant la zone d'Amérique du Sud, informé de la manœuvre, décide de faire passer une escadre par le détroit de Magellan : au croiseur *Glasgow* qui mouille à Coronel, il adjoint des croiseurs. Spee, ayant intercepté à son tour le message selon lequel des croiseurs se dirigent vers Coronel, se poste alors à l'entrée du port et, lorsque ceux-ci apparaissent, ouvre le feu. Les deux bâtiments, le *Monmouth* et le *Good Hope*, sont coulés avec les 1 600 hommes de leur équipage. Coronel est la première défaite britannique sur mer depuis cent ans !

Le second engagement a lieu dans l'Atlantique, c'est la bataille des îles Falkland (8 décembre 1914), au large de la pointe sud de l'Argentine. Cette bataille navale est, elle, déclenchée tout à fait fortuitement. Spee, ayant quitté Coronel afin de voguer vers les Falkland, a la mauvaise idée de choisir de faire escale à Port Stanley où l'amiral britannique sir Doveton Sturdee est justement en train de se ravitailler. L'escadre anglaise inflige là une sévère défaite à la flotte de l'amiral von Spee. Le *Scharnhorst* et le *Gneisenau*, qui s'étaient offert le luxe de bombarder Papeete le 22 septembre 1914, cette fois n'y survivent pas. Seul le *Dresden* parvient à s'échapper de l'enfer, mais son destin le rattrape en mars 1915. À cette date, il n'y a plus de bâtiment de guerre de surface allemand.

Après les Falkland, chaque flotte reste à quai, la victoire britannique a porté un coup décisif aux Allemands. Les vaisseaux anglais sont dans la rade de Scapa Flow. Les marines allemande et austro-hongroise se confinent dans leurs ports et ont une peur panique de se faire torpiller. Les Anglais peuvent donc en toute tranquillité mettre en place le blocus. Début novembre 1914, l'Angleterre organise le contrôle du trafic commercial dans l'Atlantique et proclame la mer du Nord « zone de guerre », ce qui autorise la Royal Navy a arraisonner, fouiller et interner tout vaisseau trouvé dans ces eaux. Il soumet l'Allemagne à un blocus. Ce sera l'une des clés de la guerre, le blocus s'appliquant à des puissances continentales séparées de la mer par des pays neutres. Londres n'hésite pas à violer la convention internationale et considère comme allemandes les marchandises transportées par les bateaux neutres dans des ports voisins de l'Allemagne, sauf si le transporteur apporte la preuve d'une destination acceptable. Les Empires centraux ne peuvent donc plus songer, comme ils l'auraient dû selon le droit international, à se faire ravitailler via la Suède et les Pays-Bas.

Défense de Papeete

– 1914 –

Menacé par les raids des navires corsaires allemands, Tahiti mobilise. Encadrés par la marine, les volontaires en chapeau de paille s'entraînent comme en métropole et ont même armé avec de petites pièces de marine les diverses Torpédos de l'île. Nul doute que si bataille s'était livrée, ces « taxis » de Papeete seraient entrés dans la légende...

v Devant l'hécatombe des premiers mois de guerre, les trains spéciaux et ambulances du service de santé sont rapidement saturés. Les wagons à marchandises, qui ont déjà servi à acheminer les troupes au front, transportent maintenant les blessés et les prisonniers. La motorisation des transports et l'aménagement de véritables trains sanitaires se feront progressivement. Ici, un grand blessé allemand est brancardé par des infirmiers français.

Premiers bilans

Fin 1914, quatre mois après le début de la guerre, le premier conflit mondial a déjà fait plus d'un million de morts, blessés, prisonniers, disparus. Il a déjà offert le spectacle des cadavres et des blessés, des chairs lacérées et des uniformes déchirés couverts de sang et de poussière, des croix sommaires ou des fusils brisés plantés la crosse en l'air sur des tombes de fortune. Il a déjà ses désillusions et ses injustices. Il a aussi ses premiers récalcitrants – les médecins militaires notent le grand nombre de blessures à la main et suspectent des automutilations – et ses premières graves sanctions. Le commandement militaire a déjà passé par les armes les premiers « fusillés pour l'exemple », dont l'existence ne remonte pas, comme on le dit trop souvent, à 1917. Comme par hasard, les premières de ces victimes sont des territoriaux, des hommes de 45 ans qui, système de mobilisation oblige, ont été lancés contre des réservistes allemands dans la force de l'âge. Deux d'entre eux jugés et condamnés à mort le 12 septembre 1914 pour défaillance sont exécutés sur le front le 15. Étienne Tanty, jeune universitaire, auteur d'une correspondance prolifique, note le vendredi 25 septembre 1914 : « Tout à l'heure, on

v Correspondance envoyée du camp de Coëtquidan, en Bretagne, indiquant combien l'instruction est accélérée au profit du front.

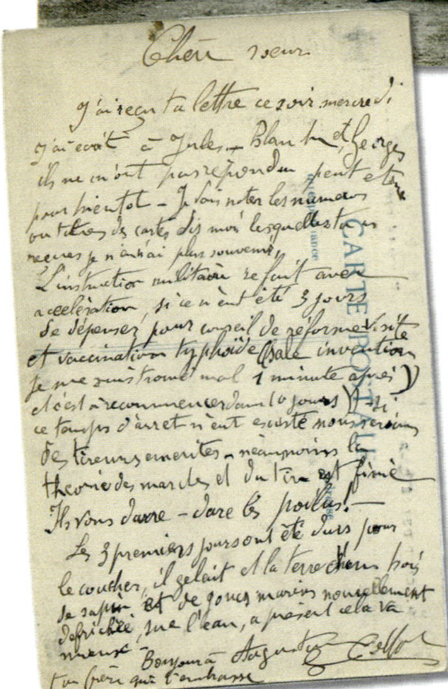

Chère sœur,

J'ai reçu ta lettre ce soir mercredi. [...] *L'instruction militaire se fait avec accélération, si ce n'eut été trois jours de dépensés pour conseil de réforme, visite et vaccination typhoïde (sale invention je me suis trouvé mal une minute après, et c'est à recommencer dans dix jours). Si ce temps d'arrêt n'eut existé nous serions des tireurs émérites. Néanmoins la théorie des marches et du tir est finie. Ils vont dare dare, les poilus !*

Les trois premiers jours ont été durs, pour coucher il gelait et la terre du bois de sapin et de joncs marins nouvellement défrichée sue l'eau, maintenant cela va mieux. [...]

avait mobilisé toute notre division pour assister à l'exécution d'un soldat, avec le cérémonial de la justice militaire et défilé devant le cadavre... »

Céline, dans un passage du *Voyage au bout de la nuit* (1932), qui se déroule quatre semaines seulement après le début de la guerre, n'a pas manqué de relater ce fait : « C'est à partir de ce mois-là qu'on a commencé à fusiller des troupiers pour leur remonter le moral, par escouades, et que le gendarme s'est mis à être cité à l'ordre du jour pour la manière dont il faisait sa petite guerre à lui, la profonde, la vraie de vraie. »

Les cours martiales ont été instaurées par décret dès le 6 septembre 1914. Refus d'obéissance, conseil de guerre spécial, exécution, tout va très vite.

> Carte postale patriotique ; les premières escarmouches de l'été 1914 sont l'occasion pour la cavalerie française de mener les dernières charges « sabre au clair » de son histoire.

v Shapska des Uhlans prussiens, en feutre compressé.

Du cheval au canon

AU DÉBUT DE LA GUERRE, si l'armée française fonde encore sa stratégie sur l'offensive, ses moyens d'infanterie, très inégaux, y sont mal adaptés. Bien équipée en armes individuelles et collectives, elle n'a pourtant pas de mitrailleuses légères. De même, son fameux canon de 75 mm, d'un emploi simple et conçu pour les mouvements sur le terrain, reste limité dans ses angles de tir. En face, les Allemands disposent de matériels sensiblement identiques mais ont développé une puissante artillerie lourde (plus de 600 pièces) lui permettant des tirs à moyenne et longue portée.

Le passage de la guerre de mouvement à celle de positions condamne aussi la cavalerie, peu à peu démontée, et conduit à l'émergence d'unités motorisées. Transmission, aviation, projectiles, chars d'assaut, automitrailleuses témoignent des incroyables innovations de cette première guerre industrielle. Pourtant, les populations restent marquées par les monstrueux calibres atteints par l'artillerie, telle la « Grosse Bertha » allemande – du prénom de la fille d'Alphonse Krupp – qui, avec son canon de 40 m lui donnant une portée de 100 km, menace Paris de ses obus de 210 mm pesant 103 kg…

< Parmi les innovations nées dans les premiers jours de la guerre et dans l'urgence des combats, cette automitrailleuse de fortune, une Torpédo de luxe sur laquelle les lanciers belges ont adapté une mitrailleuse. Nul n'a songé à protéger le servant ou l'éventuel chauffeur.

^ Début 1915, sans doute dans un centre d'instruction, ces soldats de la coloniale s'initient au maniement des deux modèles de mitrailleuse française. À gauche, la Saint-Étienne 1907 ; d'un poids de 28 kg et de 37 kg pour son affût, tirant une munition de 8 mm à la cadence de 600 coups minute, elle est paradoxalement fragile et peu maniable alors que conçue pour l'offensive. Lui succède en 1914 le modèle dit Hotchkiss, à droite sur la photo, plus robuste et rustique avec un poids de 23,5 kg pour la pièce et de 24 kg pour l'affût, toujours la munition de 8 mm et une cadence de 600 coups minute. Ces deux armes collectives, fonctionnant par emprunt des gaz et refroidissement par air, n'offriront jamais les possibilités d'un fusil-mitrailleur, domaine dans lequel les Français resteront en retard par rapport à tous les autres belligérants.

> Pièce d'artillerie française de 420 mm sur voie ferrée. Faute de disposer d'une véritable artillerie lourde mobile, les Français commencent par improviser à l'aide de pièces de marine mises en batterie sur voie ferrée. En 1918, l'ALVF, l'artillerie lourde sur voie ferrée, joue un rôle essentiel et atteint des calibres jamais égalés, tel le 520 mm.

Les meilleurs amis de l'homme

MÊME SI, en grande partie, cette guerre devient celle d'un immense effort mécanique, les animaux y jouent un rôle encore décisif. Les chevaux, d'abord, pour la cavalerie, mais aussi pour le trait dans l'artillerie ou le train des équipages ; les pigeons, pour faire parvenir les messages urgents à travers les lignes – la colombophilie est un véritable art –, les chiens, en particulier dans les services sanitaires. D'autres sont moins bienvenus : les rats, les « totos » (poux) ou les puces, qui sont la hantise des poilus.

^ Devenus grands, ces petits chats seront précieux pour pourchasser rats et souris qui infestent tranchées et cagnas.

> Cote des Melons, chien sanitaire. Ces chiens rejoignent, sous la mitraille, les blessés perdus entre les lignes et signalent leur présence.

> Les chiens ambulanciers transportent médicaments et demandes de brancardiers.

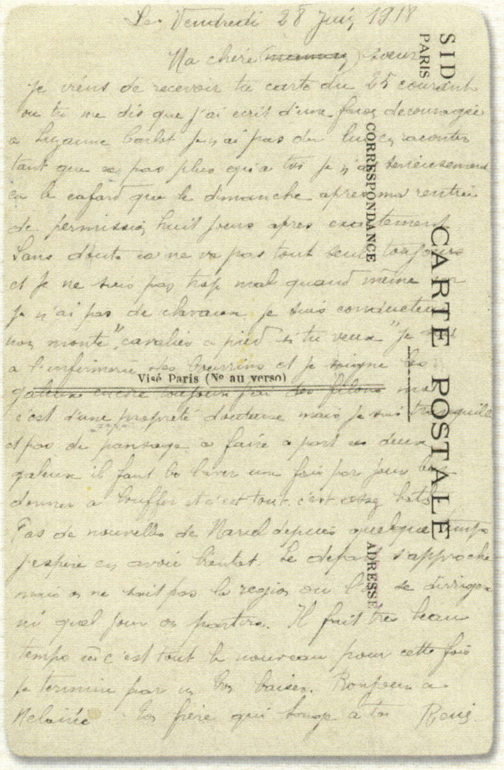

Le vendredi 28 juin 1918

Ma chère sœur,

[…] Je n'ai sérieusement eu le cafard que le dimanche après ma rentrée de permission, huit jours après exactement.

Sans doute ça ne va pas tout seul toujours et je ne suis pas trop mal quand même car je n'ai pas de chevaux je suis conducteur non monté, cavalier à pied si tu veux. Je suis à l'infirmerie des bourrins et je soigne les galeux encore toujours j'ai des filons [illisible] *mais* [illisible] *c'est d'une propreté douteuse mais je suis tranquille et pas de pansage à faire à part ces deux galeux il faut les laver une fois par jour leur donner à bouffer et c'est tout c'est assez bath. Pas de nouvelles de Marcel depuis quelque temps j'espère en avoir bientôt. Le départ s'approche mais on ne sait pas la région où l'on se dirigera ni quel jour on partira. […]*
Ton frère qui songe à toi.

René

^ Cussey. 15e Dragons avant l'attaque. C'est par centaines de milliers que les chevaux ont été réquisitionnés dès le début du conflit.

v Fuyant les combats, une colonne de civils traverse les ruines d'Ypres.

Vers la guerre d'usure

On se souvient que les soldats étaient prétendument partis « la fleur au fusil » pour une guerre dont on leur avait garanti qu'elle serait courte. Le Kaiser Guillaume II ne promettait-il pas à ses troupes : « Vous serez rentrés avant la chute des feuilles » ! Le front s'immobilise sur 750 km, le long d'une ligne passant par Reims, Soissons, Arras, et aboutissant à la mer du Nord, sur la côte belge. Les armées creusent dans le sable des Flandres, la craie de Champagne, la glaise d'Argonne.

La guerre de mouvement a fait 300 000 morts dans les rangs français, soit 60 000 par mois. Qu'elle devienne guerre de position ne la rend pas plus réjouissante. À la boue, aux rats, aux poux, à la faim, aux misères physiques, au harcèlement de l'artillerie adverse, à la vision déprimante et à l'odeur pestilentielle des cadavres s'ajoute désormais la certitude que tout cela va durer. D'ailleurs, le conflit s'est déjà élargi et le nombre des belligérants a augmenté avec l'entrée du Japon aux côtés de l'Entente (août 1914) et celle de la Turquie (1er novembre 1914) auprès des Puissances centrales.

Dès septembre 1914, l'écrivain français Romain Rolland, surpris par la guerre en Suisse et trop âgé pour être mobilisé, y

reste. Dans *Au-dessus de la Mêlée* (1915), plaidoyer en faveur de la paix, il déplore l'affrontement entre Européens : « Cette jeunesse avide de se sacrifier, quel but avez-vous offert à son dévouement magnanime ? L'égorgement mutuel de ces jeunes héros ! La guerre européenne, cette mêlée sacrilège, qui offre le spectacle d'une Europe démente, montant sur le bûcher et se déchirant de ses mains comme Hercule ! Ainsi les trois plus grands peuples d'Occident, les gardiens de la civilisation s'acharnent à leur ruine et appellent à la rescousse les Cosaques, les Turcs, les Japonais, les Cinghalais, les Soudanais, les Sénégalais, les Marocains, les Égyptiens, les Sikhs et les Cipayes. »

Mais cet élan lyrique n'est pas du goût de tous et un journaliste de *L'Intransigeant*, sûrement plus proche de l'opinion publique d'alors, lui réplique : « M. Romain Rolland, qui n'est pas Romain, mais Suisse – et je ne suis même pas sûr qu'il soit Rolland, en tout cas il n'a rien de commun avec celui de Roncevaux – a publié dans *Le Journal de Genève* où il réprouve avec véhémence les Alliés (lisez Anglais, Russes, Belges et Français) qui ébranlent les piliers de la civilisation. Et se conduisent comme les derniers des barbares en se faisant soutenir par des Cosaques, des Marocains, des Sénégalais, des Indiens, des Sikhs, etc.

« M. Romain Rolland est encore un de ces métèques auxquels certaine jeunesse littéraire faisait grand crédit. Sa lourde série des *Jean-Christophe* n'avait pas peu contribué à germaniser l'intellectualité des faibles et un lot de snobs. Il faudra remiser ce *Jean-Christophe* qui n'est même pas du ruolz, dans les greniers. »

Sur le front russe aussi, la guerre de mouvement se fige. La victoire se jouera donc à l'usure. Or, à long terme, la balance des forces est favorable aux Alliés : une population plus nombreuse (238 millions sans les colonies contre 120), des armées plus étoffées (170 divisions d'infanterie contre 150), une incontestable supériorité maritime grâce à la flotte britannique. En revanche, les Empires centraux disposent d'un meilleur armement (supériorité de l'artillerie lourde allemande).

Fin 1914, enfin, s'il est une chose dont l'Entente puisse se féliciter, c'est d'avoir échappé à l'implacable plan Schlieffen, que quelques erreurs de Moltke ont suffi à dénaturer. La pierre de touche du plan Schlieffen était la constitution d'une aile droite puissante. Or Moltke l'a affaiblie par deux fois, d'abord pour mieux recentrer le front ouest et mieux défendre l'Alsace-Lorraine, puis pour consolider le front est en la dégarnissant de corps d'armée et d'une division. Toute fulgurante qu'elle ait été, l'avance allemande n'a pas été décisive et Moltke a commis une erreur irréparable. Désormais, chacun s'installe dans la guerre et chaque mètre gagné coûtera quasiment un mort entre l'hiver 1914 et le printemps 1917.

v Noël 1914-1915 dans un cantonnement allemand. Sapin décoré, bouteille de fine, service en porcelaine et fauteuils dans une maison « réquisitionnée » contribuent à évoquer l'environnement familial et masquent les horreurs d'une guerre dont peu, sur ce cliché, verront la fin.

Premier réveillon au front

Il n'y aura pas de trêve de Noël pour ce premier 24 décembre. Même les civils sacrifient la bûche traditionnelle, remplacée par un obus de chocolat rempli de dragées. Miraculeusement retrouvée et publiée en 2003, la correspondance de guerre de Roland Dorgelès reflète bien le moral du soldat français en cette première grande fête passée au front. Le futur grand témoin de la Grande Guerre note d'abord : « Pas gai ce Noël. [...] C'est égal, je croyais bien, à Noël, être plus près du Rhin », exprimant bien la lassitude déjà tangible face à une guerre qui dure et qui s'enlise. Puis, il raconte un épisode de trêve tacite entre soldats français et allemands la nuit de Noël : « Cette nuit, d'Hermonville, on entendait les soldats chanter le *Minuit chrétien* et *La Marseillaise* dans les tranchées. Et les Allemands répondaient par d'autres chants. Toute la nuit, de tranchée à tranchée, Français et Allemands ont échangé des chansons comme des défis, sans parler des injures et des pires menaces. »

Quelques lettres plus tard, il donne même des précisions sur l'atmosphère de fraternisation de la soirée : « À notre gauche, la nuit du réveillon, le 28e a eu de grosses pertes. Et la même nuit, à la même heure, sur notre droite (le 74e) sortait de ses tranchées et nos soldats allaient trinquer, échanger des cigarettes avec les Allemands. Je trouve cela ignoble. Officiers blâmés par le général. » Et à sa mère, à laquelle il réserve une version plus légère des événements, cela donne un récit moins convenu et plus pittoresque : « Des Allemands vinrent boire dans les tranchées du 74e, des Français allèrent trinquer chez les Allemands. Il en revient à 2 heures du matin saouls à crever ! Les Allemands les reconduisaient jusqu'au pied de leur porte et les nôtres accompagnaient les Boches ivres jusqu'à leurs tranchées, pour qu'ils ne se perdent pas ! » Enfin, v Coffret en tôle à son effigie à l'intérieur duquel une carte de Son Altesse royale la princesse Mary souhaite une heureuse et victorieuse nouvelle année aux troupes britanniques, accompagnée d'un paquet de tabac et de cigarettes.

le Journal de marche et d'opérations du 74ᵉ régiment confirme : « Pendant toute la soirée, les Allemands ont chanté et joué de la musique dans les tranchées qui nous font face. […] Dans la matinée, un certain nombre d'Allemands sont sortis de leurs tranchées sans armes et en levant les bras ; quelques-uns d'entre eux portaient des petits papiers comme un arbre de Noël ; quelques-uns de nos hommes voyant cela sont également sortis de leurs tranchées. Dès que ces faits regrettables ont été rapportés au colonel, il a donné l'ordre de faire rentrer ces hommes et d'ouvrir immédiatement le feu sur les Allemands. »

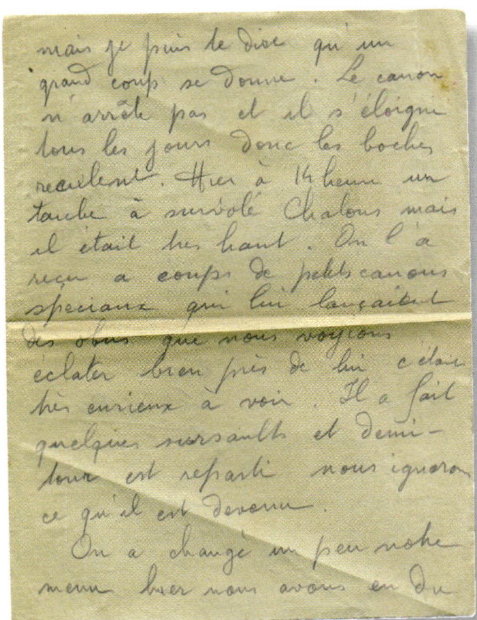
mais je puis le dire qu'un grand coup se donne. Le canon n'arrête pas et il s'éloigne tous les jours donc les boches reculent. Hier à 14 heure un taube à survolé Chalons mais il était très haut. On l'a reçu a coups de petits canons speciaux qui lui lançaient des obus que nous voyions éclater bien près de lui c'était très curieux à voir. Il a fait quelques sursaults et demi-tour est reparti nous ignoron ce qu'il est devenu.
On a changé un peu notre menu hier nous avons eu du

Fagnières, le 23-12-14

Mon cher Papa

[…] *En ce qui concerne la guerre on nous a défendu de donner aucun renseignement sur les troupes qui passent et leur n° mais je puis dire qu'un grand coup se donne. Le canon n'arrête pas et ils s'éloignent tous les jours donc les Boches reculent. Hier à 14 heures un* Taube *a survolé Châlons mais il était très haut. On l'a reçu à coups de petits canons spéciaux qui lui lançaient des obus que nous voyions éclater bien près de lui c'était très curieux à voir. Il a fait quelques sursauts et demi-tour est reparti nous ignorons ce qu'il est devenu.*

On a changé un peu notre menu, hier nous avons eu du porc rôti excessivement gras.

Pour le jour de Noël avec 2 ou 3 copains nous allons nous offrir un gueuleton à Châlons si on ne travaille pas ce jour-là. En ce moment on nous fait remettre les routes en état et elles en ont besoin. […]

Georges

Les « pépères »

— Dis-donc toi, l'vieux, t'a pas l'air de te biler ?
— Dame, j'étais déjà là en 70, alors, j'ai l'habitude.

FIGURES POPULAIRES de la guerre, les territoriaux chenus symbolisent la mobilisation générale de la nation, des premières lignes à l'arrière. Depuis la loi de conscription de 1905, la durée du service militaire est de deux ans, portée à trois en 1913. Après ce temps, le conscrit est versé dans les réserves pour huit ans puis passe dans l'armée territoriale. Ainsi, à 30 ans on est déjà de la territoriale. Les conditions de vie de l'époque vieillissant prématurément les corps, les réservistes et rappelés ont vite des allures de grognards d'Empire. En août 1914, tandis que les unités d'active et de réserve affrontent les Allemands à l'Est avant de se replier sur la Marne, les territoriaux entrent une première fois dans le légendaire patriotique en défendant le camp retranché de Paris. À mesure que les combats se font plus meurtriers, jeunes conscrits, réservistes et territoriaux se trouvent mêlés sur le front, et l'état-major fait appel à des réserves territoriales de plus en plus âgées pour remplir les missions aux abords immédiats des lignes ou sur tout le territoire national. Selon la situation de famille – proches au front, morts dans l'entourage –, un quinquagénaire peut être enrôlé et on verra même, événement médiatisé par la presse, des pères de 60 ans être admis à rejoindre leurs fils au combat.

Gardes-voies, cantonniers, plantons de faction devant les innombrables dépôts, convoyeurs, ceux que l'argot de la guerre a baptisé les « pépères » ou encore les « terribles torriaux », pour la plupart équipés des défroques et des surplus périmés de l'intendance, subiront de lourdes pertes dues à l'ennemi ou aux conditions sanitaires.

^ La référence à la guerre de 1870, peu réaliste quant à l'engagement des survivants dans ce nouveau conflit, sert à marquer les liens existant entre la génération de la défaite et celle de ses fils chargés de la revanche.

— Dis donc, mon oncle, t'a rajeuni !
— Mais oui, tu sais bien que le général Joffre a dit qu'il n'y avait plus de territoriaux ; tout le monde de l'active.

< À travers l'oncle, encore doté de la culotte garance, et le neveu, qui porte la nouvelle tenue bleu horizon, c'est la mobilisation de toutes les classes d'âge, de chaque famille et de la France entière, que ce dessin de 1915 encourage.

> Les combattants deviennent des sujets publicitaires pour de nombreux produits commerciaux. Ici, les territoriaux font de la réclame pour une marque de chicorée.

v Vêtus d'effets de modèles divers et de tailles approximatives, ces deux hommes du 16e régiment de territoriaux, marqués par l'âge, n'en appartiennent pas moins à une unité directement engagée sur le front au début de 1915.

LA MACHINE INFERNALE 1914 L'EXPLOSION

> 1915 L'impossible victoire

1916 LA MÊLÉE SANGLANTE 1917 LA SOUFFRANCE ET LE DOUTE 1918 LE SILENCE DES CIMETIÈRES 1919 LA PAIX MANQUÉE

< Les premières lignes se sont figées et aux trous hâtivement creusés succèdent des lacis de tranchées dont l'agencement devient de plus en plus savant à mesure que la guerre de mouvement s'enlise.

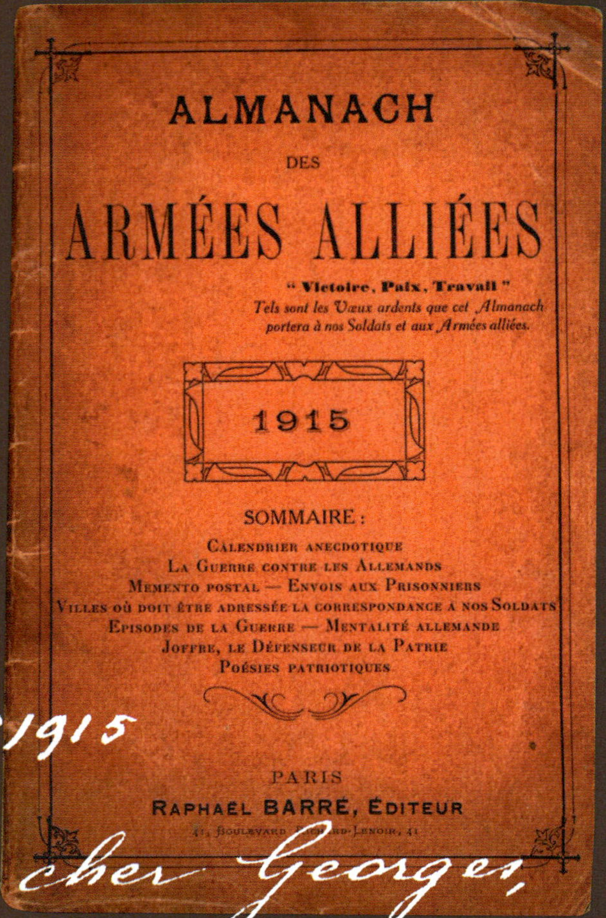
ALMANACH

DES

ARMÉES ALLIÉES

« Victoire, Paix, Travail »

Tels sont les Vœux ardents que cet Almanach portera à nos Soldats et aux Armées alliées.

1915

SOMMAIRE :

Calendrier anecdotique
La Guerre contre les Allemands
Memento postal — Envois aux Prisonniers
Villes où doit être adressée la correspondance à nos Soldats
Episodes de la Guerre — Mentalité allemande
Joffre, le Défenseur de la Patrie
Poésies patriotiques

PARIS
Raphaël BARRÉ, Éditeur
41, Boulevard [illegible]-Lenoir, 41

1er Janv. 1915

Mon cher Georges,

Nous t'envoyons pour 1915 nos vœux et souhaits sincères, que tu nous reviennes bien vite et en bonne santé, ce sera au moins signe que notre chère France est victorieuse et délivrée de ces cochons de Boches ; maudits soient-ils eux et leur Kaiser.

^ Almanach pour 1915. La guerre s'éternisant, au front comme à l'arrière, on s'organise pour la supporter. Les courriers témoignent cependant des espoirs que nourrissent les familles de voir revenir les leurs.

>1915 L'impossible victoire

1915, à l'Ouest, c'est l'année où les États-Majors tentent désespérément de renouer avec la guerre de mouvement et rêvent d'une percée qui ne se fera pas.

L'ORDRE DU JOUR est de grignoter l'adversaire, malheureusement, la plupart du temps, ce n'est pas le terrain qui est grignoté, mais les hommes comme le remarqueront beaucoup et avec plus d'un million de tués, blessés, disparus ou prisonniers en un an, le bilan est lourd.

1915, à l'Est, c'est l'année de la reprise en main par des Puissances centrales qui contrôlent à nouveau la situation, volent de victoire en victoire et regagnent le terrain perdu.

1915, dans le monde, enfin, c'est une année où la guerre se répand, où le théâtre des opérations ne cesse de s'élargir avec les Dardanelles, la guerre en Afrique, la véritable ouverture du front turc, l'entrée en guerre de l'Italie aux côtés des puissances de l'Entente (24 mai 1915) et celle de la Bulgarie dans le camp adverse (22 septembre 1915).

Plus que jamais, les hommes semblent partis pour mener une guerre longue et sale, car, incontestablement, ils ont franchi un nouveau pas dans l'horreur. Année sanglante, 1915 est jalonnée de corps-à-corps et d'offensives très coûteuses en vies humaines. On utilise pour la première fois des gaz asphyxiants et un nouvel avion particulièrement meurtrier fait planer dans le ciel son ombre menaçante : le Fokker. On y perpètre également le premier génocide du XXe siècle, celui des Arméniens.

N'y a-t-il alors aucun espoir pour les Alliés en cette sombre année ? Pas tout à fait, car la tournure des événements en ce qui concerne la guerre sous-marine à outrance laisse deviner que les États-Unis vont finir par se trouver dans une situation impossible et qu'il leur faudra bien sortir de leur neutralité.

< ∧ L'observation du champ de bataille est déterminante pour surprendre les mouvements adverses. Des dizaines de systèmes de périscopes de tranchées sont mis au point pour les observateurs mais aussi pour les tireurs d'élite. Il existe ainsi un modèle de périscope permettant au tireur de viser l'ennemi sans s'exposer.

La guerre de tranchées

ABSOLUMENT pas préparés au combat de tranchées souvent improvisées, avec des lignes ennemies parfois à quelques mètres seulement, les combattants retrouvent les méthodes du siège médiéval, tandis que le ministère de la Guerre encourage de nombreux scientifiques, inventeurs et industriels à développer des armements spécifiques.

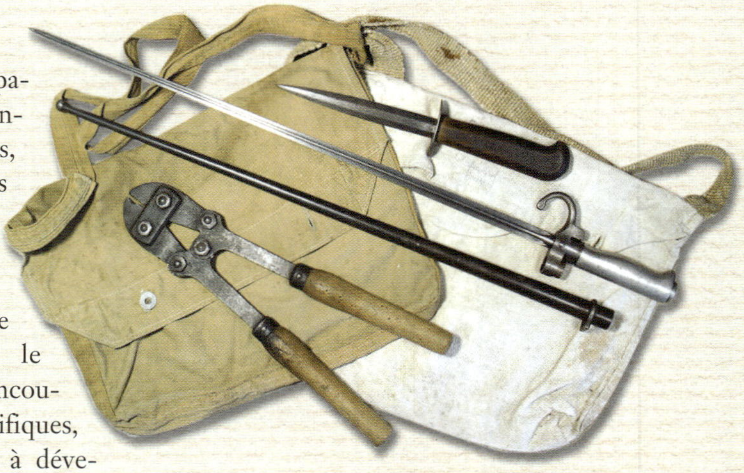

∧ La musette remplie de grenades à main, la cisaille à barbelés, la baïonnette du fusil Lebel surnommée « Rosalie » ou le poignard de tranchée sont les équipements allégés des groupes qui, dans chaque régiment, s'infiltrent à travers le « no man's land » pour en rapporter des renseignements ou des prisonniers, et des « nettoyeurs de tranchées » lors des assauts.

< Mortiers de tranchée français en 1915. La guerre de positions voit ressurgir des matériels que l'on croyait obsolètes , ses mines, grenades et autres mortiers et bombardes. Baptisés « crapouillots » et utilisés en première ligne par des artilleurs, ces mortiers acquièrent vite une grande réputation d'efficacité et leurs servants de courage, car, leurs tirs déclenchant une rapide contre-batterie adverse, il faut les déplacer à vive allure sous le feu.

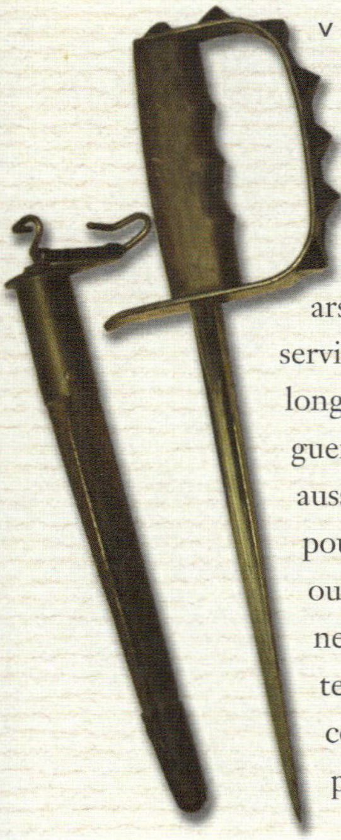

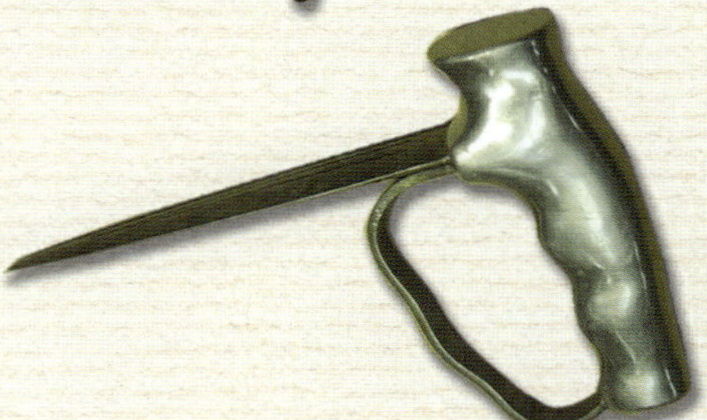

v > Grenades à manche, à main, à fusil, défensives, offensives, pétards explosifs, bombes et torpilles de mortiers de tranchée finissent par constituer un impressionnant arsenal ; l'empirisme des poilus et des services techniques les améliorent tout au long du conflit, car toutes ces armes de guerre de positions restent longtemps aussi dangereuses pour leurs servants que pour l'ennemi. S'y ajoutent des couteaux ou des baïonnettes raccourcies qui donnent à leur tour naissance à des couteaux de tranchée réglementaires, comme ceux combinés à des coups de poing de l'armée américaine.

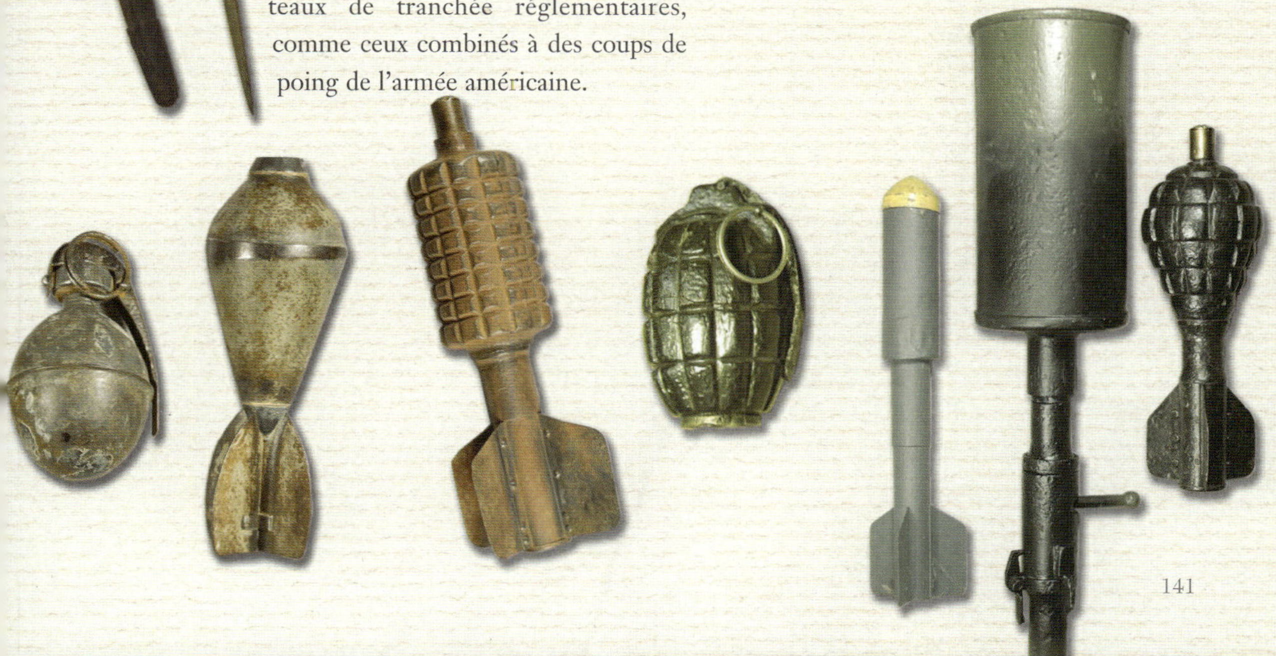

v Le corps expéditionnaire britannique étant composé de soldats de métier saignés à blanc par les combats, la mobilisation générale devient inévitable. Ici des blessés britanniques regagnent un bâteau-hôpital au Havre.

FRONT OUEST

Préliminaires

Au début de l'année 1915, l'idée de Joffre est de lancer deux offensives principales, une en Artois avec la 10e armée, une en Champagne avec la 44e.

Le 19 janvier, donc, il prescrit à la 10e armée d'attaquer en Artois et l'assure du soutien des Britanniques, qui relèveront les 9e et 20e corps français au nord d'Ypres. La 10e débouchera d'Arras sur sa droite, enlèvera la crête de Vimy d'un côté et, de l'autre, les hauteurs du nord de Lens. En même temps, les Britanniques attaqueront La Bassée, puis par une deuxième action au sud d'Ypres, ils dégageront Lille. French répond qu'il sera prêt pour cette action en mars, mais ne pourra relever les corps français comme prévu. Faute de ces forces, Joffre suspend l'opération.

Puisqu'il faut oublier momentanément l'Artois, reste la Champagne. À l'est de l'Oise, la 6e armée de Maunoury tient un front stabilisé depuis septembre 1914. À partir de décembre, cependant, le général français n'a cessé de harceler les Allemands devant Soissons. Il a organisé de nombreux passages sur l'Aisne et fait procéder à la sape des positions allemandes sur la colline de Crouy et les plateaux de Vregny et de Cuffies. C'est alors que le commandement décide de passer à l'action au plateau de Perrière, au nord de la vieille ville mérovingienne. N'en déplaise au général de Lamaze ! Hostile à l'opération, il est aussitôt considéré comme pessimiste, renvoyé et remplacé par Berthelot.

Lancée le 9 janvier 1915, la bataille de Soissons commence bien pour les Français, qui remportent quelques succès. Chasseurs à pied et tirailleurs marocains se font bravement tuer, accrochés à la colline 132, clef de la position située au nord de Crouy, et finissent par s'installer sur l'un de ses versants. Mais, une nouvelle fois, les Allemands réagissent rapidement, amènent des réserves et ripostent. Le 12, les Français avançant sous une pluie battante découvrent à leur droite les corps wurtembergeois et le 48e débouchant des carrières de Perrière. L'ennemi se glisse dans leurs tranchées. C'est la panique. Les fusils englués ne partant plus, les combats se font au corps à corps. Les Français reculent précipitamment. Ils abandonnent Vregny, Chivres et même Crouy en dépit de tous leurs efforts. Le 14 janvier 1915, à l'arrêt des combats, le résultat de l'opération s'avère nul, mais il y a 12 000 morts français. Terrible épreuve, la bataille de Soissons a soutenu la comparaison avec la bataille de Saint-Privat de 1870.

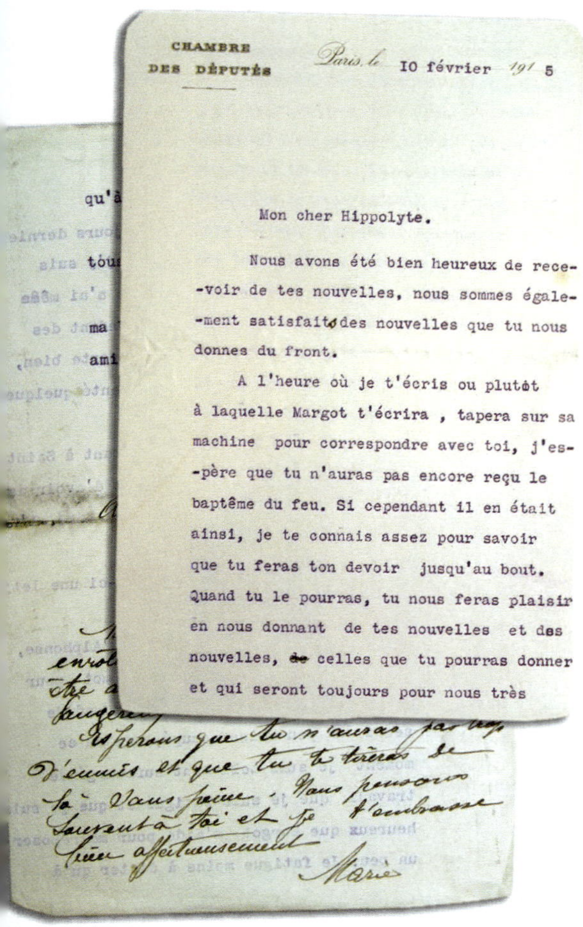
CHAMBRE DES DÉPUTÉS Paris, le 10 février 1915

Mon cher Hippolyte.

Nous avons été bien heureux de recevoir de tes nouvelles, nous sommes également satisfaits des nouvelles que tu nous donnes du front.

A l'heure où je t'écris ou plutôt à laquelle Margot t'écrira, tapera sur sa machine pour correspondre avec toi, j'espère que tu n'auras pas encore reçu le baptême du feu. Si cependant il en était ainsi, je te connais assez pour savoir que tu feras ton devoir jusqu'au bout. Quand tu le pourras, tu nous feras plaisir en nous donnant de tes nouvelles et des nouvelles, celles que tu pourras donner et qui seront toujours pour nous très

Paris, le 10 février 1915

Mon cher Hippolyte

Nous avons été bien heureux de recevoir de tes nouvelles, nous sommes également satisfaits des nouvelles que tu nous donnes du front.

À l'heure où je t'écris ou plutôt à laquelle Margot t'écrira, tapera sur sa machine pour correspondre avec toi, j'espère que tu n'auras pas encore reçu le baptême du feu. Si cependant il en était ainsi, je te connais assez pour savoir que tu feras ton devoir jusqu'au bout. […]

Courage et à bientôt

Mon gros chéri,

Te voilà bien enrôlé cette fois. Je voudrais bien être avec toi. Si ce n'était si dangereux ce doit être intéressant.

Espérons que tu n'auras pas trop d'ennuis et que tu te tireras de là sans peine. Nous pensons souvent à toi et je t'embrasse bien affectueusement.

Marie

La « cagna »

Souvent abri de fortune, la « cagna », la maison, terme hérité du vietnamien par les troupes coloniales, peut être plus élaborée. Elle est le refuge dans lequel on peut se mettre à l'abri du froid, de la pluie, et où l'on peut reprendre un semblant d'activités normales. On y tue le temps en attendant le redoutable moment de remonter en ligne. C'est un lieu de convivialité où on joue aux cartes, « casse la croûte », lit, écrit, ouvre les colis.

< Certaines de ces constructions se donnent l'air nostalgique d'une vraie cabane forestière.

∧ Ce jeu de dames annonce : « Le bon format de poche pour le front et la maison. »

∧ Tandis qu'un soldat joue aux cartes un chat sur les genoux, d'autres lisent livre ou journal. La « cagna » donne l'illusion d'une vie plus paisible que celle du front.

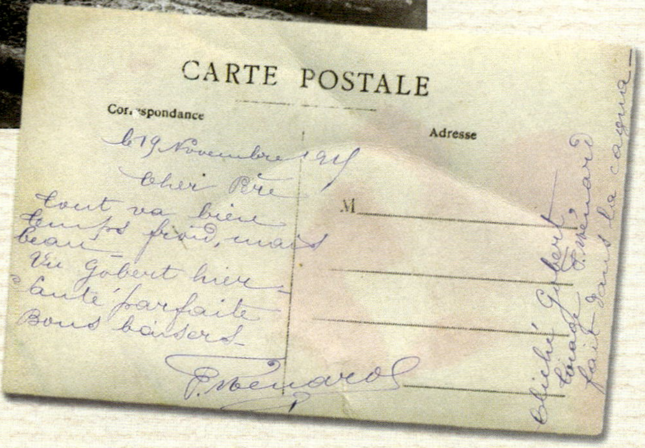

Le 19 novembre 1915

Cher père,

Tout va bien. Temps froid, mais beau. Vu Gobert hier. Santé parfaite. Bons baisers.
F. Ménard
Cliché Gobert. Tirage F. Ménard fait dans la cagna.

1er avril 1915

Ma chère Marie,

Je réponds à votre bonne lettre et à celle de Paul que j'ai reçue tout à l'heure. Je suis toujours très heureux au contraire d'avoir de vos nouvelles directement, et vous savez bien que cela ne m'ennuie pas de recevoir des lettres, au contraire. C'est la grande distraction de notre existence. Je viens d'écrire à Maman, et je réponds à présent à votre bonne lettre. […]

^ Écrire des lettres ou en recevoir est un des moments essentiels de la vie du poilu. Pour les familles, l'absence de correspondance est souvent signe funeste. Pour le poilu, ne pas recevoir de lettre plonge souvent dans la plus grande inquiétude.

< Les troupes françaises s'adaptent, en ce début de l'année 1915, ici en Champagne, à des conditions auxquelles rien ne les a réellement préparées. Les combattants se protègent tant bien que mal contre le froid pour lequel aucun équipement n'a été prévu.

v Autre vision des combats en Champagne sur cette carte postale illustrée. Pendant tout le conflit coexistent représentations parfois très réalistes des opérations et illustrations « humoristiques », un étonnant mélange de genres sans doute nécessaire au moral de toutes les couches de la population.

En dépit du mauvais temps, les combats en Champagne se poursuivent du 15 février au 18 mars. Trois corps d'armée marchent sur Perthes dans le but de détruire la voie ferrée, qui ravitaille en hommes, en nourriture et en matériel les lignes allemandes entre Reims et l'Argonne. Le bilan de l'action est évalué à un gain de 1 à 3 km dans le meilleur des cas pour 40 000 tués !

La campagne donne lieu à quelques échanges intenses et meurtriers. Le 22 février 1915, ainsi, entre Massiges et Le Mesnil-lès-Hurlu, les Français enlèvent le fortin de Beauséjour, construit par les Allemands et qui domine des ravins du haut de ses 1 500 m. Les contre-attaques menées de nuit par les grenadiers allemands ne tardent pas, cependant, à porter leurs fruits. Le 27, les Français repartent à l'assaut avec succès, mais les pertes sont sévères : 17 officiers et 1 251 hommes du 22e, 17 officiers et 900 hommes du 3e, tués, blessés, disparus pour l'ensemble de l'opération. Les combats inhumains se livrent dans d'étroits boyaux asphyxiés par les grenades et se terminent en sanglants corps-à-corps à la baïonnette qui ne cessent qu'avec l'offensive.

Au final, la bataille de Champagne commencée fin 1914 et achevée le 23 mars 1915 coûte aux Français 90 000 hommes sans leur rapporter aucun gain territorial.

« Ma première nuit aux tranchées »

Champagne, 1915

ANDRÉ B., classe 1915, est téléphoniste à la fin de l'année. Ce récit est rédigé après la guerre d'après son carnet de route tenu au jour le jour.

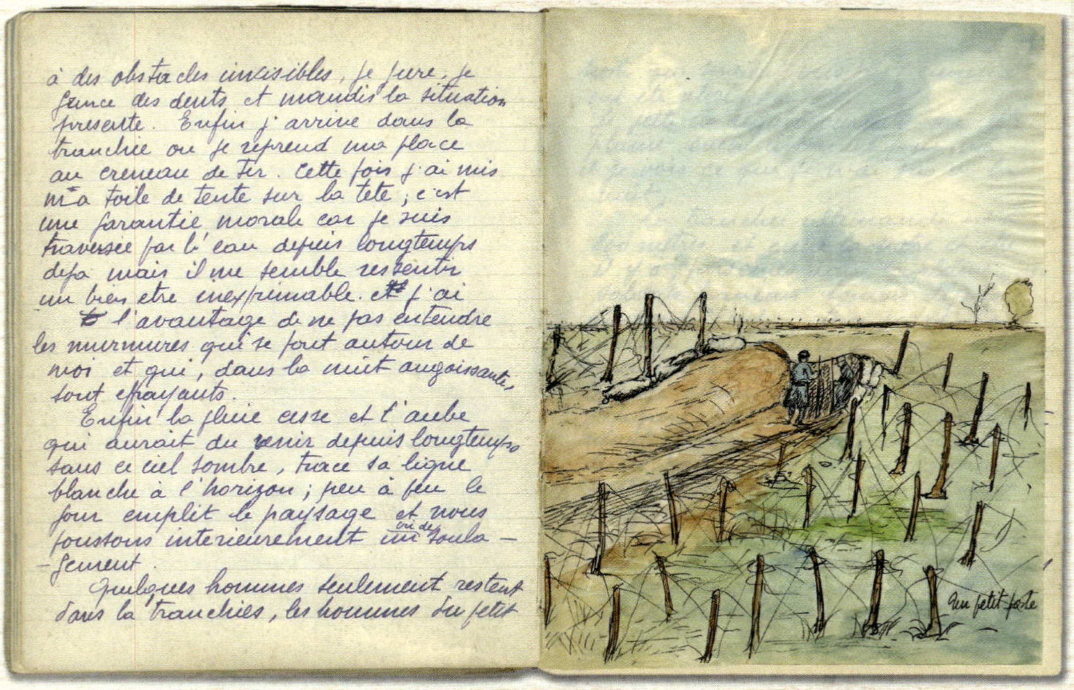
à des obstacles invisibles, je jure, je grince des dents et maudis la situation présente. Enfin j'arrive dans la tranchée où je reprend ma place au creneau de tir. Cette fois j'ai mis ma toile de tente sur la tête ; c'est une garantie morale car je suis traversé par l'eau depuis longtemps déjà mais il me semble ressentir un bien être inexprimable. et j'ai l'avantage de ne pas entendre les murmures qui se font autour de moi et qui, dans la nuit angoissante, sont effrayants.
Enfin la pluie cesse et l'aube qui aurait dû venir depuis longtemps dans ce ciel sombre, trace sa ligne blanche à l'horizon ; peu à peu le jour emplit le paysage et nous poussons intérieurement un cri de soula-gement.
Quelques hommes seulement restent dans la tranchée, les hommes du petit

19 avril 1915

À la nuit nous quittons le bois de sapin et nous rejoignons la route n° 44, celle de Paris-Reims que nous empruntons pendant quelques kilomètres puis nous bifurquons à la sortie d'Enouville [?] *pour enfiler un boyau très large et très profond qui va nous conduire en première ligne. Nous sommes à l'abri de l'ennemi car celui-ci est derrière une crête assez prononcée et au moins à 5 kilomètres de là* […]. *Tous les boyaux et tranchées sont faits en serpentin pour atténuer le danger des éclats d'obus et naturellement le chemin en est considérablement augmenté. Enfin après un temps qui me semble une éternité, après être tombé plusieurs fois dans la boue on nous fait faire halte pour aller aux ordres. Nous autres jeunes soldats nous ne connaissions pas les tranchées et nous étions émotionnés au plus haut point déjà quand nous avions pris le fameux boyau. Cette fois nous étions bien au front, nous étions véritablement soldats* […]. *Nos pieds encore ignorants du rythme des tranchées buttent à chaque pas sur des obstacles qu'à la longue on ne cherche plus à deviner.* […] *On arrive ainsi en 2e ligne. De suite on prend la garde, et les ordres qui arrivent ont l'air de nous condamner à mort. On attend. On attend quoi ? Je n'ai jamais su puisqu'il y avait une première ligne garnie de défenseurs et que nous étions à 200 mètres en arrière. En cas d'alerte nous n'aurions pas pu tirer sans que ce soit sur les copains qui étaient devant, donc pourquoi étions-nous là plantés comme des piquets sans aucune utilité ?* […]

À 6 heures du soir ma section monte en première ligne et nous allons enfin savoir ce que l'on

pense quand on est véritablement en danger. Nous nous installons aux créneaux de tir en plaçant dedans nos fusils chargés et nous regardons sans voir. Il fait nuit noire et le ciel est couvert, il va pleuvoir. […] Nous avons le nez sur le créneau pour essayer de distinguer la plaine mais parfois un rat vient nous frôler le visage et nous reculons nerveusement. […] Il est près de minuit quand le sergent vient vers moi et me dit tout bas que c'est mon tour de prendre la garde au petit poste. Le petit poste est parfois à 50 m en avant des lignes et complètement isolé. […] Un petit poste est à la merci d'une patrouille ennemie, c'est un danger perpétuel. […] Je savais cela mais ce que je ne savais pas, et qu'on m'apprend à voix basse comme pour une confession, c'est que les Allemands doivent attaquer à minuit […] vous voyez d'ici mon état moral… On me donne un ancien avec moi pour aller relever les 2 copains qui sont depuis 2 heures au petit poste et nous voilà partis, moi suivant l'autre sans aucune fierté. Avec la pluie qui tombe de plus en plus, les tranchées commencent à être inondées, l'eau recouvre déjà nos souliers […]. Mon cœur bat très fort et je ne quitte pas d'un pouce l'ancien […].

À force d'essayer de percer les ténèbres notre imagination travaille et je crois voir à chaque instant des ombres se mouvoir au milieu des bottes de paille que le paysan surpris par l'invasion n'a pas eu le temps de rentrer.

Nous avons de l'eau jusqu'en bas de la jambe, nous sommes traversés et transis de froid; par la pensée nous nous reportons ou plutôt je me reporte à quelques mois en arrière où j'étais douillettement couché dans mon lit à Paris. Cet instant de défaillance morale est compréhensible, je n'ai même pas 20 ans et à cet âge l'imagination se porte plutôt vers le paradis que vers l'enfer et je vous prie de croire qu'au bout de deux heures, quand deux autres camarades vinrent nous relever, je partais de mon coin en vitesse aussi vite que me le permettait le mouvement de mes pieds enlisés dans une boue argileuse. Je tombe dans la boue, je m'accroche à des obstacles invisibles, je jure et maudis la situation présente. Enfin j'arrive à la tranchée. Cette fois j'ai mis ma toile de tente sur la tête […] je suis traversé par l'eau depuis longtemps déjà mais il me semble ressentir un bien-être inexprimable et j'ai l'avantage de ne pas entendre les murmures autour de moi et qui dans la nuit angoissante, sont effrayants […].

Je jette un regard curieux sur cette plaine et je vois ce que je n'ai pas pu voir la nuit.

La tranchée allemande est à 200 m et entre la nôtre et elle, il y a, parsemés dans la plaine, des soldats français tombés depuis quelque temps. Leur pantalon rouge jette une note aiguë sur l'herbe verte et je devine leur visage bleui par la souffrance et défiguré par le temps. Pendant cette minute je me représente les parents de ces pauvres types qui ignorent peut-être leur sort. Non, il vaut mieux qu'ils ne voient pas! […]

La chasse au logement commence. Quelques débrouillards ont cette nuit été fureter dans tous les coins et ont repéré la place qui leur convenait sans souci des copains. Toutes les escouades sont mélangées mais on s'en fout, on ne pense qu'à une chose: dormir ou tout au moins s'allonger. Le sol des abris, pour éviter l'humidité, a été recouvert de branches et en s'étendant on a la délicieuse sensation de se coucher sur des tôles ondulées. Ça sent le chien mouillé […].

Un mauvais printemps en Artois

Joffre ayant renoncé, on l'a vu, à mener l'offensive prévue en Artois, French exécute seul sa manœuvre avec entre autres des divisions indiennes. Son offensive commence au sud d'Ypres le 10 mars. L'objectif est la crête d'Aubers. Au début tout fonctionne : l'effet de surprise est total, Neuve-Chapelle est enlevée par les Britanniques, mais après les munitions manquent et les hommes marquent le pas conformément aux ordres qui prescrivent des « pauses » censées laisser le temps à l'artillerie d'éliminer des défenseurs déjà évanouis dans la nature depuis longtemps. Les pertes augmentant, l'opération doit être arrêtée. Malencontreusement, la percée n'a pas été exploitée, laissant le temps à l'adversaire de se ressaisir. Au total, les pertes s'élèvent à 11 652 Britanniques contre 8 600 Allemands. À Neuve-Chapelle, on a envoyé pour contre-attaquer une toute nouvelle division bavaroise où un certain Adolf Hitler fait fonction d'estafette.

Ce n'est qu'en mai que les Français passent eux aussi à l'action en Artois. Joffre pense que les prélèvements de soldats effectués au même moment sur ce front par les Allemands pour aider les Autrichiens offrent une opportunité. À partir du dimanche 9, le canon tonne pendant plusieurs jours entre Lens et Arras au niveau des crêtes de Lorette et de Vimy. Obus et mortiers pleuvent dru sur les batteries allemandes. Pétain, qui a minutieusement préparé l'action, enlève la position allemande, prise au dépourvu. Une division franco-marocaine parvient même au sommet de la crête de Vimy et les troupes progressent de 4 km. La percée est réussie, les Alliés ont la plaine de Douai à leur merci, mais réserves et munitions font une nouvelle fois défaut et leur pénurie donne aux Allemands le temps de reconstituer leurs lignes, d'attendre les Français avec leurs mitrailleuses et de les empêcher de dépasser Vimy. Désormais, ces derniers doivent conquérir des positions élevées contrôlées par l'ennemi, ce qui n'est guère confortable.

La bataille fait rage sur les hauteurs comme dans les ravins, dans le fond de Buval que les Allemands appellent si justement le « ravin de la boue », dans les cimetières de Carency ou de Neuville. Mi-juin, Joffre lance une énième fois ses troupes à l'assaut de Vimy, toujours sans résultat, la prise de

< Aux côtés des tirailleurs nord-africains, africains, malgaches ou indochinois qui combattent en première ligne ou dans les services d'étape, les troupes indiennes retiennent particulièrement l'attention de la presse et des éditeurs de cartes postales patriotiques, un genre lucratif et en pleine expansion. Exhibés en « bons indigènes » lors des expositions d'avant-guerre en Europe, les peuples colonisés sont maintenant censés rembourser la dette de civilisation contractée auprès des puissances impériales. L'Allemagne, qui dispose aussi d'un domaine outre-mer, refuse d'engager ses troupes noires sur le continent; elle le fait au nom de principes raciaux et n'a cessé de reprocher aux Français, dès 1870, de mêler des « sauvages » à ses guerres.

v Saisissante photographie d'une section quelques instants avant de monter à l'assaut, le 9 mai 1915. Le lieutenant, au premier plan, tient son revolver modèle 1892, 6 cartouches dans le barillet, une solide arme de poing en dotation pour les officiers.

la crête par une division marocaine n'étant qu'un succès éphémère. En conséquence, pour 4 km gagnés, les Français se retrouvent avoir perdu d'avril à juin des dizaines de milliers de combattants!

Étienne Tanty, jeune universitaire jeté dans la guerre à 24 ans et déjà cité, en donne un témoignage édifiant dans sa lettre du 7 juin 1915: « Rien que pour une méchante attaque, le régiment a un tiers de son effectif hors combat et tout n'a pas été donné; le colonel est mort, dans notre compagnie, qui n'a pas chargé à la baïonnette, le capitaine, le premier lieutenant sont blessés. Les cadres sont démolis. Et tout ça, pour quoi? C'est décourageant, décourageant, décourageant.

» [...] Le colonel a été tué à côté de nous en criant d'avancer. Il est probable que, sans sa mort, nous aurions eu le sort de ceux qui nous avaient précédés. C'était impossible d'avancer, les mitrailleuses, le canon revolver fauchaient tout; des créneaux, on apercevait des capotes vides, plus d'hommes dedans, la mitraille faisait tout sauter à bout portant.

» [...] L'artillerie lourde boche est formidable et prodigue ses munitions sur les sapes et les tranchées qui sont repérées avec une justesse mathématique. Ils ont des mitrailleuses, des canons revolvers à profusion, un génie infernal de la chimie et de la fortification. »

v Couverture de revue patriotique. Comme la plupart des armées du Commonwealth, rien, hormis les insignes, ne distingue les soldats canadiens de leurs camarades britanniques. Le terme « khaki », qui désigne la couleur vert-sable (« couleur de poussière » en hindoustani) bientôt adoptée par toutes les forces du globe, fut inventé par le futur lieutenant-général sir Harry Lumdsen, de l'armée des Indes, en 1846.

> Coulée de boue dans une tranchée d'Artois. En plus des tirs, bombardements ou mines adverses, les poilus doivent subir la proximité de cadavres enfouis ou déterrés par les explosions, les animaux parasites et les rigueurs du climat. Pour encourager les poilus, toute une propagande se développe sur le thème du paysan gaulois qui, les pieds solidement plantés dans la terre, abreuve ses sillons du sang de l'ennemi, selon la très républicaine formule de *La Marseillaise*…

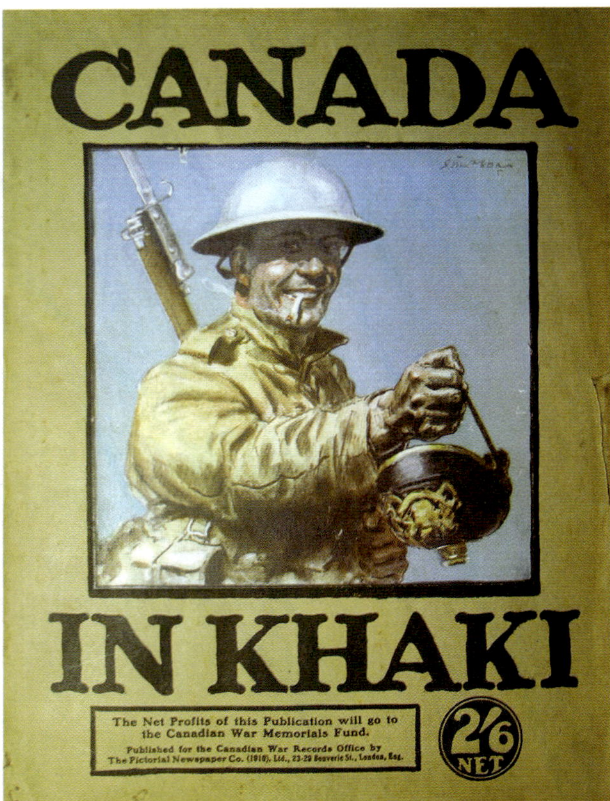

Chargée d'appuyer les Français en Artois, au même moment, l'armée britannique, qui s'occupe du secteur allant de Fromelles au canal de La Bassée, n'est guère plus chanceuse. Dans cette région frontière de la Picardie et de la Flandre, la craie et l'argile rendent particulièrement boueux le terrain détrempé et les Britanniques s'échinent toujours en vain à enlever la crête d'Aubers.

Ypres, 22 avril 1915 : première utilisation des gaz asphyxiants

La première bataille d'Ypres fin 1914 avait tourné court après des combats infructueux. La deuxième bataille d'Ypres restera dans l'histoire comme l'un des rares moments offensifs allemands à l'ouest de l'année 1915 et surtout comme le premier engagement au cours duquel les Allemands utilisèrent avec succès une nouvelle arme redoutable : les gaz asphyxiants. Tout commence par un bel après-midi ensoleillé à l'est du canal entre Steenstraete et Langemarcq. En ce 22 avril, les Français de la 87e division territoriale et d'une division d'active composée de régiments de zouaves métropolitains d'Algérie, d'infanterie légère d'Afrique (bataillons disciplinaires de métropolitains)

< Ordre du mérite militaire bavarois et croix de fer allemande de deuxième classe. Chacun des États germaniques, ici la Bavière, possède ses propres ordres et décorations, mais la croix de fer est la plus marquante et se retrouve sur quantité de supports.

v Journal des Gibelins (en référence au parti favorable à l'empereur germanique au Moyen Âge) de Heidelberg, 10 décembre 1915. Faire-part de décès de trois membres de la société de gymnastique Ghibellinia. « Parmi les héros pour la patrie sont de nouveau issus de nos rangs : le sergent-major volontaire U. B., étudiant en philosophie, classe 1912, tombé dans le nord de la France fin septembre 1915 ; le lieutenant W. B., étudiant en médecine, classe 1913-1914, tombé fin septembre 1915 dans le nord de la France ; le réserviste auxiliaire W. N., pharmacien, classe 1905-1906, mort à l'hôpital de campagne de G. à la suite d'une blessure à la tête, le 25 novembre 1915. Nous nous souvenons fidèlement de ces braves. »

et de tirailleurs algériens tiennent leurs tranchées. À leur côté se trouve la division canadienne, première des divisions impériales à atteindre le front. Le reste du saillant d'Ypres est couvert par des divisions britanniques régulières. Vers 17 heures, les Allemands installés au nord d'Ypres tirent avec leurs canons des obus à gaz. Un nuage gris verdâtre enveloppe les tranchées alliées. Les hommes ont les yeux qui piquent, ils toussent, vomissent du sang, titubent, puis tombent comme des mouches. Les Marocains de la 4e brigade envoyés en renfort inhalent à leur tour le poison et s'effondrent.

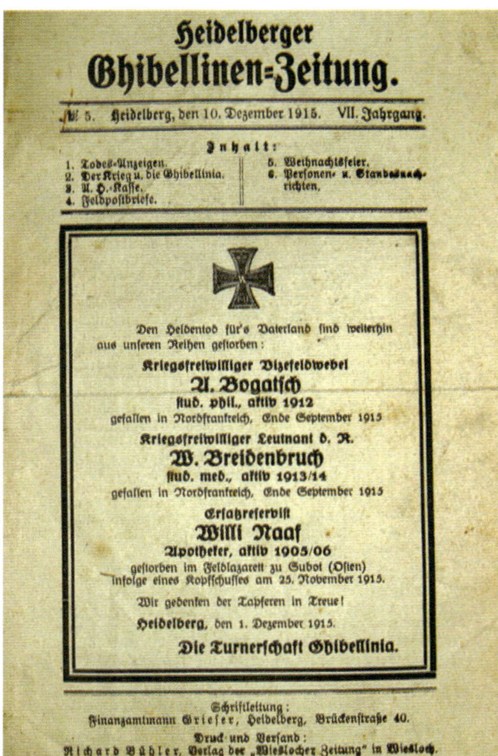

Heidelberger
Ghibellinen-Zeitung.

№ 5. Heidelberg, den 10. Dezember 1915. VII. Jahrgang.

Inhalt:

1. Todes-Anzeigen.
2. Der Krieg u. die Ghibellinia.
3. A. H.-Kasse.
4. Feldpostbriefe.
5. Weihnachtsfeier.
6. Personen- u. Standesnachrichten.

Den Heldentod für's Vaterland sind weiterhin aus unseren Reihen gestorben:

Kriegsfreiwilliger Vizefeldwebel
A. Bogatsch
stud. phil., aktiv 1912
gefallen in Nordfrankreich, Ende September 1915

Kriegsfreiwilliger Leutnant d. R.
W. Breidenbruch
stud. med., aktiv 1913/14
gefallen in Nordfrankreich, Ende September 1915

Ersatzreservist
Willi Naaf
Apotheker, aktiv 1905/06
gestorben im Feldlazarett zu Subot (Osten) infolge eines Kopfschusses am 25. November 1915.

Wir gedenken der Tapferen in Treue!

Heidelberg, den 1. Dezember 1915.

Die Turnerschaft Ghibellinia.

Schriftleitung:
Finanzamtmann Grieser, Heidelberg, Brückenstraße 40.
Druck und Versand:
Richard Bühler, Verlag der „Wieslocher Zeitung" in Wiesloch.

Dans un premier temps, la riposte n'est guère efficace : Joffre fait envoyer au front les appareils respiratoires des pompiers de Paris, tandis que les hommes, apprenant que le chlore est soluble dans l'eau, se fabriquent des protections de fortune en appliquant des tampons de ouate humides sur la bouche. Une note de service précise : « Au besoin se servir du paquet de pansements… » Puis viennent les masques à gaz ni assez étanches ni assez nombreux jusqu'en avril 1916.

˅ Explosion au-dessus d'une tranchée française. Pour tenter à la fois d'enfoncer les premières lignes adverses et de gêner ses mouvements sur les arrières, d'innombrables explosifs et systèmes ou pièces pour les actionner sont expérimentés. Cette guerre voit déployer les canons les plus énormes, dont ceux de l'artillerie lourde sur voie ferrée. En 1916, un obusier sur rails d'un calibre de 520 mm, avec un projectile d'une portée de 17 km, pesant 1 654 kg, chargé de 190 kg de poudre est mis au point, mais, d'un emploi difficile, il ne servira qu'occasionnellement à la fin du conflit.

La double offensive de l'automne

La deuxième bataille de Champagne (25 septembre-6 octobre) est nettement mieux préparée que la précédente : 35 divisions composées de troupes reposées et bien équipées participent à l'action. Le quart de l'armement lourd français est présent sur place. L'objectif est, à nouveau, la destruction des lignes de communication allemandes 100 km à l'arrière du front.

À partir du 22 septembre 1915, une intense préparation d'artillerie ébranle les airs. Placée sous le commandement de Castelnau, le chef du GAC (groupe d'armée centre), la 2e armée de Pétain et la 4e de Langle de Cary sont sur le pied de guerre. Le 25 au matin, une immense clameur donne le signal de l'assaut. L'infanterie enlève la première ligne. C'est un succès sans lendemain, car la seconde ligne allemande ne sera jamais prise.

« En réchapperont-ils ? »

Neuville Saint-Vaast (Artois), 1915

EXTRAIT du journal du téléphoniste André B. écrit après la guerre d'après son carnet de route tenu au jour le jour tout au long du conflit.

Le 26 septembre 1915 les attaques partielles continuent sous une pluie infernale d'obus de tous calibres et, le 27 septembre, le 24ᵉ et le 28ᵉ attaquent à leur tour en soutien des deux autres régiments mais sans plus de succès. Le 28 septembre à 8 heures du matin mon régiment le 405[?] part à l'assaut sous le feu de 48 mitrailleuses allemandes et prend d'un seul coup trois lignes de tranchées.

Je suis dans le chemin creux avec le colonel, Colas est avec moi tenant une bobine de fil téléphonique pendant que je porte l'appareil. Une marche épouvantable commence à travers les cadavres et les blessés sous les obus qui tombent sans arrêt dans un bruit infernal. Nous nous arrêtons pour brancher une ligne sur notre ancien poste et nous repartons vers les tranchées allemandes en déroulant notre fil le long du chemin bordé de cadavres. Nous sommes dans la 2ᵉ ligne allemande à un lieu appelé la Patte-d'Oie, plusieurs boyaux ou tranchées convergent à cette place où les Allemands avaient disposé un dépôt de matériel. Nos obus ont tout démoli, des caisses de grenades, des canons de tranchées, fusils, mitrailleuses, équipements de toutes sortes gisent dans la boue brunâtre avec les morts et les blessés qui appellent au secours et qui s'accrochent à nous au passage dans un geste de désespoir qui se lit dans leurs pauvres yeux. Je reconnais parmi ces malheureux des anciens copains de ma compagnie, ils m'appellent mais que faire ? Les paroles que je leur dis sont des mensonges, je ne peux les secourir, les brancardiers sont insuffisants et combien de temps resteront-ils absents ? […] J'installe le poste téléphonique et je repars à l'arrière chercher du ravitaillement […]. En route je prends quelques bidons qui traînent à terre et je vais ramener du café pour tous ces pauvres types. […] Après deux ou trois heures de marche et de

piétinements j'arrive à avoir dans Neuville du café chaud et du vin qui ont été montés par des hommes de corvée. Quelle aubaine ! et comme il manque beaucoup d'hommes, il y a du rabiot. […]
Les balles sifflent au-dessus de nous et les obus viennent émietter les ruines qui nous entourent. […]
Au chemin des pylônes l'équipe est absente. Les poilus de renfort montent en file indienne éloignés les uns des autres pour éviter les pertes par les obus et par les balles qui sillonnent le chemin creux. Le sol détrempé et piétiné par les hommes n'est qu'une fondrière où l'on s'enlise à chaque instant. Nous passons nos anciennes positions pour pénétrer sur celles de l'ennemi comblées de 5 ou 600 cadavres sur lesquels nous marchons dans l'impossibilité de faire autrement. Les blessés se sont traînés dans les abris qu'ils ont trouvés vides et leurs gémissements jettent dans la nuit qui s'abat une note qui restera gravée en ma mémoire. Deux blessés allemands couchés dans la boue sont au milieu du chemin. Leur torse seul dépasse de la matière qui recouvre leurs jambes, on croirait qu'ils sont dans un lit. Ils tendent vers moi des bras suppliants, mais que faire ? Je leur donne du café et du pain, je reste près d'eux pour les faire manger et j'essaie de leur faire comprendre que les brancardiers vont venir. Du haut en bas ils sont criblés d'éclats de grenade. En réchapperont-ils ? […] Parmi les morts j'en reconnais quelques-uns, d'autres ont été piétinés ou défigurés par les obus et d'autres enfin coupés en deux laissent fuir leurs entrailles et leurs poumons par l'affreuse blessure de leur chair, d'autres encore comme une vision horrible et ineffaçable sont debout le long du chemin, la mâchoire pendante d'où le sang s'est figé comme une cascade gelée. […] Leurs doigts sont crispés après la terre, leur capote dégoûtante de sang ressemble à un tablier de boucher et je m'étonne que morts ils puissent rester debout. […]

Exténué par la fatigue et l'émotion je bénis la nuit qui m'empêche de voir, je m'assois sans savoir où et je me demande si je vis bien, si vraiment une chose si épouvantable a pu arriver […].

Il faut maintenant que je cherche mon poste. À tâtons je cherche la ligne téléphonique le long du chemin, je réveille Lévy et nous partons sur des cadavres encore, le sol en est jonché, d'autres obstacles viennent contrarier notre marche, nous tombons l'un sur l'autre bien des fois. Lévy trouve un abri et je repars seul. Parfois je perds la ligne téléphonique, je la recherche dans la boue et je continue pour enfin arriver à la 3e ligne allemande qui est maintenant notre première ligne. […]

˅ Une véritable bataille de taupes s'engage sous les lignes pour creuser des galeries, les bourrer d'explosifs et faire sauter un tronçon de tranchée (photo de gauche : coffrage d'un rameau sous les tranchées ennemies) ou pour utiliser les sapes afin d'écouter l'adversaire et prévoir ses mouvements (photo de droite). Les survivants des tranchées concernées racontent l'angoisse qui les étreint lorsque les coups de sape s'interrompent. Chacun attend alors l'explosion fatale.

Une nouvelle fois, l'arrivée des renforts allemands et la puissance de leur artillerie brisent l'assaut allié.

Haut lieu des combats, la Main de Massiges se retrouve à nouveau au centre de la tourmente. Située à l'extrême droite du front de Champagne, à la jonction du front de l'Argonne, cette hauteur naturelle sert de refuge et d'observatoire aux Allemands depuis septembre 1914. Ressemblant à une main posée à plat sur le sol, le site porte bien son nom et chacun de ses « doigts » est un bastion imprenable. Quelques mitrailleuses, par exemple, suffisent à interdire l'accès du ravin du Médius et, si les Français réussissent le 25 septembre 1915 à prendre le plateau voisin, ils ne peuvent en contrôler la totalité, bloqués par la position de la Tête de vipère, cet éperon truffé de galeries souterraines qui soustrait aux bombardements les combattants allemands et condamne toute attaque sur le plateau.

Plus près de Reims, vers Suippes, un certain caporal Sauser, Blaise Cendrars en littérature, tente avec ses camarades de la Légion de percer les défenses des tranchées. Soudain, à quelques centaines de mètres de la ferme de Navarin, c'est l'accident, un tir de mitrailleuse lui coupe la main droite qui ne tient plus au bras qu'à un fil de chair. Cendrars supplie un camarade de l'arracher. Ce dernier refuse. Le poète immortalisera ce 28 septembre tragique dans *J'ai tué*, lourde charge contre « la grande offensive ratée » de Joffre.

Le prix à payer de cette seconde offensive est élevé. Les gains territoriaux insignifiants, jamais plus de 5 km, entraînent la perte de 140 000 Français et 85 000 Allemands. Le commandement allié a de quoi être découragé : la supériorité de l'artillerie allemande annule la supériorité en effectifs.

Le 25 septembre, l'artillerie gronde également en Artois. Une fois de plus, les Alliés visent la crête de Vimy, qui mérite plus que jamais son surnom de « butte sanglante ». Si la préparation d'artillerie est puissante, elle est mal dirigée. C'est donc vers une défense intacte que marchent les Français, puis les Britanniques. Ces derniers remportent, cependant, quelques succès, dont la prise de Loos à grands renforts de gaz toxiques. Puis, leurs fantassins, livrés à découvert à l'artillerie, aux lanceurs de mines *(Minenwerfer)* et aux mitrailleuses adverses viennent se fracasser contre le rideau de balles. C'est un massacre. Comme les Français précédemment, les rares survivants britanniques, miraculés de l'assaut qui réussissent à atteindre la ligne de barbelés, découvrent des lignes adverses en parfait état. Il ne leur reste plus qu'à faire le parcours de la mort en marche arrière. Le carnage est tel que les Allemands cessent, dit-on, de tirer, écœurés par le champ de cadavres ! Au bout du compte, sur les 15 000 fantassins des 21ᵉ et 24ᵉ divisions de l'armée Kitchener, 8 000 ont été tués ou blessés. L'offensive coûte donc assez logiquement son commandement à French, qui est remplacé par Douglas Haig en décembre.

La journée du 25 septembre, avec les deux offensives concomitantes en Champagne et en Artois, se solde par 250 000 hommes tués, blessés, disparus côté allié contre 140 000 côté allemand. Même en mettant toutes les chances de leur côté (préparation d'artillerie intense, réserves fournies et proches des lignes, canons et munitions), les Français s'avèrent incapables de percer.

Lutte au sommet

En même temps que se livrent les grandes batailles ont lieu des combats plus circonscrits à l'est. Considérés comme secondaires, ils n'en sont pas moins meurtriers. Ils se déroulent dans les Hauts-de-Meuse, aux Éparges, au Bois-le-Prêtre, au nord-ouest de Pont-à-Mousson, appelé par les Allemands le « Bois-des-Veuves », ce qui veut tout dire !

En Argonne, les Allemands se sont avancés de part et d'autre aux lisières de la forêt tandis que les Français occupent la profondeur des sous-bois et contrôlent les rares routes qui permettent de traverser d'est en ouest la forêt : celle qui relie Vienne et Château-Varennes en Argonne, ainsi que le sentier Servon-Montblainville.

Les combats se font en terrain boisé et boueux et opposent des adversaires très proches les uns des autres. Tranchées allemandes et françaises ne sont parfois pas distantes de plus de 20 m et il arrive qu'une grenade jetée revienne par retour à l'envoyeur avant même d'avoir explosé. Chacun

La « becquetance »

SOUCI classique du soldat français, la popotte devient bientôt une véritable obsession. En première ligne, le « jus » (café), ou le « pinard » arrivent avec difficulté et parfois jamais. Il faut souvent se battre le ventre vide. L'approvisionnement comporte de grands risques pour ceux qui en ont la charge.

^ Ici, par « canon », il faut entendre un « verre » de rouge ; de même pour la « marmite », qui est, pour le poilu, un obus de gros calibre.

> Les « roulantes » sont souvent loin des lignes, aussi les repas arrrivent-t-ils froids… lorsqu'ils arrivent.

^ Dans la tranchée, le soldat de corvée rapporte les gourdes pleines de « pinard » et un bidon de « jus ».

Les hommes de corvée reviennent avec le café refroidi par la longueur du trajet et la distribution se fait dans la bousculade et même les disputes car il en manque.
Les hommes de corvée ont glissé dans les tranchées inondées et leur seau a dû se renverser bien des fois. Il a fallu faire 4 km aller-retour pour aller chercher ce café ou plutôt ce semblant de café qui arrive froid et sans goût, il a fallu marcher dans l'eau presque jusqu'aux genoux et passer en courant un endroit dangereux où beaucoup d'hommes de corvée furent tués par une mitrailleuse ennemie éternellement pointée sur cet endroit découvert. Tout ça pour dire nous avons du café. Que d'efforts inutiles !

A. B., front de Champagne, 1915.

> Embrochées sur une baïonnette, des boules de pain portées vers les lignes.

creuse avec frénésie, plaçant des mines sous les positions de l'autre. Tant que l'adversaire tape, le soldat respire, l'ennemi n'en est qu'à la préparation de son attaque. Lorsque le silence se fait, en revanche, la tension monte, l'explosion est imminente et il est impossible de s'y soustraire.

Autre pratique fort répandue en Argonne, le « Boche » tire « en vitrine ». Les Allemands affectionnent, en effet, les petites meurtrières garnies de morceaux de verre qui laissent juste passer le canon du fusil, mais parfois le procédé se retourne contre eux et le reflet du verre en fait de parfaites cibles…

Les deux camps luttent âprement, les Français tentant de regagner des sommets conquis par les Allemands et qui leur servent d'observatoire : selon la formule, il faut « crever les yeux de l'ennemi ». Parmi les hauteurs convoitées, la butte de Vauquois, située à l'est de l'Argonne, est prise le 29 février au prix d'efforts qui semblent disproportionnés par rapport aux avantages quasi inexistants que les Français en retireront à l'avenir.

La deuxième hauteur appelée à rester célèbre et immortalisée entre autres par Maurice Genevoix, qui y est blessé, est la position des Éparges sur la crête des Hauts-de-Meuse. Elle est stratégique car elle couvre le flanc droit du saillant de Saint-Mihiel et surveille la plaine de Woëvre. Conquise le 9 avril au terme de rudes affrontements, elle s'avère avoir exigé des

< Tranchée d'observation sur une crête bordant un ravin à Chauny, dans l'Aisne. Sur un terrain où le moindre avantage naturel est disputé à l'adversaire, chaque boqueteau, point haut, ravin à défilement de tir, est aménagé. On distingue de manière très claire sur le versant opposé les retranchements creusés et les chemins d'accès.

v Unité d'élite, les bataillons de chasseurs à pied et alpins participent à la plupart des grandes batailles, tels ces « vitriers » du 25e bataillon aux Éparges le 8 novembre 1915 – les chasseurs ont gagné ce surnom après qu'ils ont, les premiers au XIXe siècle, ciré à les rendre brillants comme des vitres leurs sacs à dos, les « as de carreaux » en forte toile noire.

efforts surhumains une fois encore pour rien, car les Français ne pourront jamais dépasser la crête.

Enfin, le troisième sommet clé de cette année est en Alsace. C'est l'Hartsmannwiller, qui se situe à l'angle sud-est des Vosges et domine la plaine du haut de ses 600 m. Baptisé le « Vieil Armand » par les Français, ce terrain escarpé, boisé et hostile est repris et perdu tour à tour. Il reste finalement aux mains des Français le 26 mars, mais à quel prix ! 100 000 hommes, Français et Allemands confondus, sont restés sur son sol. Là encore, le « jeu » n'en vaut pas la chandelle.

Premiers combats italiens

Dès les premiers jours du conflit, quelques républicains et radicaux italiens de tradition romantique et garibaldienne ont rejoint les uns la Serbie, les autres la France pour combattre volontairement aux côtés de l'Entente. Engagée dans l'Argonne, la légion dite « garibaldienne », car dirigée par

v En 1914, Ricciotti, le fils de Giuseppe Garibaldi, héros de l'indépendance italienne et ami de Victor Hugo, forme une légion garibaldienne pour combattre sur le sol français. Six de ses fils – sur la photo – s'y engagent, deux trouvent la mort en Argonne quelques mois plus tard.

Peppino Garibaldi, a perdu le tiers de son effectif dans la seule année 1914 avant d'être retirée du front et dissoute au début de 1915.

Mais mis à part cette poignée d'hommes, l'Italie est, on l'a vu, restée neutre. En 1915, cependant, dès qu'elle entre en guerre, beaucoup d'interventionnistes se portent volontaires. Parmi eux se trouvent les plus turbulents représentants du syndicalisme révolutionnaire et de « l'irrédentisme » : Corridoni, Alceste de Ambris, Cesare Battisti, ainsi qu'une grande partie des futuristes (Marinetti, Sironi, Boccioni…). Même les plus vieux veulent faire leur devoir à l'exemple du réformiste Bissolati âgé de 58 ans ou du poète Gabriele D'Annunzio, qui obtient à 52 ans que le ministre de la Guerre passe outre les limites de taille et le nomme lieutenant de réserve dans les lanciers de Novare. Mussolini, lui, obligé en tant que réserviste d'attendre l'appel de sa classe, ronge son frein, puis part et se retrouve le 15 septembre en première ligne sur le Monte Nero.

C'est au nord-est que se trouvent les deux lieux principaux du front austro-italien, dans les montagnes de l'Isonzo et du Trentin. Elles offrent un champ de bataille hostile : il faut hisser les canons en altitude, creuser des tranchées à plus de 2000 m, subir dans ses chairs les effets dévastateurs de la roche pulvérisée par les obus. Les Autrichiens sont peu nombreux, mais bien retranchés sur des hauteurs. Les Italiens sont en nombre suffisant, mais à découvert.

Le 23 juin 1915 a lieu la première des douze batailles de l'Isonzo. Les fantassins italiens s'avancent courageusement et se font tuer, car ils manquent cruellement d'armes et de munitions. Près de 2000 d'entre eux meurent et 12000 sont blessés. En 1915, trois autres batailles de l'Isonzo ont encore lieu en juillet, octobre et novembre. Les pertes, plus lourdes côté italien, dépassent cependant dans les deux camps les 100000 hommes. Mal préparée et mal équipée pour la guerre, l'Italie se sent aussi très seule, car les Serbes refusent d'aider un pays qui a de fortes revendications sur l'Adriatique, tandis que la Roumanie campe sur sa neutralité.

v Sur le front italien, les combats se déroulent presque exclusivement en montagne, ce qui entraîne des difficultés inouïes pour acheminer hommes et matériels. Coiffés de leur légendaire chapeau de feutre à plume d'aigle, ces *Alpini* hissent une pièce d'artillerie sur un sommet dominant une position autrichienne.

Premiers prisonniers allemands

DANS LES DEUX CAMPS, le traitement réservé aux prisonniers est l'objet de véritables craintes. À tel point que certains hésitent à se rendre, même dans les situations les plus désespérées. De part et d'autre, on doute de l'humanité de l'adversaire présenté comme un être barbare et sanguinaire. On tente donc de rassurer en diffusant des tracts démentant ces rumeurs. Le nombre de prisonniers fait des deux côtés (y compris sur le front russe) conduit à l'improvisation de camps, souvent mal ravitaillés et dans lesquels les conditions sanitaires ne sont pas des meilleures, mais rarement délibérément.

^ Aucune hostilité apparente entre ces soldats français et leurs prisonniers.

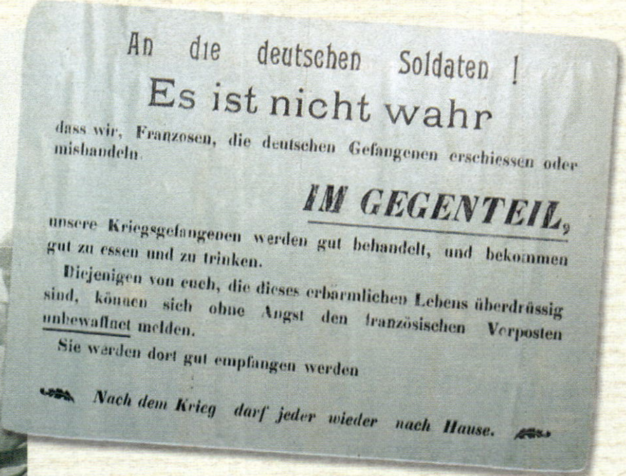

An die deutschen Soldaten !

Es ist nicht wahr

dass wir, Franzosen, die deutschen Gefangenen erschiessen oder mishandeln.

IM GEGENTEIL,

unsere Kriegsgefangenen werden gut behandelt, und bekommen gut zu essen und zu trinken.

Diejenigen von euch, die dieses erbärmlichen Lebens überdrüssig sind, können sich ohne Angst den französischen Verposten unbewaffnet melden.

Sie werden dort gut empfangen werden

Nach dem Krieg darf jeder wieder nach Hause.

Soldats allemands !

CE N'EST PAS VRAI que nous fusillons ou maltraitons les prisonniers allemands.

AU CONTRAIRE, nos prisonniers sont bien traités et reçoivent correctement à manger et à boire.

Ceux d'entre vous qui en ont assez de cette vie lamentable peuvent sans aucune crainte se présenter, sans armes, aux avant-postes français.

Ils y seront bien reçus.

Après la guerre, chacun pourra rentrer chez soi.

^ Tract français incitant les soldats allemands à se rendre sans crainte. La perspective d'une bonne nourriture et d'un traitement correct décide certains d'entre eux.

^ La « cueillette » des boutons, qui ne fait sourire que les geôliers, est une brimade courante bien souvent perçue comme très douce par rapport aux rigueurs du front.

^ Certains des prisonniers sont blessés et, dans cette guerre atroce, on prend grand soin d'eux.

Premiers prisonniers français

Pour les prisonniers français, la situation n'est pas plus dramatique que pour les Allemands en France. Peu à peu, les échanges de courrier sont possibles et les organisations qui se mettent en place sont de plus en plus efficaces. Romain Rolland travaille en Suisse au Service des prisonniers et rapporte dans son journal le nombre « immense » de médiations effectuées, des courriers transmis voire des rapatriements sanitaires.

^ Prisonniers français et, au centre, un prisonnier russe. Les tenues permettent de dater leur capture de 1914 ou du début de 1915.

< Dès l'automne 1914, des organisations politiques et des œuvres charitables se préoccupent du sort des prisonniers et facilitent les formalités, souvent compliquées, entre les États en guerre. La Suisse et la Croix-Rouge internationale jouent un rôle majeur dans ces médiations. Ici *L'Action française*, presse nationaliste, donne la marche à suivre pour correspondre avec un prisonnier par l'intermédiaire de la Suisse. Le document reproduit au verso, à adresser aux autorités allemandes, a pour fonction de faire suivre une lettre à un fils dont le lieu de détention n'est pas connu de sa famille.

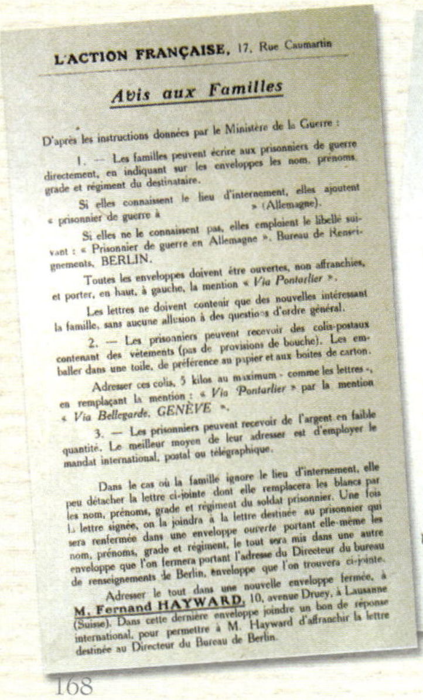

L'ACTION FRANÇAISE, 17, Rue Caumartin

Avis aux Familles

D'après les instructions données par le Ministère de la Guerre :

1. — Les familles peuvent écrire aux prisonniers de guerre directement, en indiquant sur les enveloppes les nom, prénoms grade et régiment du destinataire.

Si elles connaissent le lieu d'internement, elles ajoutent « prisonnier de guerre à » (Allemagne).

Si elles ne le connaissent pas, elles emploient le libellé suivant : « Prisonnier de guerre en Allemagne ». Bureau de Renseignements, BERLIN.

Toutes les enveloppes doivent être ouvertes, non affranchies, et porter, en haut, à gauche, la mention « *Via Pontarlier* ».

Les lettres ne doivent contenir que des nouvelles intéressant la famille, sans aucune allusion à des questions d'ordre général.

2. — Les prisonniers peuvent recevoir des colis-postaux contenant des vêtements (pas de provisions de bouche). Les emballer dans une toile, de préférence au papier et aux boites de carton.

Adresser ces colis, 5 kilos au maximum - comme les lettres -, en remplaçant la mention : « *Via Pontarlier* » par la mention « *Via Bellegarde, GENÈVE* ».

3. — Les prisonniers peuvent recevoir de l'argent en faible quantité. Le meilleur moyen de leur adresser est d'employer le mandat international, postal ou télégraphique.

Dans le cas où la famille ignore le lieu d'internement, elle peu détacher la lettre ci-jointe dont elle remplacera les blancs par les nom, prénoms, grade et régiment du soldat prisonnier. Une fois la lettre signée, on la joindra à la lettre destinée au prisonnier qui sera renfermée dans une enveloppe *ouverte* portant elle-même les nom, prénoms, grade et régiment, le tout sera mis dans une autre enveloppe que l'on fermera portant l'adresse du Directeur du bureau de renseignements de Berlin, enveloppe que l'on trouvera ci-jointe.

Adresser le tout dans une nouvelle enveloppe fermée, à **M. Fernand HAYWARD,** 10, avenue Druey, à Lausanne (Suisse). Dans cette dernière enveloppe joindre un bon de réponse international, pour permettre à M. Hayward d'affranchir la lettre destinée au Directeur du Bureau de Berlin.

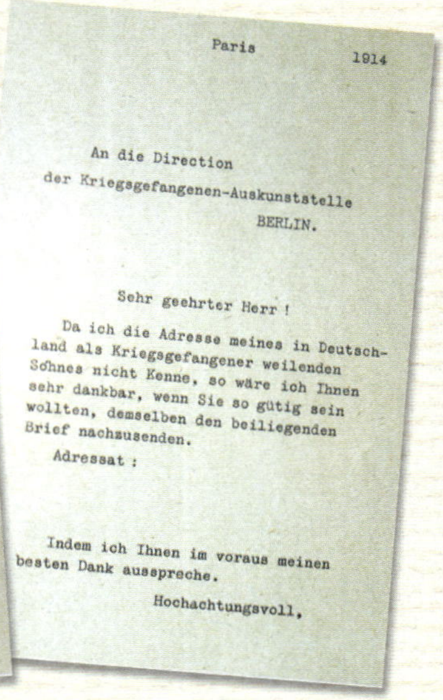

Paris 1914

An die Direction
der Kriegsgefangenen-Auskunstatelle
BERLIN.

Sehr geehrter Herr !

Da ich die Adresse meines in Deutschland als Kriegsgefangener weilenden Söhnes nicht Kenne, so wäre ich Ihnen sehr dankbar, wenn Sie so gütig sein wollten, demselben den beiliegenden Brief nachzusenden.

Adressat :

Indem ich Ihnen im voraus meinen besten Dank ausspreche.

Hochachtungsvoll,

Puchheim, 24 septembre 1915

Chers père et mère. Ces quelques mots pour vous donner de mes nouvelles qui sont toujours assez bonnes pour le moment. J'espère que ma carte vous trouve en bonne santé ainsi que toute la famille. C'est avec grand plaisir que j'ai reçu votre colis de pain hier, je l'ai reçu en bon état. J'ai vu une lettre de Marguerite hier, j'espère qu'ils sont toujours en bonne santé. Je pense que vous avez reçu ma photographie, je vous envoie celle-ci avec les camarades qui travaillent avec moi depuis le mois de juin dans une ferme à côté du camp. Dites-moi des nouvelles de toute la famille surtout de mes frères, ce qu'ils font. Je termine en vous embrassant de tout cœur. Votre fils pour la vie.

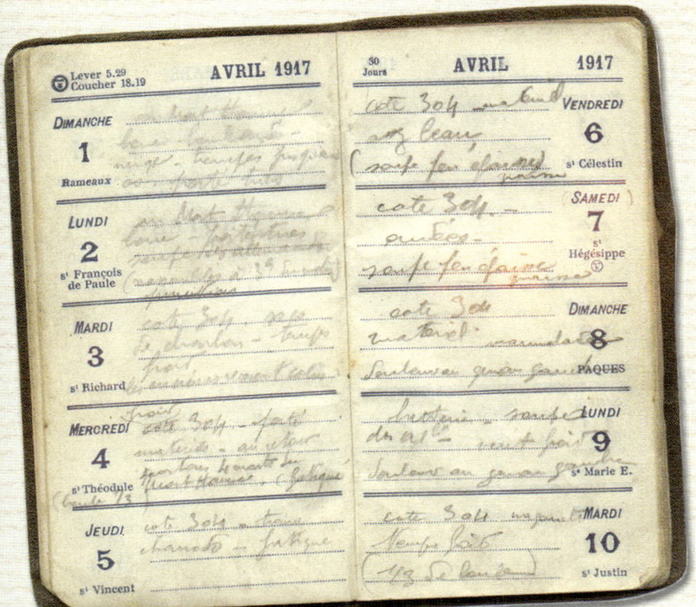

< Dans ce petit agenda de 1917, le soldat note aussi ses menus : soupe peu épaisse et graisse le vendredi 6 avril, soupe peu épaisse et graisse le samedi 7, 1/3 de boule le mardi 10, « ruta » et pommes le jeudi 12, jus, orge (jus), soupe julienne sont les menus récurrents. Lorsqu'il est fait prisonnier, il note un fait exceptionnel : 3 repas par jour ; petite soupe et pain le matin, soupe à midi, soupe le soir… et un autre jour, 3 cuillerées de marmelade.

FRONT EST

Le front oriental est deux fois plus long que le front de l'Ouest, mais beaucoup plus clairsemé : les Puissances centrales n'y alignent que 80 divisions face aux 83 russes contre 100 pour l'Allemagne et 110 pour l'Entente sur le front ouest au début de 1915. Ce ne sont donc pas du tout les mêmes types de batailles qui y sont livrées. Elles mettent en jeu moins d'hommes, moins d'artillerie et passent par des déplacements moins rapides en raison de l'état désastreux du réseau de communication et des rigueurs de l'hiver.

L'année commence très mal pour les Autrichiens

La campagne des Carpates débute le 23 janvier 1915. Conrad von Hötzendorf tente de regagner du terrain vers Przemysl afin de soulager les 50 000 Austro-Hongrois assiégés par les Russes dans la fameuse forteresse. Mais la reconquête devient vite apocalyptique : le relief accidenté complique le ravitaillement, condamnant les hommes à mourir de faim, la neige entrave tout déplacement, le froid qui atteint - 15 °C tue et les blessés sont la proie des loups. Dès fin janvier, Conrad von Hötzendorf doit renoncer à poursuivre son action. Quelques autres tentatives d'offensives animent encore le front de part et d'autre, sans rien changer. À défaut de regagner du terrain, au moins les Autrichiens réussissent-ils à empêcher les Russes d'entrer dans la plaine de Hongrie.

La guerre germano-russe en Prusse-Orientale

Fin 1914, ce sont les Russes qui tiennent la ligne des lacs. Les Allemands contre-attaquent en commençant par fixer le maximum de Russes dans la boucle de la Vistule par quelques opérations de diversion. Pendant ce temps, Hindenburg et Ludendorff massent leurs armées en Prusse-Orientale, où souffle depuis le 4 février une terrible tempête de neige. Des congères se forment et le verglas rend les déplacements périlleux, la Xe de Eichhorn et la VIIIe de Below n'en reçoivent pas moins l'ordre de se mettre en marche. Elles entament une manœuvre d'encerclement en tenailles, dont elles sont spécialistes. Seul changement, la fin de la tempête et un soudain redoux remplacent leurs frissons de froid par un bain de boue.

Pendant ce temps, les Russes, persuadés que les intempéries interdisent toute action, ne voient rien venir jusqu'à ce qu'ils finissent par découvrir l'ennemi au sud-est des lacs Mazures le 7 février. Les Russes disposent de l'avantage numérique (200 000 hommes pour 76 000 Allemands), mais

˅ Prisonniers autrichiens arrivant à Misch. Les soldats de l'Empire austro-hongrois sont de valeur très inégale et, si leurs uniformes chamarrés ont autrefois fait les délices des peintres de cour, leur tenue *hechtgrau* (gris-bleu) et bientôt *felgrau* (gris-vert) les différencie à peine de leur adversaire italien également habillé en gris-vert.

déconcertés, ils se laissent prendre. À l'est d'Augustovo, néanmoins, tout en faisant retraite dans la forêt, les Russes opposent au général von Below une si forte résistance qu'on attribue à leurs combats désespérés l'extermination des derniers troupeaux d'aurochs européens de cette dernière forêt vierge d'Europe. Le général von Eichhorn opte alors pour une autre stratégie, il contourne la forêt par le nord et vient interdire la sortie est. Adossé hardiment aux ouvrages russes de Grodno, il oblige alors ses troupes à rester sous le feu croisé des Russes, mais l'emporte néanmoins. Les Russes finissent par se rendre, les Allemands affirment avoir fait 110 000 prisonniers, mais, en réalité, un nombre important de Russes a disparu dans la nature et ils sont moitié moins nombreux. En revanche, les Allemands mettent la main sur plusieurs centaines de canons.

∨ Document pris à Bolimow sur le front est en février 1915 sur lequel Russes et Allemands semblent fraterniser. Il s'agit plus sûrement d'une mise en scène avec des prisonniers ou des combattants déguisés, pratique courante pour de nombreuses photos des divers belligérants.

Si les Russes viennent d'essuyer un revers, grâce à la résistance des troupes fraîches de la 12e armée russe ils échappent à l'encerclement et privent ainsi les Allemands d'une victoire qui aurait pu être encore plus décisive.

Si les Russes perdent 200 000 hommes, les Allemands en laissent 80 000 dans la neige. Revenant sur l'audace de la manœuvre, Ludendorff avoue après coup : « Par bonheur notre large enveloppement nous permit de trouver des vivres dans les fourgons ennemis ; sinon, tout le mouvement eut été arrêté faute de ravitaillement. » Dès lors, la Prusse-Orientale redevient allemande à part entière.

La chute de Przemysl

Mi-mars 1915, la faim rend la capitulation de la forteresse inévitable, mais Kusmanek refuse de se rendre sans combattre. Le 14, donc, les canons de la forteresse ouvrent le feu. Puis, le 18, la garnison ou ce qu'il en reste se lance à l'assaut. Le spectacle est plutôt pitoyable : les hommes tombent d'épuisement avant d'atteindre les lignes ennemies. Après avoir fait se v Après la chute de Przemysl, des soldats autrichiens, sous la conduite de Cosaques, transportent le pain russe vers les casernes pour nourrir leurs camarades affamés, tandis que les civils recherchent des vivres auprès des Russes qui occupent la ville. Photos et légendes publiées dans le journal *Le Miroir* du 25 avril 1915. La propagande alliée accorde une extrême importance à cette défaite autrichienne et insiste sur l'état de délabrement de son armée.

replier les survivants, Kusmanek détruit les principaux ouvrages de la forteresse, puis lance ses fantômes de combattants dans de sanglants corps-à-corps. Le 22 mars 1915, le combat cesse et les Russes s'emparent de la forteresse et de ses 40 000 survivants dont beaucoup sont malades. Officiers et soldats austro-hongrois partent en captivité.

Les Allemands volent au secours des Autrichiens dans les Carpates

Après cette nouvelle humiliation des Austro-Hongrois, la reconquête du terrain perdu semble impossible sans l'aide de l'Allemagne. C'est un soldat promis à un brillant avenir qui s'en charge : August von Mackensen. Il décide de faire porter son attaque au nord des Carpates entre Gorlice – ville située dans l'espace séparant la Vistule des Carpates – et Tanov, et prépare son coup dans le plus grand secret. En conséquence, le 1er mai 1915, par un beau soleil de printemps, ce sont des Russes complètement pris au dépourvu qui se retrouvent paralysés sous un déluge de bombes. Puis, l'infanterie part à l'assaut, c'est la déroute complète, les 5 divisions russes sont balayées par les 18 divisions ennemies. Les troupes du général Radko Dimitriev font retraite jusqu'au fleuve San et au-delà, soit un recul de 160 km ! Le 13 mai, les Allemands sont aux environs de Przemysl, au sud.

v > Observatoire autrichien et ravitaillement sur le front des Carpates. À bras d'hommes et dos de mulet, une impressionnante quantité de vivres doit être hissée pour parfois quelques jours seulement tant les lignes sont mobiles. Seul importe réellement le contrôle de certains observatoires, des cols et le débouché des vallées.

Ils donnent l'assaut à la forteresse le 31 et la reprennent le 3 juin. Le 20 juin, les Russes, désespérés, ordonnent une retraite générale de Galicie, qui décime leurs rangs et confine au massacre. Les Russes abandonnent 850 000 prisonniers et perdent près d'un million d'hommes tués et blessés.

Un an après l'entrée en guerre des Russes, les bottes se sont usées, mais le front tient toujours. La prolongation de la guerre place le soldat russe dans une situation intenable. Il manque cruellement de munitions et d'armes. Dès les deux premiers mois de campagne, le pays a épuisé ses stocks d'avant-guerre et la production industrielle peine à fournir les quantités nécessaires. Il n'est pas rare qu'un fantassin doive attendre qu'un de ses camarades tombe pour pouvoir récupérer enfin son fusil, qui une fois sur deux n'est pas chargé. Si le reporter John Reed n'a témoigné qu'un peu plus tard de la détresse de ces masses d'hommes qu'on envoie au combat à mains nues ou armés d'un simple gourdin, le fait existe déjà en 1915. Mal équipés, mal nourris et battus à plate couture, les Russes ont le moral au plus bas.

L'offensive conjointe de Mackensen et de Hindenburg (été 1915)

Mackensen livre alors la bataille de Grodek et s'attaque à Lemberg bien que ses 16 divisions fatiguées aient à affronter une vingtaine de divisions russes très bien retranchées. La victoire n'en sera pas moins totale. L'assaut est donné le 19 juin. Les Russes évacuent sans combattre les forts de Lemberg pris par l'armée de Bœhm-Ermolli, le 22 juin 1915. Hindenburg attaque alors de son côté, au nord, des troupes russes de plus en plus démunies. À force de se battre sans cartouches, des régiments entiers se débandent et mettent la crosse en l'air. Le 4 août, les soldats abandonnent la forteresse d'Ivangorod aux Allemands et Hindenburg prend Varsovie le 5 et

∨ Nouveau héros de l'armée allemande depuis sa victoire à Tannenberg, le général Hindenburg côtoie, en portrait, le Kaiser dans la plupart des cantonnements allemands (ici à l'extrême gauche du cliché).

Brest-Litovsk le 25. Le 4 septembre, les principales grandes places défensives russes et leurs forts – Kovno, Novo-Georgiev, Brest-Litovsk, Grodno… – sont toutes tombées après des combats de parfois seulement quelques jours. Il ne reste donc plus aucun soldat russe sur la rive gauche de la Vistule.

Les limites de la victoire allemande

En 1915, Allemands et Austro-Hongrois ont donc récupéré la Galicie et la Pologne dite du Congrès (le duché incorporé à la Russie en vertu des traités de 1815). Cette dernière conquête ouvre de nouvelles perspectives aux Polonais, qui peuvent penser le destin de leur pays sans l'hypothèque russe. Allemands et Austro-Hongrois ont également pris aux Russes la Volhynie, la Lituanie et la Russie blanche (Biélorussie) occidentale et fait des centaines de milliers de prisonniers.

La victoire allemande est incontestable et les Russes, qui s'arrêtent en septembre sur la Berezina, ont quand même derrière eux une déroute de 500 km, qui suggère néanmoins quelques réserves. D'abord, les vainqueurs sont épuisés par les combats, la dysenterie, le typhus, les marches, les privav Colonnes de fantassins russes croisant un détachement de Cosaques dans les ruines de Buczacz, en Galicie. Les troupes du tsar compensent leur manque de moyens lourds par leur rusticité et une mobilité qui leur permettra à plusieurs reprises d'échapper à une immense déroute en rase campagne.

tions. Ensuite, si les Allemands ont progressé de 500 km, leurs gares de ravitaillement s'arrêtent à 100 ou 150 km en arrière du front. L'allongement des lignes devient ingérable, le matériel s'use, les voies de communication sont sabotées par l'ennemi, les rangs des combattants s'éclaircissent. Se nourrir et s'abriter dans les maisons sur place devient impossible, car, en se retirant, les Russes ne manquent pas dès qu'ils le peuvent de pratiquer la politique de la terre brûlée. *A contrario*, les Russes repliés bénéficient du raccourcissement de leurs lignes et de la concentration de leurs troupes.

Enfin, bien que battues, les armées russes de Galicie ont réussi à s'échapper au moins en partie. Le front, d'ailleurs, se stabilise peu à peu. Ludendorff s'empare de la Courlande et de Vilnius le 16 septembre, mais pas de Riga. En outre, l'immensité de leur territoire relativise les distances et la Russie historique, elle, n'a pas perdu 1 km de terrain. Certes, à peu près un combattant sur deux est resté sur le sol, certes, l'empire a perdu 2,5 millions de tués et blessés, mais une fois encore l'énorme potentiel humain relativise les pertes et il reste à la Russie en gros 18 millions d'hommes en réserve.

v À Moscou, en 1915. Le chef de l'Église orthodoxe russe bénit un bataillon féminin avant son départ au front. Sous le gouvernement provisoire de Kerensky, pour suppléer au manque d'enthousiasme des hommes, plusieurs bataillons féminins sont constitués à l'initiative d'une patriote russe. Ces détachements font partie des dernières unités à défendre le palais d'Hiver en octobre 1917 et la légende leur prêtera une résistance héroïque suivie de terribles représailles. En réalité, les combats furent peu acharnés et la majorité des femmes épargnée.

LES ARMÉES D'ORIENT

Le désastre de Sarikamich

La guerre russo-turque se déroule dans le Caucase, région déchirée par une guerre de religion opposant Turcs musulmans et Russes orthodoxes surtout depuis qu'en octobre 1914, le calife a présenté le conflit comme une guerre sainte. Le général en chef turc Enver Pacha rêve de rallier les populations turcophones et musulmanes de l'Empire russe, qui sont en fait d'anciens sujets de l'Empire ottoman.

Le jour même de la déclaration de guerre, les troupes russes franchissent la frontière et occupent des vallées du « vilayet » d'Erzeroum. Elles s'empressent de chasser les musulmans des zones mixtes peuplées également de v Croissant de fer, décoration instituée en 1915 pour récompenser les actes de bravoure des soldats turcs, comparable à la croix de fer allemande ou à la croix de guerre française, sur laquelle figurent les vieux emblèmes de l'Empire ottoman : le croissant, l'étoile et, au centre, le sceau du sultan.

chrétiens telles que le lac d'Ourmiah. En représailles, les autorités turques expulsent les chrétiens de zones frontalières.

Le 22 décembre 1914, Enver Pacha décide de riposter. Il lance son armée de 200 000 soldats dans les montagnes du Caucase. La neige tombe, un vent glacé souffle, les températures descendent à -20 °C, les hommes sont mis à rude épreuve. Le choc des armées est violent. On se bat dans des cols enneigés de plus de 2 000 m – non loin, le mont Ararat, plus haut volcan éteint de la planète, atteint précisément 5 156 m. Des corps-à-corps implacables éclaboussent la neige de sang.

Dès janvier, les généraux russes Prjevalski et Youdenitch se sont chargés de contrer les Turcs. Le 12, leurs troupes regagnent leurs positions et, une semaine plus tard, elles pénètrent plus avant en territoire ottoman. Leur pression oblige l'armée turque à battre en retraite en pleine tempête. C'est l'hécatombe. Sur 90 000 soldats, seuls 15 000 arrivent à Erzeroum. Le froid et les combats expliquent largement les pertes, mais le typhus et le choléra ont aussi fait d'impressionnants ravages. 12 000 Turcs ont été, en outre, faits prisonniers. Les Russes, eux, ont 16 000 morts et blessés.

Plus au sud, les résultats turcs ne sont pas meilleurs. Tabriz, capitale de l'Azerbaïdjan, un instant contrôlée – ce qui coûte la vie à des milliers de chrétiens (Arméniens, Nestoriens…) – est perdue à nouveau le 30 janvier 1915. À la frontière turco-persane, dans la région de Kotour, de Van et du lac d'Ourmiah, après plusieurs va-et-vient, ce sont les Russes qui l'emportent. Ils entrent à Van le 18 mai 1915.

Le génocide arménien

Le désastre militaire incite les Turcs à trouver un bouc émissaire : ce sera la population arménienne. Le procédé permet au vaincu de donner une version plus flatteuse de sa déroute : si les Turcs ont perdu la bataille de Sarikamich, c'est parce qu'ils ont été trahis par les Arméniens. D'ailleurs, les soldats, qui ne s'y trompent pas, ne se sont pas privés de piller les « vilayets » arméniens plus volontiers que les autres provinces en faisant retraite devant l'avancée russe.

En fait, le différend entre Turcs et Arméniens n'est pas neuf. Entre 1894 et 1896 déjà, le sultan Abdülhamid, soucieux de renforcer l'unité de son empire, a gagné le surnom de « sultan rouge » en faisant massacrer – avec le concours diligent des montagnards kurdes – 100 000 à

150 000 Arméniens sous prétexte qu'ils réclamaient un peu trop haut des réformes et une modernisation des institutions. Il suffit d'un rien pour que toutes les vieilles rancœurs, toutes les haines accumulées contre une minorité jalousée (puisqu'elle est prospère) et qui plus est différente (puisqu'elle a sa langue et sa religion, chrétienne) ressurgissent.

La guerre ne fait donc que redonner aux Turcs une excellente occasion de « régler » la question arménienne et le génocide va se faire d'autant plus facilement que tout est déjà prêt : il existe depuis 1911 une Organisation spéciale prête à réaliser l'extermination. Le gouvernement orchestre toute l'opération. Il prépare l'opinion publique en lançant une vaste campagne anti-arménienne. La propagande désigne les Arméniens comme des ennemis de l'intérieur et rappelle que leur patriarche a lancé un appel aux troupes russes chrétiennes en octobre 1914. Peu importe que les Arméniens aient répondu en masse à l'ordre de mobilisation et que beaucoup aient rempli leurs devoirs envers la patrie turque. Dès janvier 1915, d'ailleurs, les Turcs préfèrent se passer de leurs services et leur retirent le droit de porter les armes. Les soldats arméniens, transformés en animaux de bât, ne servent plus qu'à transporter l'équipement et les vivres.

En mars 1915, le beau-frère d'Enver Pacha, le cruel Djevdet, devient gouverneur (« vali ») de Van. Sa cruauté, qui consiste entre autres à torturer ses victimes en les ferrant, lui vaut le surnom de « maréchal-ferrant de Bachkalé ». Hostile aux 30 000 Arméniens de la ville, il assiège leurs quartiers, prétextant une révolte, et livre les malheureux aux pires persécutions. Seule l'arrivée des Russes en mai interrompt le massacre.

En avril 1915, des nationalistes arméniens proclament un gouvernement arménien provisoire. Aussitôt, les Turcs sautent sur ce prétexte pour perpétrer une nuit sanglante. Les 24 et 25 avril, ils massacrent des centaines de notables (médecins, intellectuels, prêtres…) de la capitale. Le mois suivant, les Russes arrivés à Van sont accueillis en libérateurs par les Arméniens. Une rumeur tenace affirme même que ce sont eux qui ont guidé l'armée russe dans les montagnes du Caucase. Le thème de la trahison ressurgit. Ce sera un argument de plus pour justifier la déportation d'un peuple entier. La « loi provisoire de déportation » du 27 mai autorise les autorités militaires à disposer à leur guise des populations civiles soupçonnées d'espionnage et de trahison et à entreprendre la déportation collective des villes et villages suspects. Sournoisement, donc, elle ne dit pas un mot sur les Arméniens, mais n'est destinée qu'à eux seuls.

Dans tout l'ancien royaume d'Arménie, au pied du Caucase, ainsi qu'en Cilicie, des villages entiers sont « déplacés » de force vers Alep et Mossoul. Un sinistre rite se met alors en place. Le crieur du village lit l'ordre de déportation. Il donne quelques heures aux familles pour rassembler un maigre bagage et partir. Les hommes valides sont alors conduits à l'écart et exécutés. Les autres habitants, vieillards, femmes et enfants commencent

˅ Réfugiés arméniens embarqués à bord du *Foudre* et transportés à Alexandrie. Trois croiseurs français, le *Foudre*, le *Guichen* et le *D'Estrées* ont réussi à embarquer dans la baie d'Antioche 4 000 Arméniens, les sauvant ainsi d'une mort quasi certaine.

une longue marche. Torturés par la faim et la soif, attaqués par les populations rencontrées en chemin (et notamment les Kurdes, ennemis héréditaires), la plupart n'en réchapperont pas. Quant aux plus « chanceux » et surtout aux plus résistants, qui finissent par atteindre leur terre d'exil, ils se retrouvent dans les régions désertiques des actuels Syrie et Irak où, là encore, les chances de survie sont bien minces.

Lorsque les Russes perdent Van de juillet à septembre et retraitent, ils emmènent dans leur sillage plus de 100 000 Arméniens, qui fuient les représailles turques. Au cours de cet exode, 30 000 d'entre eux périssent.

Si les missionnaires américains ont soulagé la détresse des Arméniens et si le président américain Wilson a vivement protesté contre le génocide perpétré par les Turcs, les Occidentaux se contentent d'une condamnation de principe dans une « Déclaration commune de l'Entente », le 24 mai 1915 : « Depuis un mois, la population kurde et turque de l'Arménie

procède, de connivence et souvent avec l'aide des autorités ottomanes, à des massacres d'Arméniens. [...] En présence de ces nouveaux crimes de la Turquie contre l'humanité et la civilisation, les gouvernements alliés font savoir publiquement à la Sublime Porte qu'ils tiendront personnellement responsables les membres du gouvernement ottoman ainsi que ceux de ses agents qui se trouveraient impliqués dans de pareils massacres. »

Poursuivi jusqu'en 1922, le génocide élimine 1,5 million à 2 millions de personnes, soit près de la moitié de la population arménienne de l'Empire ottoman. C'est la fin de siècles d'histoire, où les sultans avaient laissé les non-musulmans, les « dhimmis », jouer un rôle important dans l'Empire ottoman.

Le canal de Suez

Les ambitions des Britanniques dans le bassin méditerranéen et alentour visent moins le territoire même de l'Empire ottoman que les régions qui lui sont frontalières. La priorité de l'Angleterre, c'est de protéger la route des Indes et les champs de pétrole dont l'importance est de plus en plus évidente.

Aussi le premier front qui oppose Turcs et Britanniques se situe-t-il sur les bords de Suez, ce canal stratégique qui a ouvert à la flotte britannique une route quasi-directe vers l'Inde. Péninsule dont l'Angleterre est maîtresse depuis 1763 et dont le souverain est empereur depuis 1877, « joyau » de l'empire, l'Inde est, en effet, avec plus de 300 millions d'habitants dès 1900, une réserve irremplaçable d'hommes et de richesses.

L'Égypte, légalement toujours ottomane, est de fait passée sous administration anglaise depuis 1882. Dans ce pays où l'aspiration à l'indépendance est assez forte, les Britanniques proclament la loi martiale dès novembre 1914 et déposent le vice-roi Abbas Hilmi, khédive en titre et germanophile, le 18 décembre 1914, l'obligeant à se réfugier à Constantinople. Du coup, la guerre offre une bonne opportunité aux Turcs d'essayer de lever le protectorat anglais sur l'Égypte et de prendre le contrôle du canal de Suez, dont l'accès est interdit aux belligérants par les Britanniques depuis l'ouverture des hostilités.

C'est le dirigeant Jeune-Turc Djemal Pacha qui se charge de l'action. Placé à la tête d'une armée comprenant des « techniciens » allemands, il lance ses 16000 soldats en direction du canal. Pour atteindre Suez, il leur faut marcher des kilomètres aux côtés des chameaux qui portent l'eau et l'artillerie et franchir le désert du Sinaï. C'est donc complètement épuisés qu'ils arrivent au sud du lac de Timsah. L'attaque a cependant lieu le 3 février. Elle se heurte à l'action combinée des troupes britanniques et des bateaux anglais et français sans pouvoir s'appuyer sur le renfort de partisans arabes excités par la guerre sainte. Déjà courtisé par des Britanniques qui v Soldats et officiers turcs prenant la pose après une pendaison publique au Moyen-Orient. C'est de plus en plus par des méthodes radicales que le vieil empire tente d'imposer son autorité sur les peuples en quête d'émancipation nationale qui lui sont de moins en moins soumis.

ont su flatter son nationalisme, Hussein, le chérif de La Mecque, ne veut, en effet, surtout pas perdre une occasion de s'émanciper du joug ottoman. Dès le 7 février, Djemal Pacha n'a donc plus qu'à faire retraite avec ses troupes. La défaite turque n'empêche pas une prouesse technique : l'armée turque arrive à installer un pont de bateaux pour franchir le canal.

Si l'entrée en guerre de l'Empire ottoman s'est accompagnée d'un appel à la guerre sainte, ce dernier n'a guère été entendu et le nationalisme l'a emporté sur la solidarité religieuse. En Libye italienne néanmoins, la secte fondamentaliste des Sénoussi a répondu à l'appel en harcelant les Alliés et en propageant ses idées de révolte envers la puissance coloniale jusque dans l'Algérie voisine. Son mouvement sera affaibli, cependant, par la défection d'un de ses principaux représentants, Japher Pacha, qui rejoint les Alliés.

Le second front turco-britannique est Bassora, à cause des ressources pétrolières de la région. Voulant conserver la maîtrise de la raffinerie de pétrole d'Abadan, les Anglais font débarquer un modeste contingent de troupes de l'armée des Indes au fond du golfe Persique. Une fois arrivés là, ils longent le Tigre en direction d'Amara, puis de Kut, dont le général John Nixon et son bras droit le général Charles Townshend s'emparent en septembre 1915. Puis, ils se rapprochent de Bagdad, mais la riposte turque interrompt leur progression à Ctésiphon. Les Turcs obligent les Anglais à se replier sur Kut le 5 décembre 1915.

v Le cuirassé français *Bouvet* faisant route vers les Dardanelles. Photo prise à bord du transport *Drôme* le 18 mars 1915 à 9 h 30. À droite de la photo, la pointe de Kum Kale (côte d'Asie), formant l'entrée des Dardanelles, derrière laquelle le *Bouvet* sombrera quelques heures plus tard. À gauche, en haut, l'arrière du *Suffren*, torpillé en novembre 1916. À gauche en bas, partie de l'arrière de la *Drôme*, victime d'une mine en janvier 1918. Photo de l'enseigne de vaisseau Olgiati, mort pour la France en 1917, annotée par le capitaine de frégate, ancien commandant de la *Drôme*, à Brest le 25 octobre 1922.

Les Dardanelles

La première opération de grande envergure des Britanniques contre les Turcs n'est ni Suez ni Bassora, mais les Dardanelles, ce détroit, point de rupture entre l'Europe et l'Asie et point de contact entre la mer Égée et la mer de Marmara, qui fait 60 km de long et 1,2 à 7 km de large.

Avec un front ouest bloqué et un front est en déroute, les Dardanelles semblent un objectif plutôt aisé. Winston Churchill, jeune ministre de la Marine, est l'un des ardents défenseurs de cette opération. Il veut contrôler le détroit, porter un coup fatal aux Turcs, faire pression sur la Bulgarie et la Grèce encore neutres, soutenir la Serbie, faciliter le ravitaillement en armes et en matériel de l'allié russe et, en échange, libérer les 350 000 tonnes de blé russe bloquées en mer Noire et destinées à la France et à l'Angleterre. Encore ce dernier argument n'est-il pas partagé par tous les Alliés, car la Russie, si elle ne souhaite pas, bien sûr, voir les Détroits bloqués par les Turcs, n'a guère envie de voir Français et Britanniques se mêler des affaires de la région. Elle oblige donc les Alliés à « acheter » son sou-

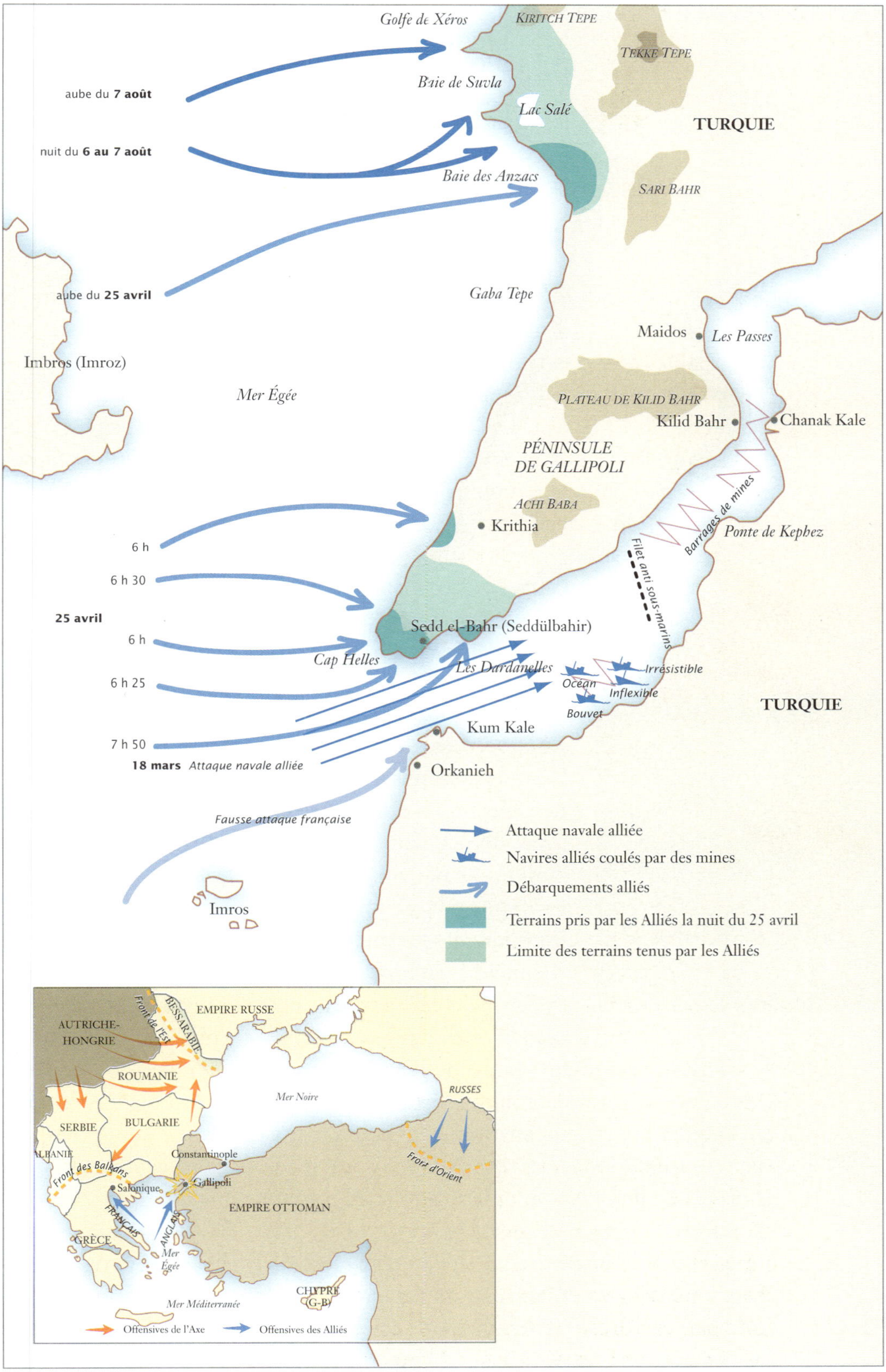
Golfe de Xéros
KIRITCH TEPE
TEKKE TEPE
Baie de Suvla
Lac Salé
TURQUIE
aube du 7 août
nuit du 6 au 7 août
Baie des Anzacs
SARI BAHR
aube du 25 avril
Gaba Tepe
Maidos
Les Passes
Imbros (Imroz)
Mer Égée
PLATEAU DE KILID BAHR
Kilid Bahr
Chanak Kale
PÉNINSULE DE GALLIPOLI
ACHI BABA
Krithia
Barrages de mines
Ponte de Kephez
Filet anti sous-marins
6 h
6 h 30
25 avril
6 h
6 h 25
7 h 50
Sedd el-Bahr (Seddülbahir)
Cap Helles
Les Dardanelles
Océan
Irrésistible
Inflexible
Bouvet
TURQUIE
Kum Kale
Orkanieh
18 mars Attaque navale alliée
Fausse attaque française
Imros
Attaque navale alliée
Navires alliés coulés par des mines
Débarquements alliés
Terrains pris par les Alliés la nuit du 25 avril
Limite des terrains tenus par les Alliés
EMPIRE RUSSE
Front de l'Est
BESSARABIE
AUTRICHE-HONGRIE
ROUMANIE
Mer Noire
RUSSES
SERBIE
BULGARIE
ALBANIE
Front des Balkans
Constantinople
Gallipoli
Salonique
FRANÇAIS
ANGLAIS
EMPIRE OTTOMAN
Front d'Orient
GRÈCE
Mer Égée
Mer Méditerranée
CHYPRE (G-B)
Offensives de l'Axe
Offensives des Alliés

> Matériel allié débarqué sur une des plages de Gallipoli par le cargo *River Clyde* devant Seddülbahir. Quelques jours plus tôt, le débarquement des soldats de la 29e division britannique par le même bâtiment s'est opéré sous le feu meurtrier des Turcs.

v Fantassin des « Anzac » *(Australian and New Zealand Army Corps)*. Constitué de volontaires australiens et néo-zélandais, ce corps, célèbre par le courage et la pugnacité de ses combattants, intervient en France, aux Dardanelles mais encore en Océanie.

tien à l'intervention contre une promesse d'annexion d'Istanbul, de la Thrace orientale et des rives européennes du Bosphore et des Dardanelles.

Préalable à la percée du détroit, le bombardement des forts des Dardanelles par les Alliés donne lieu à la bataille de Chanak Kale. Elle commence le 19 février. Les coupelles blindées des défenses turques résistent fort bien et pour cause… l'acier des Schneider du Creusot est indestructible et les canons Krupp de très bons défenseurs ! L'approche alliée est pénible, les sous-marins français, par exemple, n'arrivent pas à remonter le courant. Heureusement, la flotte anglaise relève le niveau en coulant des cuirassés, un torpilleur et 5 canonnières.

Le 18 mars, une imposante flotte se présente pour franchir le détroit. Elle compte 6 cuirassés et 4 *dreadnought* britanniques, ainsi que 4 cuirassés français suivis de 6 cuirassés de réserve. À Istanbul, c'est la panique. Les archives de la Sublime Porte et l'or des banques sont mis à l'abri à Konya, à l'intérieur du pays. Les hauts dignitaires et le sultan s'apprêtent à fuir vers l'Anatolie. Quant aux chefs de l'Ittihad, le Parti de l'union au pouvoir, qui savent que le peuple ne leur pardonnera pas une invasion ennemie en mer de Marmara, ils parlent d'incendier Istanbul. Seul l'amiral allemand Souchon garde son sang-froid et organise la riposte. Il règle ses tirs d'artillerie avec précision et accueille les navires ennemis par une masse de mines dérivantes. Les dragueurs de mine, qui suivent les cuirassés, ne pouvant plus faire leur travail, les premiers naufrages ne tardent pas. Le navire français *Bouvet*, heurté par une mine, coule en moins de deux minutes emportant au fond des eaux ses 639 hommes d'équipage. Les Britanniques l'*Inflexible* et *Lord Nelson* et le Français l'*Océan* sont touchés. Le *Gaulois* est neutralisé à coups de canon… Devant ce désastre, les Alliés en concluent que leur seule flotte ne suffit pas ; il faut recourir à l'armée de terre et procéder à un débarquement. Par un bizarre renversement de tactique, ce sera donc au tour des « débarqués » de faire taire les forts afin que les forces navales puissent entrer dans le détroit.

Dans cette éventualité, justement, des troupes d'armée de terre ont été regroupées sur l'île de Lemnos, réquisitionnée aux Grecs neutres et transformée de fait en base navale. Elles rassemblent deux divisions britanniques, un contingent d'Australiens et de Néo-Zélandais, les Anzacs *(Australian and New Zealand Army Corps)* et le corps expéditionnaire d'Orient des Français commandé par le général d'Amade. Au sein de la dernière division, les Français ont créé de nouvelles unités de coloniaux. Parmi les troupes du corps expéditionnaire, il y a donc des Égyptiens, des Africains (Sénégalais), mais aussi des Gurkhas…

L'enfer de Gallipoli

À l'entrée du détroit, les Alliés ont profité de la proximité d'îlots. Dotée de quais pour les embarcations, de routes, de camps, leur base de départ leur permet de débarquer assez aisément sur la presqu'île de Gallipoli (avril et août 1915) défendue par 75 000 Turcs. Le 25 avril 1915, les Français font diversion en débarquant à Kum Kale sur le continent turc. Pendant ce temps, Britanniques et Australiens mettent pied sur la péninsule. Les premiers descendent de bateau à la pointe extrême de Gallipoli, au cap Helles au prix de grosses pertes. Les fragiles têtes de pont qu'ils établissent sur la plage sont le point de départ d'une progression vers l'intérieur de la péninsule de Gallipoli qui n'atteint pas plus de 6 km, le 4 juin 1915, mais fait 16 000 victimes.

Les seconds débarquent plus au nord-ouest afin de couper la route à d'éventuels renforts turcs en marche pour repousser les Britanniques. Gênés par l'obscurité, ils arrivent 2 km plus au nord que prévu. Ariburnu est une plage minuscule, surplombée par une falaise lisse d'au moins 70 m et un plateau disparaissant sous des broussailles. Le site est par nature si hostile que Turcs et Allemands ne se sont pas donné le mal de le défendre, mais leurs troupes commandées par Mustapha Kemal, « assisté » du général allemand Liman von Sanders, restent non loin, prêtes à intervenir. Elles fauchent donc les premières vagues d'assaillants à grands coups de mortiers et de mitrailleuses, ne laissant s'établir qu'une mince tête de pont dans ce

< Tranchée tenue par des tirailleurs sénégalais du corps expéditionnaire d'Orient. Début 1915, les Français alignent deux divisions parmi lesquelles on compte 7 bataillons sénégalais. L'appellation de « sénégalais » recouvre en fait tous les contingents levés à travers les colonies d'Afrique noire. Au total, pour l'année 1915, la France a envoyé 18 000 Africains aux Dardanelles, 8 000 d'entre eux sont morts, ont disparu ou ont été blessés.

v Dardanelles, tirs d'un canon lourd de campagne britannique de 60 livres devant Krithia. Au premier plan, un des servants règle la fusée de l'obus afin de le faire exploser en l'air, avec la plus grande dispersion de fragments.

que l'on baptise depuis la « baie des Anzacs ». Les deux tiers des Australiens ayant servi dans la Grande Guerre sont tombés dans les 3 km² situés au-dessus de la baie désormais appelée Anzac, faisant de Gallipoli un massacre encore commémoré aujourd'hui chaque 25 avril en Australie.

Le combat est inégal, moins par le rapport de forces – les Français ont 80 000 hommes – que par la position respective des belligérants : d'un côté des troupes à découvert à même la plage, de l'autre des soldats retranchés dans des forts. Les hommes creusent donc des tranchées dans le sable. Entassés sur une étroite bande de quelques kilomètres et acculés à la mer, ils évoluent sous une pluie d'obus tirée à bout portant ou presque (environ

v La légende de cette photo de presse anglaise précise qu'avant de quitter Gallipoli des troupiers narguent une dernière fois les tireurs turcs.

6 km). Ils tentent quelques offensives toutes infructueuses sous l'égide du général Hamilton ou du général Gourgaud. La nuit du 6 au 7 août, ils tentent un débarquement dans la baie de Suvla, doublé par une attaque des Anzacs à Sari Bair et au Pin seul. Une fois encore, les pertes sont terribles. 7 594 Australiens et 2 431 Néo-Zélandais tombent sous les frappes des Turcs et les épidémies qui déciment les troupes.

En tout, 450 000 hommes côté allié vont se relayer pour combattre dans « l'enfer ». Ils brûlent sous le terrible soleil de l'été. L'eau potable et le pain manquent. Hommes déshydratés et chevaux assoiffés souffrent. On mange du « singe », on boit l'eau des bateaux-citernes. Des cas de dysenterie apparaissent. En Orient, même les généraux, habituellement épargnés par la tuerie du front, meurent. Parmi les Français, deux hommes de lettres, Jean Giraudoux, qui a débarqué avec les renforts du 176e RI, et Jérôme Carcopino, lieutenant au 2e bataillon territorial des zouaves, écrivent leurs souffrances. Encore auront-ils la chance de ne pas faire partie des morts, qui s'entassent dans le ravin de Kérévès au bas du mont Achi Baba, barrière infranchissable empêchant toute progression. Les opérations navales qui se poursuivent se soldent, elles aussi, par des échecs. Le 14 juin, les Turcs écrasent une nouvelle offensive anglaise.

Au total, l'expédition des Dardanelles coûte 180 000 morts aux Alliés – surtout des Australiens et des Néo-Zélandais, mais tout de même 27 000 Français – et le double aux Turcs. Churchill, qui s'est beaucoup impliqué dans l'aventure, est remercié et le « boulet » des Dardanelles pèsera lourd sur sa carrière politique.

v Lors de l'évacuation de la presqu'île sous la protection des canons de leur flotte, les Britanniques ont incendié leurs camps et dépôts.

Il entame une traversée du désert qui commence en Flandre à la tête d'un bataillon écossais.

L'aventure se termine sans gloire : de fin décembre au 9 janvier, les garnisons évacuent sur la pointe des pieds les Dardanelles et rejoignent Salonique, où elles vont former le noyau de l'armée d'Orient. L'affaire n'a rien rapporté aux Alliés et, pis, leur a valu un adversaire de plus. La victoire germano-turque fait grosse impression, en effet, à la Bulgarie, déjà sensible aux victoires des Puissances centrales sur les Russes. Le 21 septembre, jour même où les troupes allemandes atteignent la Berezina, le roi de Bulgarie lance l'ordre de mobilisation et place dans le camp des Puissances centrales son armée de 800 000 hommes. Dès lors, les jours de la Serbie, attaquée sur deux fronts, sont comptés.

Santé et premiers secours

^ Le carnet de vaccinations suit le soldat partout.

SI, AU DÉPART, il faut à l'armée des soldats en bonne santé et qui le demeurent le plus longtemps possible – d'où les vaccins qu'on leur impose –, très rapidement, ce ne sont pas les trousses de premier secours qui suffisent.

Ambulanciers d'abord hippomobiles puis automobiles, hôpitaux de campagne puis hôpitaux militaires de l'arrière se multiplient. On opère, on recoud, on ampute très souvent, on meurt aussi sur place dans d'atroces douleurs ; mais, dès qu'ils le peuvent, les soldats des différents camps secourent les blessés sans distinction d'origine.

Il faut évidemment faire le tri entre ceux que l'on peut soigner et sauver et ceux pour lesquels on « perdrait son temps » au détriment des autres, qui attendent sur un brancard.

^ En 1915, ces infirmiers posent autour et dans une ambulance déjà bien abîmée par les combats. Entre la quiétude du document et la réalité de la mission, il y a un monde.

∨ Extrait d'une lettre du lieutenant J. Hilpert sur le front de Champagne en 1915.

25 août 1915

[…] *Mon pauvre commandant n'a pas eu ma chance. Il était avec nous, en pleine fournaise comme toujours dans les moments dangereux et il a été frappé de 2 balles dont l'une en pleine figure. Il est entré dans le coma tout de suite, mais son corps n'a pu être encore rapporté. Il est en avant de notre tranchée, et les Boches tirent sur ceux qui veulent le prendre. Un brancardier a été blessé, et un sergent du 27e a été tué en essayant. Le cap. R. a eu le pied traversé, un autre a eu une balle qui lui a traversé l'épaule, et c'est moi qui commande provisoirement le bataillon. Nous avons 50 morts ou blessés au bataillon.* […] *Cela a été une nuit d'enfer, et je ne sais comment j'en ai réchappé* […].

Demain j'irai voir L. pour mes dents, puisqu'il dit qu'il est prêt à les faire examiner par un spécialiste. Je vais essayer, car avec cette vie toujours dans l'humidité et où on ne peut même pas se laver les dents, ce n'est pas fait pour vous améliorer les dents.

< ∧ Bracelet d'identité et casque d'un médecin militaire.

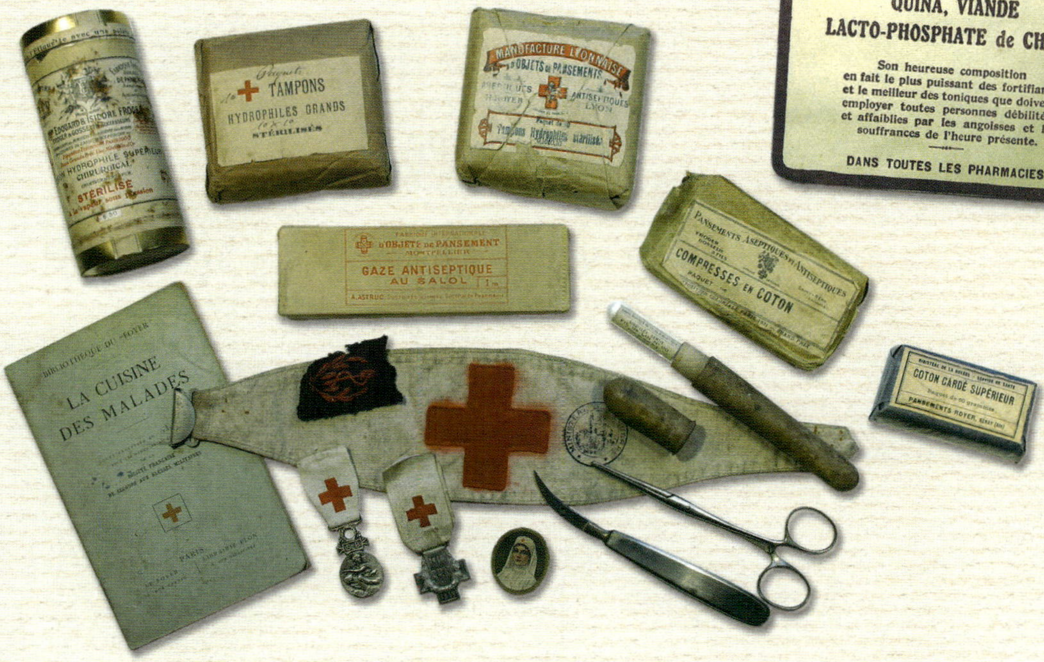

∧ Ces différents éléments semblent bien dérisoires par rapport au défi qui doit être relevé. Pourtant, pansements antiseptiques et instruments de première urgence témoignent des grands progrès accomplis par le Service de santé au cours du conflit.

˅ Courrier d'un membre de l'escadrille MF, figurant au sein du corps expéditionnaire français de l'armée d'Orient. Comme toutes les escadrilles françaises, celle-ci porte le nom du constructeur de ses avions : Maurice Farman.

Prabov, 10 juin 1915

Ma petite Diane,

Je quitte les champs pour rentrer en ville comme on dit dans le Midi. Nous laisserons derrière nous ici de quoi recevoir les Boches. Le téléphone m'a appris hier qu'un nôtre avion en avait abattu un à Lemenonia [...]. *Je t'écris* [...] *en attendant parmi les moutons qui broutent notre aérodrome devenu libre un hypothétique train qui en un nombre de jours indéterminé doit me ramener au sein des élégances de ma nouvelle capitale.*

Mille baisers de ton petit Jean

La chute de l'allié serbe

L'Autriche-Hongrie n'arrive pas à régler seule son compte à la Serbie. Devant ses échecs répétés, les Allemands décident donc de l'aider une nouvelle fois et envoient à la rescousse l'efficace Mackensen. Officiellement, Austro-Hongrois et Allemands combattront sous un commandement commun formé de Conrad von Hötzendorf et August von Mackensen ; officieusement, c'est Mackensen qui dirige tout seul.

L'attaque des Puissances centrales se transforme aussitôt en invasion de la Serbie. Prise en tenailles entre les armées autrichienne, allemande et bulgare, l'armée serbe ne peut plus rien faire. Le 6 octobre 1915, Belgrade tombe, le 22 les Bulgares entrent à Uskub (actuelle Skopje), coupant les Serbes de Salonique. Ces derniers reculent d'autant plus vite face à ce déferlement que, fin octobre, les Alliés ne leur ont apporté comme aide que les troupes exténuées de Gallipoli. Face à la situation désespérée de la Serbie, Joffre finit par profiter de l'occasion pour mêler l'utile à l'agréable : il se débarrasse de Sarrail, rival encombrant, en le nommant commandant en chef du corps expéditionnaire comprenant 15 000 Anglais et 65 000 Français. Mais les Français n'obtiennent que le 30 octobre l'accord des Britanniques d'amener 150 000 hommes en renfort ; le temps de les transporter, décembre se termine, il est trop tard. Sarrail a beau se précipiter dans la vallée de la Tcherna, les Bulgares l'arrêtent. Les Serbes ne v La retraite de l'armée serbe se fait dans des conditions climatiques et de terrain épouvantables auxquelles les journaux alliés font largement écho. On ne parle désormais plus que de « l'héroïque petite armée serbe ».

peuvent se replier sur Salonique, la route est barrée. Il ne leur reste plus qu'à passer par les montagnes d'Albanie, c'est-à-dire gravir à pied et fort mal chaussés des cols enneigés à 2 500 m. Reste aux rescapés à échapper aux Albanais qui, par leur origine ottomane, haïssent traditionnellement les Serbes et les dépouillent ou les tuent volontiers si l'occasion se présente. Ces derniers, en contrepartie, ne se privent pas de faire main basse sur ce qu'ils trouvent en chemin.

Du 26 novembre 1915 au 16 avril 1916, le long cortège de soldats serbes débandés auquel se mêlent des milliers de civils réfugiés s'étire pitoyablement sur la route jonchée de cadavres et de carcasses de chevaux. La détresse du voïvode Putnik, commandant en chef des armées serbes, brisé et porté par ses compagnons sur une chaise à porteurs improvisée et le roi Pierre Ier marchant dans la neige ou assis sur un caisson tiré par des bœufs demeurent les images d'Épinal de cette terrible retraite. Les 140000 hommes (sur 250000) qui survivront à l'épreuve atteignent l'Adriatique d'où des navires alliés les transportent à Corfou et à Bizerte. C'est ainsi que le

v Tranchée bulgare. Un guetteur surveille devant la tranchée pendant que ses camarades sont en train de manger. Bien qu'elle se range du côté des Empires centraux, la Bulgarie et son armée sont très influencées par le modèle russe. Leur « silhouette » est assez proche et, sur certains clichés, il est parfois difficile de la reconnaître, à l'exception de l'armement, ici le fusil *Mannlicher*, modèle 1886, une arme de conception autrichienne.

roi Pierre se retrouve dans un hôtel minable de Vallona où le général Mondésir, chef de la mission française, le rencontre, comme il l'a raconté dans ses souvenirs: « Un rez-de-chaussée malpropre, une salle à manger pas desservie depuis la veille, un escalier crasseux [...] le médecin me déclare que le roi, souffrant, ne reçoit personne. »

Le roi finira par aller se rétablir sur une île de la mer Égée où il passe le pouvoir à son fils Alexandre.

La défaite des Serbes vaut aux 100000 Grecs installés dans une Macédoine désormais envahie (ou libérée selon les points de vue) par les Bulgares de connaître la déportation ou l'extermination. Elle mêle également au conflit l'Albanie, en principe neutre, en la soumettant à l'occupation austro-hongroise.

∨ Illustration parue dans la revue satirique *La Baïonnette* (décembre 1915) n° spécial sur Ferdinand « le Menteur », dénonçant le Kaiser Guillaume II accusé d'avoir manipulé Ferdinand, roi de Bulgarie.

SA DERNIÈRE CARTE ... C'EST UN VALET.

L'aventure de Salonique

L'entrée en guerre de la Bulgarie rend opportun l'envoi de troupes à Salonique afin d'ouvrir un front en Macédoine contre la Bulgarie. Les Turcs étant vainqueurs à Gallipoli, il faut éviter que l'ensemble des Balkans ne tombe aux mains des Allemands, empêcher la Grèce et la Roumanie d'entrer dans la guerre allemande. En jeu : le contrôle d'une zone stratégique dont on soupçonne déjà les richesses du sous-sol, le pétrole des champs de Roumanie, du Caucase, de la Perse, de la Mésopotamie.

Briand, qui vient de remplacer Viviani comme Premier ministre en France le 29 octobre 1915, et qui s'est réservé en outre le portefeuille des Affaires étrangères, fait de Salonique un test pour voir s'il dispose ou non du soutien du gouvernement. Il est suivi par les radicaux-socialistes, qui apprécient le général Maurice Sarrail.

Une nouvelle fois, l'attitude des Britanniques et des Français face à la Grèce est très discutable. Ayant ardemment soutenu la Grèce dans sa lutte pour l'indépendance à partir de 1822, les Alliés se conduisent cavalièrement, comme si leur soutien passé leur donnait quelque droit sur le territoire grec neutre. Après avoir réquisitionné sans autre forme de procès l'île de Lemnos afin de faire camper leurs soldats en route vers les Dardanelles, après avoir recueilli les troupes serbes à Corfou, autre île grecque, ils v Colonne de réfugiés, des paysans de Petrich, parvenant à la frontière gréco-bulgare. Jetées sur les routes de l'exode, nombre de populations des Balkans se heurtent les unes aux autres, portant ainsi en germe, parmi d'autres sources de tension, les drames à venir.

préparent l'installation à Salonique sans trop demander leur avis aux dirigeants grecs, divisés entre le roi Constantin de Grèce, germanophile, et le président du Conseil, le Crétois Éleuthérios Venizélos, ami des Anglais et partisan de l'Entente. Les forces franco-anglaises retirées des Dardanelles (65 000 Français et 15 000 Britanniques) arrivent devant Salonique le 5 octobre 1915. Venizélos obtient alors l'accord de la Chambre grecque pour le débarquement, mais le roi le désavoue, il démissionne et la Grèce n'entre toujours pas en guerre. Les Alliés, eux, passent outre et débarquent à Salonique. Ils découvrent la ville pour laquelle Grecs et Serbes ont rompu l'alliance sacrée. Le lieu est mythique depuis l'Antiquité. C'est l'ancienne Thessalonique d'où Alexandre a lancé ses flottes, la cité libre de l'Empire romain, l'une des villes étapes des voyages de saint Paul, la métropole byzantine et dernière place forte de l'Empire franc, « la Salonique où Pierre Loti a rencontré Aziyadé, où l'Est et l'Ouest se retrouvent face à face », selon les mots de John Reed, reporter américain sur place au printemps 1915.

Salonique est un port cosmopolite dont le journaliste donne une description haute en couleur : « Sur la place de la Liberté, les petites tables de café

v Canon lourd de campagne britannique de 60 livres, en position devant Salonique. « Carrefour de l'Orient », « nid d'espions », « capitale cosmopolite »... Les qualificatifs abondent pour désigner Salonique, une ville jugée exotique et qui fascine les poilus français.

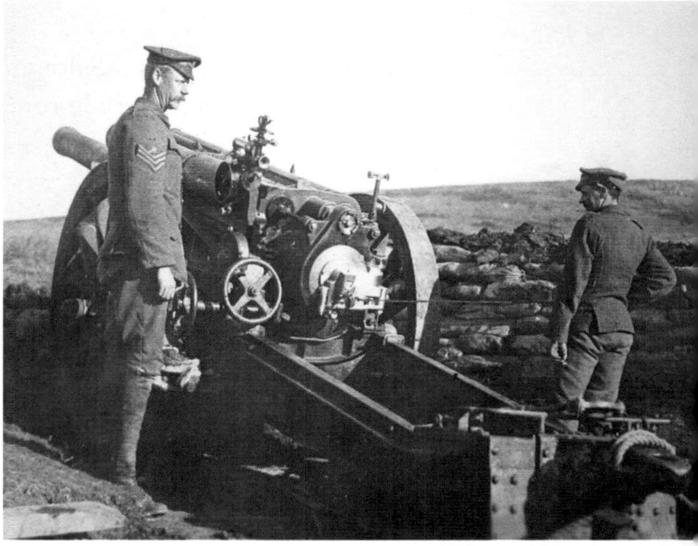

s'étalaient au soleil [...] toute la faune pittoresque dont l'Histoire et la guerre ont inondé Salonique buvait et se promenait. Côtoyant les Grecs, il y avait des officiers français, anglais, russes et serbes en grand uniforme, l'épée au côté, d'élégants jeunes gens chassés de Belgrade par la guerre et l'épidémie, des kavas barbares de tous les consulats – bousculant les porteurs jambes nues, les pêcheurs sortis tout droit des *Mille et Une Nuits*, les popes orthodoxes, les hadjis musulmans, les rabbins portant chapeau et barbe rituels, les femmes voilées, les Turcs et les espions allemands. »

C'est aussi une ville divisée sur la question de la guerre comme l'illustrent quelques piquants échanges rapportés par John Reed :

« – Est-ce que vous souhaitez que la Grèce entre dans la guerre ?

Il a fait non de la tête.

– La Macédoine ne souhaite pas la guerre ; nous voulons la paix en Grèce.

– Qu'est-ce que vous pensez de Venizélos ?

Il a ri :

– Venizélos veut la guerre. Si j'étais pour Venizélos, je serais déjà mort. Nous aimons Venizélos ; c'est lui qui nous a libérés. Mais nous ne voulons pas la guerre. Le roi, oh ! lui, on s'en fiche, il n'est rien. »

À autre habitant, autre réponse :

« – Vous voulez que la Grèce déclare la guerre ?

– Tu parles si on veut ! On prendra Constantinople. Notre roi s'appelle Constantin, et Constantinople a été grecque ! Vous pigez ? On va retourner à Constantinople avec Constantin. On va se battre... et battre la Serbie, la Bulgarie, la Roumanie, l'Italie... Tout le monde, quoi ! »

Le célèbre Albert Londres, qui débarque à Salonique en avril 1915 et franchit la frontière serbo-grecque, donne, lui, une vision plus partiale des événements. Porte-parole avant tout de son camp, il décrit avec enthousiasme ces Français qui entrent dans Monastir, ville de Macédoine « libérée », c'est-à-dire rendue à la Serbie : « Et voici les soldats français qui arrivent et dans les petites rues pour un seul soldat qui passe des femmes

> Boîte et médaille de bronze éditées par les Allemands pour célébrer le torpillage du paquebot *Lusitania*. En réalité, il s'agit de faux fabriqués de toutes pièces par les services de propagande britanniques pour décider les États-Unis à rallier le camp allié.

discrètes, derrière leurs carreaux, battent des mains, et voici des fleurs qui tombent. »

Le recrutement de l'armée d'Orient comprend des anciens des Dardanelles, mais aussi dès l'origine des métropolitains, et plus tard des contingents serbes, italiens, et grecs. Plaine glacée l'hiver, torride l'été, Salonique est un endroit hostile qui restera souvent un cauchemar chez ceux qui y furent envoyés. Bloqués derrière leurs lignes de défense, les soldats y souffrent du scorbut et les moustiques les harcèlent. Au loin, ils aperçoivent les villes arabes avec mosquées et minarets, qui leur semblent menaçantes…

L'annonce de changements

Sur un dessin de l'époque, le Kaiser observe l'arrivée des soldats américains :

– « Combien de navires a-t-il donc fallu pour les amener en Europe ? demande-t-il, incrédule.

– Un seul, le *Lusitania* », lui répond un conseiller.

Cette pique illustre combien le naufrage du *Lusitania* a eu un impact considérable sur l'opinion publique américaine et l'entrée en guerre des États-Unis. Le 7 mai 1915, ce paquebot britannique, qui dessert la ligne New York-Liverpool, est coulé par un bel après-midi ensoleillé. Le U-20 du lieutenant de vaisseau Walther Schweiger tire sans sommation sur le bateau de la compagnie Cunard et c'est le drame : une première torpille jette à terre les passagers qui admirent sur le pont les côtes irlandaises, une deuxième torpille défonce la coque. Dix-huit minutes plus tard, le *Lusitania* s'enfonce dans les eaux sombres de l'Atlantique. Sur 1 959 passagers, il y a 1 198 victimes, dont 128 citoyens américains et une centaine d'enfants.

Ce bateau est le navire coulé de trop. Certes, les naufrages provoqués par les sous-marins allemands ne sont pas nouveaux. Le 22 septembre 1914, les Allemands ont envoyé par le fond trois croiseurs britanniques, l'*Aboukir*, le v Intérieur de la salle des torpilles d'un *U Boot* allemand. Ralliée assez tard à l'usage des sous-marins, la marine impériale innove cependant avec les premières patrouilles de submersibles ; agissant en « meutes », loin de leurs bases, ils mènent une véritable guerre de course.

Cressy et le *Hogue*, tuant 1 400 hommes en quelques instants. Un mois plus tard, un U-17 aborde le *Glitra* au large des côtes de Norvège. Invoquant les « règlements de prise » de l'époque napoléonienne, les Allemands constatent qu'il transporte des marchandises de contrebande et le sabordent en ouvrant ses vannes d'arrivée d'eau. Le *Glitra* devient ainsi le premier navire marchand coulé de la guerre. Mais, depuis 1915, le rythme des attaques s'est considérablement accéléré. Le blocus commençant à gêner vraiment Berlin, les sous-marins allemands redoublent d'activité. Fatalement, il y a des victimes américaines et les Américains ont donc beaucoup plus de mal à n'émettre qu'une protestation de principe.

Le 28 mars 1915, le paquebot *Falaba*, torpillé, sombre avec un citoyen américain à bord. Le 1er mai 1915, le pétrolier *Gulflight* suit le même chemin, entraînant dans la mort trois Américains. Le 7 mai, enfin, survient le drame du *Lusitania*. La nouvelle fait les gros titres de la presse et choque le monde entier. Comment une nation civilisée pouvait-elle commettre des actes d'une telle barbarie ? Cette fois, le président américain, Woodrow Wilson, hausse le ton. Il demande aux Allemands, qui ont probablement coulé le *Lusitania* par erreur en le confondant avec le *Mauretania*, excuses et réparations. Berlin exprime sa plus sincère compassion pour les victimes américaines, mais affirme que son acte n'est pas vraiment injustifié parce

que le paquebot transportait des munitions. En septembre, d'ailleurs, il s'empresse de récidiver. Cette fois, c'est le naufrage de l'*Arabic*, qui coûte la vie à trois Américains. Ce n'est pas encore la rupture et Berlin s'empresse de dire ses regrets, mais comme les Allemands poursuivent la guerre sous-marine, on voit mal comment les choses pourraient s'arranger.

Le 8 mars, le Kaiser renvoie Tirpitz, qui défend la guerre sous-marine à outrance, afin de faire bonne figure auprès des Américains, mais sans modifier aucunement son choix stratégique. D'ailleurs, la guerre sous-marine ne tarde pas à faire du tort même à son propre camp : un U-13 torpille le hollandais *Tubantia* où les importateurs allemands avaient caché dans les fromages des lingots d'or destinés à financer la guerre.

En gros, le blocus est intenable, les batailles de cuirassiers tournent forcément au désavantage des Allemands. Qui sont donc obligés de poursuivre la guerre sous-marine, seul moyen d'étrangler une Angleterre très dépendante du commerce maritime pour ses besoins de première nécessité.

Les Anglais ont toujours nié farouchement que le *Lusitania* ait transporté des munitions, mais l'ouverture des archives en 1972 a révélé que le navire convoyait bel et bien des munitions en contrebande et était armé de canons…

L'Union sacrée mise à mal

Dès 1915, socialistes et syndicalistes qui se sont laissés portés par le bel élan de l'Union sacrée ont de plus en plus de mal à cautionner la poursuite de la guerre. Ces opposants vont oser organiser en plein conflit une réunion pacifiste. C'est ainsi que 38 militants russes, allemands, italiens, anglais, suisses, suédois et polonais partisans d'une paix sans annexion ni indemnité se réunissent du 5 au 8 septembre dans le village de Zimmerwald, près de Berne, en Suisse. À la conférence de Zimmerwald, délégués français et italiens s'attablent donc côte à côte avec des représentants allemands et autrichiens.

La conférence se divise entre partisans du défaitisme (tel Lénine) et adversaires (tel Alphonse Merrheim). Lénine réclame la proclamation d'un manifeste contre la poursuite de la guerre. Intitulé « Aux prolétaires d'Europe », il condamne catégoriquement la « guerre impérialiste » et les socialistes « traîtres à l'internationalisme » qui ont voté les crédits de guerre, et préconise la guerre civile avec grève générale pour arrêter les combats et déclencher la révolution. « La guerre dure depuis plus d'un an, dit le manifeste. Des millions de corps humains gisent sur les champs de bataille ; des millions d'hommes ont été mutilés pour la vie. L'Europe est devenue une demeure gigantesque, où des hommes s'entre-tuent. Toute la science, le travail des générations passées sont voués à la destruction.

v Datant sans doute des premiers jours de la guerre, cette photographie est particulièrement intéressante. Au milieu d'un groupe de zouaves, l'élite de l'armée française, on en voit un, désigné par deux croix, montrer discrètement le journal *L'Humanité*. Dirigé par Jaurès jusqu'à son assassinat, ce journal, qui a longtemps hésité à soutenir l'entrée en guerre, continuera à exprimer les doutes qui agitent socialistes et syndicalistes.

« La barbarie la plus sauvage célèbre son triomphe sur tout ce qui était, naguère, la fierté de l'humanité » (7 octobre 1915). Comme le manifeste n'emporte pas l'adhésion de tous, la conférence se sépare sur la seule adoption d'une motion, qui prône une paix blanche, fondée sur le droit des peuples à disposer d'eux-mêmes.

Restée dans l'histoire comme l'une des premières fissures de la sacro-sainte Union sacrée, la conférence de Zimmerwald n'a, cependant, guère d'impact sur le coup, car la censure fait de cette conférence une réunion complètement ignorée de l'opinion.

Partout, des voix réclament la paix. En Allemagne, le 9 décembre 1915, le Parti social-démocrate se divise en « majoritaires » partisans de la guerre et de l'Union sacrée et « minoritaires » pacifistes. Cela amène 20 députés du Reichstag, dont Karl Liebknecht, à refuser de voter les crédits de guerre le 24 décembre.

En Italie, une fois la guerre déclarée, le PSI (Parti socialiste italien) a adopté une attitude ambiguë : « ni adhésion, ni sabotage ». Dès mai 1915, cependant, les socialistes ont organisé des manifestations contre la guerre à travers toute l'Italie.

< Au drap bleu horizon des troupes métropolitaines, qui se substitue au rouge garance et au gris de fer bleuté en 1916, l'Intendance préfère un drap dit moutarde pour les troupes coloniales et l'armée d'Afrique. C'est l'ancêtre du drap kaki contemporain.

La nouvelle tenue en 1915

Qualifiée de « bleu horizon », la nouvelle tenue que reçoivent les poilus au cours de l'année 1915 marque un certain tournant dans la conception des équipements qui accompagnent les évolutions de la guerre. À mesure que celle-ci s'enlise, le poilu, toujours à la recherche d'une meilleure protection et d'hygiène, s'ingénie à améliorer les fournitures de l'Intendance. Malgré la pénurie, la débrouillardise – le fameux système « D » – produit quantité de matériels qui reconstituent un certain univers familier pour le soldat.

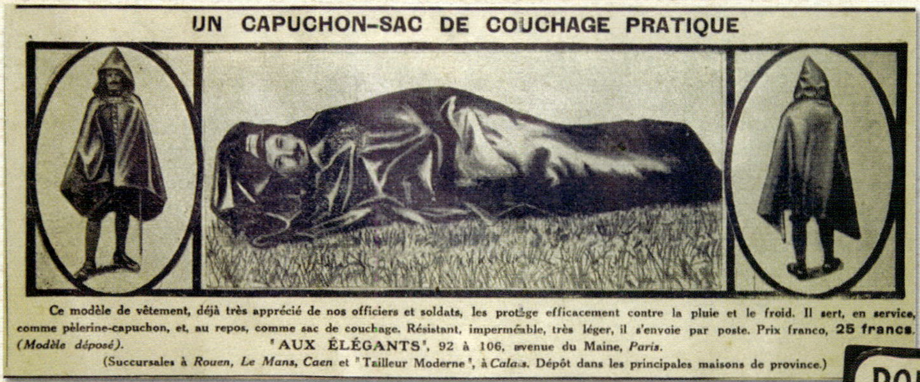
UN CAPUCHON-SAC DE COUCHAGE PRATIQUE
Ce modèle de vêtement, déjà très apprécié de nos officiers et soldats, les protège efficacement contre la pluie et le froid. Il sert, en service, comme pèlerine-capuchon, et, au repos, comme sac de couchage. Résistant, imperméable, très léger, il s'envoie par poste. Prix franco, 25 francs. (Modèle déposé).
"AUX ÉLÉGANTS", 92 à 106, avenue du Maine, Paris.
(Succursales à Rouen, Le Mans, Caen et "Tailleur Moderne", à Calais. Dépôt dans les principales maisons de province.)

POUR LE FRONT
Demandez la Notice spéciale d'Articles Militaires.
KIRBY, BEARD & Cº Lᴰ
5, Rue Auber, Paris.

v Képi brodé de grande tenue d'officier général. Le simple képi de drap avec étoiles apparaît à l'occasion des campagnes coloniales, en particulier celle du Maroc en 1908. Les rangées de feuilles de chêne indiquent le rang : une rangée, général de brigade, deux, général de division et il n'existe pas de grade supérieur, hormis la dignité de maréchal de France, avec trois rangées de feuilles de chêne. En revanche, un général de division peut exercer un commandement de corps d'armée ou d'armée et c'est à dater du règlement de 1921 qu'apparaîtront sur les tenues quatre étoiles pour les généraux de corps d'armée, et cinq pour ceux d'armée.

En France, si les socialistes s'interrogent, la presse nationaliste, elle, de son côté, redouble de virulence et de haine. Charles Maurras dans *L'Action française* du 18 avril 1915 réclame, par exemple, que le peuple allemand, « peuple insensible aux merveilles de l'art soit impitoyablement dépouillé des bibliothèques et des collections dont il est le détenteur sans droit » et exige que « le peuple qui s'est rendu pareillement indigne de la vie et de la puissance politique en soit déclaré déchu et soit rendu à son ancienne existence municipale et provinciale ».

Le haut commandement en question

Eu égard au bilan déplorable de l'Entente en cette fin d'année 1915, de nouveaux généraux sont nommés. Chez les Anglais, John French est remplacé par Douglas Haig. En Russie, le 11 août, le tsar change de ministre de la Guerre, renvoie son oncle, le grand-duc Nicolas, et prend en personne le commandement de l'armée russe, le général Alexeiev étant chef d'État-Major.

En France seulement on semble avoir quelques états d'âme à renvoyer Joffre à cause de sa grande popularité et du respect qu'il impose à l'ennemi. Son aspect bon vivant et sa confiance inébranlable en la victoire finale rassurent. Le général fait l'objet d'un véritable culte. Des cartes postales, produites en masse, n'hésitent pas à lui adresser une prière calquée sur le Notre Père : « Notre Joffre qui êtes au feu, que votre nom soit glorifié, que votre victoire arrive… mais délivrez-nous des Boches. »

Joffre a ses inconditionnels, qui saluent son sang-froid face à la ruée allemande sur Paris et admirent sa capacité à avoir su annuler les offensives prévues et rappeler vers la capitale les forces massées sur la frontière franco-allemande. Pour ceux-là, il est d'abord « le glorieux vainqueur de la Marne ».

Il a aussi ses détracteurs, qui dénoncent son manque d'intuition, voire sa bêtise. Joffre est alors le général qui n'a pas vu venir l'attaque par la Belgique en août 1914 et celui qui a répondu au colonel Penelon, auteur v De gauche à droite, les généraux de Castelnau, Joffre et Pau. Personnages populaires et très influents en France depuis la Révolution, l'Empire et sous la Troisième République, en 1914, quantité d'officiers généraux doivent surtout leur poste à des amitiés politiques.

d'un projet de casque en novembre de la même année : « Mon ami, nous n'aurons pas le temps de le fabriquer. Je tordrais les Boches avant deux mois » ! Ses opposants lui reprochent sa légèreté meurtrière, sa tactique dépassée, qui repose sur la prédominance de la manœuvre sur le feu et sa bassesse d'âme qui consiste à faire endosser aux autres la défaite. Les autres, ce sont les généraux qu'il limoge ou, plus pittoresque, la pluie et le beau temps : on connaît sa célèbre déclaration après la défaite de Soissons en 1915 : « Je commande à des soldats et non pas au baromètre. »

Joffre n'est pas le seul responsable de l'incompétence du commandement. La France fait les frais des dysfonctionnements révélés par le scandale des fiches en 1904. Après l'affaire Dreyfus, sous l'égide du général André, ministre de la Guerre, qui veut « rapprocher le corps des officiers de la nation française », la promotion des officiers s'est faite plus souvent selon des critères politiques que militaires. Le général a fait « ficher » tous les officiers réactionnaires et a fortement freiné leur avancement. Mieux valait alors être républicain et anticlérical. La guerre révèle ainsi que certains chefs efficaces comme Foch, Castelnau, Langle de Cary ou Pétain (qui, à la veille de la guerre, était sur le point de prendre sa retraite) ont été écartés, alors que d'autres, rapidement montés en grade, sont de piètres soldats.

À la fin de l'année, en dépit de l'attachement de la Chambre au général républicain, fils d'un tonnelier de Rivesaltes, Joffre finit par faire les frais des défaites successives. Deux décrets diminuent très légèrement ses pouvoirs, puisque le premier crée un commandement unifié et que le second le confie à Joffre ! Dans le même temps, la vraie responsabilité des opérations militaires revient au général de Castelnau, qui n'est autre que l'adjoint de Joffre. Rien ne change donc vraiment.

Surnommé le « Capucin botté », car catholique pratiquant et antirépublicain, Castelnau n'enthousiasme guère les radicaux et les socialistes, mais a le soutien de Briand. Il s'est illustré en 1914 en repoussant les Bavarois au

Derrière les lignes

À DÉFAUT d'une permission qui autorise à partir loin à l'arrière pour retrouver amour, famille et amis, le « tourniquet » permet de passer quelques jours loin de la mitraille. Chacun part à la recherche de ce qu'il n'a pas dans la tranchée : mieux boire, mieux manger et peut-être, au hasard d'un « billet de logement », profiter d'une bonne occasion.

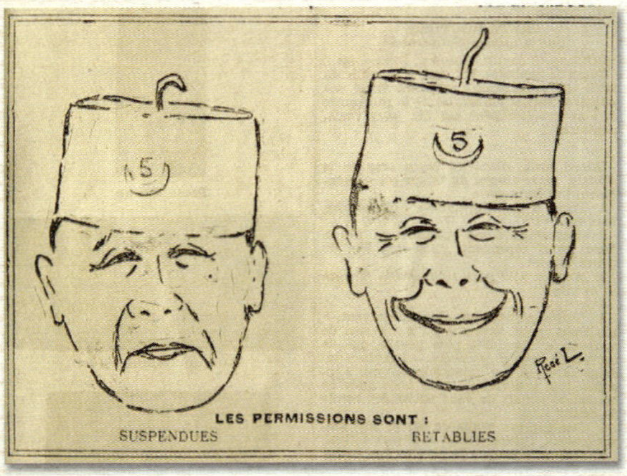

^ Dessin paru dans un journal de tranchée.

v En seconde ligne et à l'arrière, officiers, sous-officiers et soldats reçoivent des billets de logement chez l'habitant… qu'ils espèrent évidemment être une habitante accorte et accueillante…

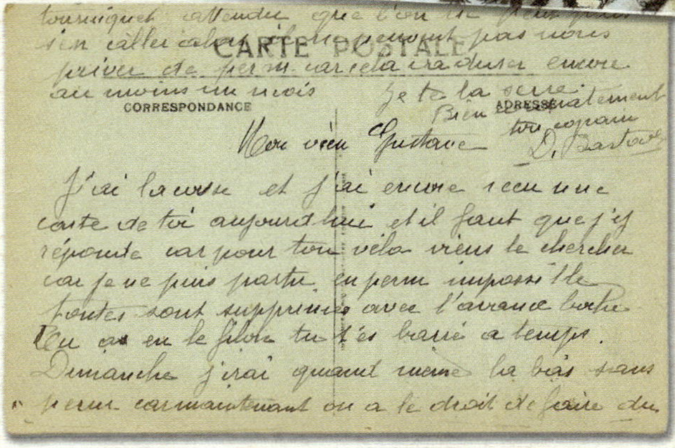

Mon cher Gustave

[…] pour ton vélo viens le chercher car je ne puis partir en perm, impossible, toutes sont supprimées avec l'avance boche. Tu as eu la fibre, tu t'es barré à temps. Dimanche j'irai quand même là-bas sans perm car maintenant on a le droit de faire du tourniquet, attendu que l'on ne peut plus s'en aller, ils ne peuvent pas nous priver de perm car cela va durer encore au moins un mois. Je te la serre.

Ton copain D. B.

Le 7 septembre 1915

Chère Madame,

Toujours sur le front et dans l'attente de la fameuse permission. En ce moment, j'ai une légère attaque de rhumatismes dans une jambe. J'espère que ce ne sera rien, en tout cas j'aurai déjà gagné cela à la guerre.

Vous avez dû trouver la permission de Georges bien courte, en effet. Il n'a pas bénéficié d'un long congé. Dans les débuts, ici nous avions 8 jours mais ça a été ramené à 6 et il est possible que l'on diminue encore, que nous restera-t-il ?

Embrassez bien Georgette, le Petit Diable pour moi et recevez mes souvenirs affectueux.

Raymond

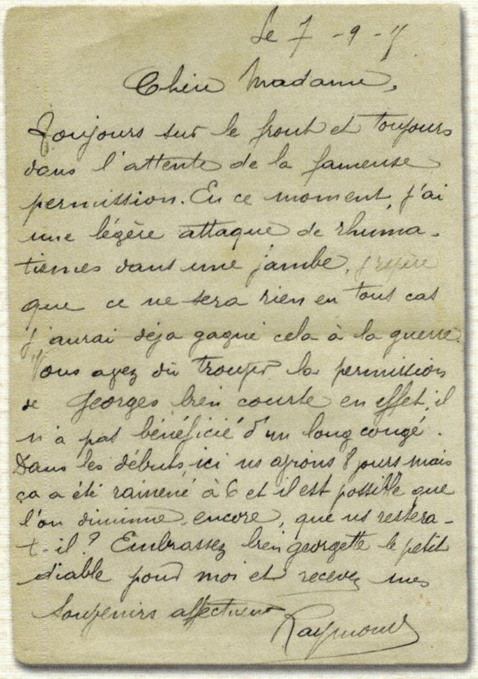

Le 7 -9 -1

Chère Madame,

Toujours sur le front et toujours dans l'attente de la fameuse permission. En ce moment, j'ai une légère attaque de rhumatismes dans une jambe, j'espère que ce ne sera rien en tout cas j'aurai déjà gagné cela à la guerre. Vous avez dû trouver la permission de Georges bien courte en effet. il n'a pas bénéficié d'un long congé. Dans les débuts ici ns avions 8 jours mais ça a été ramené à 6 et il est possible que l'on diminue encore, que ns restera-t-il ? Embrassez bien Georgette le petit diable pour moi et recevez mes souvenirs affectueux.

Raymond

La « perme »

THÉORIQUEMENT accordée à dates relativement régulières, les permissions permettent au soldat de retrouver les siens. Souvent utilisée pour donner plus d'allant au combattant auquel elle est promise, la « perme » est souvent annulée ou reportée. Exigences des services, action inattendue, effectifs à reconstituer après une offensive meurtrière, tout contribue à ces contretemps. Dans les rangs de ceux qui sont en première ligne circulent les anecdotes concernant ceux qui ont « miraculeusement » échappé à l'anéantissement de leur unité quelques minutes après leur départ, ou au contraire ceux que la fatalité a retenus au combat et qui sont morts alors qu'ils devaient être en permission.

L'espoir ou les espoirs nourris par la perspective de ces séjours loin des combats sont souvent déçus. L'esprit de l'arrière écœure, la banalité des rencontres aussi. Souvent, le poilu, paradoxalement, a hâte de retrouver les « poteaux », ses amis avec lesquels il partage des moments plus intenses. Restent les rêves de sexe – conjugal ou non –, tant la misère dans ce domaine accable le soldat, qui se demande combien de temps il lui reste avant d'être fauché par la mitraille.

^ Ce permissionnaire qui tente de porter beau trimbale avec lui l'odeur de la mort, peu appréciée dans les cafés des grands boulevards.

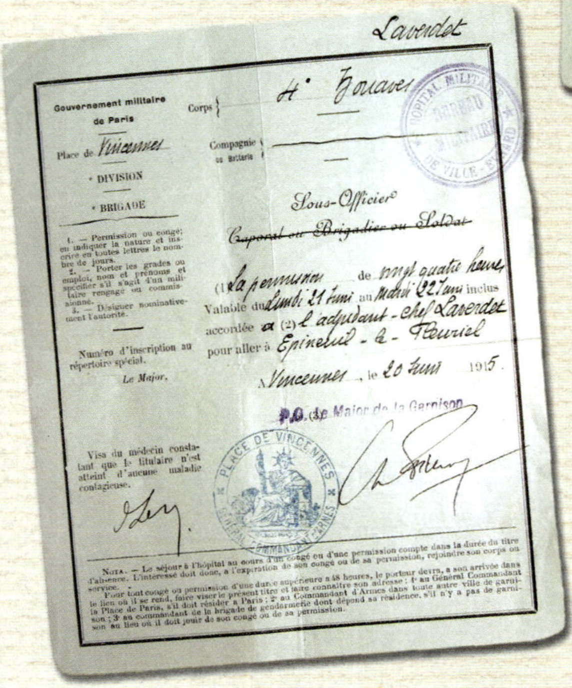

Lavendet

Gouvernement militaire de Paris

Place de Vincennes

* DIVISION

* BRIGADE

1. — Permission ou congé; en indiquer la nature et inscrire en toutes lettres le nombre de jours.
2. — Porter les grades ou emploi, nom et prénoms et spécifier s'il s'agit d'un militaire rengagé ou commissionné.
3. — Désigner nominativement l'autorité.

Numéro d'inscription au répertoire spécial.

Le Major.

Visa du médecin constatant que le titulaire n'est atteint d'aucune maladie contagieuse.

Corps 4e Zouaves

Compagnie ou Batterie

Sous-Officier
~~Caporal ou Brigadier ou Soldat~~

(1) La permission de vingt quatre heures
Valable du Lundi 21 Juin au Mardi 22 Juin inclus
accordée à (2) l'adjudant-chef Lavendet
pour aller à Epineuil-le-Fleuriel

A Vincennes, le 20 Juin 1915.

P.O. (3) Le Major de la Garnison

NOTA. — Le séjour à l'hôpital au cours d'un congé ou d'une permission compte dans la durée du titre d'absence. L'intéressé doit donc, à l'expiration de son congé ou de sa permission, rejoindre son corps ou service.
Pour tout congé ou permission d'une durée supérieure à 48 heures, le porteur devra, à son arrivée dans le lieu où il se rend, faire viser le présent titre et faire connaître son adresse : 1° au Général Commandant la Place de Paris, s'il doit résider à Paris ; 2° au Commandant d'Armes dans toute autre ville de garnison ; 3° au commandant de la brigade de gendarmerie dont dépend sa résidence, s'il n'y a pas de garnison au lieu où il doit jouir de son congé ou de sa permission.

^ Même si elle n'est pas longue, cette permission accordée à un sous-officier du 4e zouave est la bienvenue.

v > Tout ce qui porte jupon est susceptible d'attirer le poilu en goguette. Une « petite femme » nue et offerte comme hors-d'œuvre risque pourtant de rester à l'état de rêves tout comme le luxe censé entourer la rencontre.

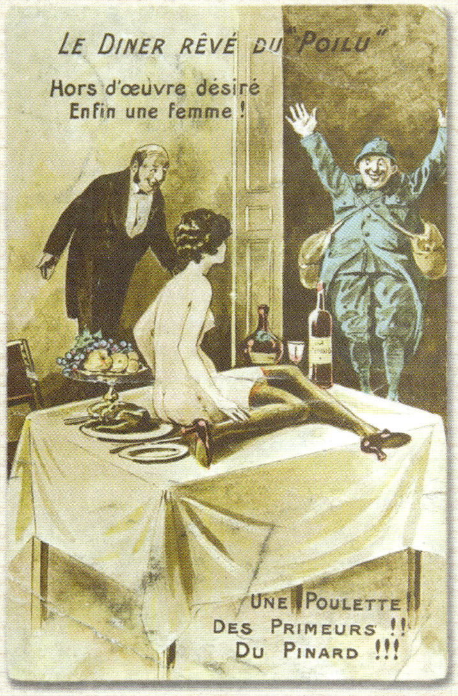

∧ Ces triplés enrubannés en tricolore, résultats d'un « bon coup de baïonnette », laissent accroire que le poilu est une « fine lame ». Pourtant, souvent, les « héros sont fatigués ».

∧ On prévoit tout à l'armée, même les mauvais souvenirs de permission.

v Artilleurs allemands servant un canon de 77 mm. Rival du 75, il n'en avait ni la portée, ni la vitesse de tir, ni la précision, mais chaque division allemande en comptait plus d'une cinquantaine, soit près du double de la dotation française. À gauche, un soldat utilise un des premiers téléphones de campagne.

> Les calibres de plus en plus gros employés créent des entonnoirs parfois profonds de plusieurs dizaines de mètres dans lesquels disparaissent à jamais des sections entières. Fin 1915, le champ de bataille français prend cet aspect lunaire qui le caractérise désormais.

Grand Couronné, en livrant la bataille de Morhange et en sauvant Nancy. N'en déplaise à l'un de ses détracteurs qui, au lendemain de son attaque cardiaque, commente : « La seule attaque qu'il ait jamais réussie. » En outre, il est tristement célèbre pour le sacrifice de sa famille à la patrie, puisqu'il a déjà perdu trois fils au front en 1915.

Si Castelnau ne fait donc pas vraiment d'ombre à Joffre, ce dernier ne supporte guère néanmoins sa présence, qui a un goût de sanction, il s'en débarrasse donc très vite en l'expédiant dès la fin de l'année en mission à Salonique.

Il ne faut donc pas s'étonner si le chef suprême des armées répond au ministre de la Guerre l'interrogeant sur les risques de laisser sans défense le secteur de Verdun le 18 décembre 1915 : « Rien ne justifie les craintes »... Ce chef suprême qui vient de parler, c'est encore et toujours Joffre !

« Une époque inouïe et sanglante »

En cette fin d'année 1915, l'Entente cerne un peu mieux les raisons de ses échecs : insuffisance du soutien d'artillerie mal adapté à la guerre de positions, rigidité de la planification, faible mobilité, mauvais positionnement des réserves, manque de délégation du commandement et absence de moyens de communication rapides entre le front et l'arrière. Les munitions manquent, car la bataille de la Marne a épuisé les réserves et les industries de l'armement ne produisent pas encore suffisamment. Les mitrailleuses sont encore trop rares au sein des unités.

En un an, la Russie a eu près de 4 millions de tués, blessés et prisonniers. Le soldat russe souffre. Les résultats de ses campagnes ont été catastrophiques, on l'a vu, et l'ultime contre-attaque de l'année, celle d'Ivanov en décembre, ne fait qu'ajouter 50 000 hommes au nombre déjà effrayant des morts.

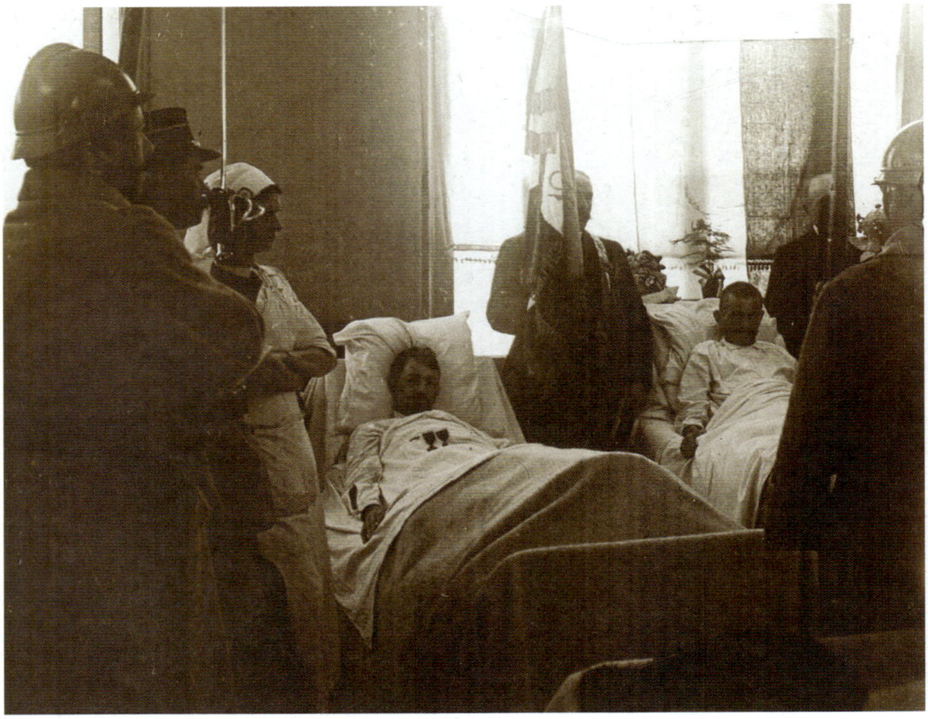

Le soldat français n'est guère plus heureux. « On arrivait aux derniers jours de 1915. Les nouvelles du front étaient mauvaises. Et la perspective d'un rude hiver s'ajoutait à l'angoisse générale. Aussi les jeunes gens se trouvant là se montraient-ils moins impétueux qu'on l'est généralement à leur âge, surtout en semblable circonstance, et c'était à peine si un éclat de rire ponctuait de temps à autre la fine plaisanterie du préposé à la toise, consistant à laisser violemment retomber le bras de l'appareil sur le crâne des conscrits désavantagés au point de vue de la taille. » La première page de *5e de campagne* de Marcel-E. Grancher parti pour la Grande Guerre à 18 ans donne le ton : 1915 est une année très éprouvante pour le soldat français. Mal équipé, mal retranché, mal protégé, il monte à l'assaut des lignes adverses avec comme seule couverture sa baïonnette au canon, ou attend interminablement dans des tranchées où il est très vulnérable. Il redoute particulièrement l'artillerie de tranchée adverse, et notamment les terribles *Minenwerfer* (lanceur de mines), arme exclusivement allemande. Ces charges explosives sont, en effet, capables de pulvériser un objectif à faible distance. Elles creusent dans la terre des trous de 8 à 10 m. Leur efficacité pousse les Allemands à multiplier par six leur production et à faire que chaque corps d'armée possède une *Abteilung* (section) de *Minenwerfer* légers, moyens et lourds à partir de l'été 1915.

La seule amélioration vient de sa tenue. Il a enfin pu troquer son pantalon garance contre un bleu horizon moins visible, la capote bleu horizon également est raccourcie et surtout le képi est remplacé par le casque

< > Lorsqu'en 1915 le gouvernement décide de créer une nouvelle décoration pour récompenser la bravoure des soldats, ici un grand blessé décoré sur son lit d'hôpital, un concours est lancé pour la dessiner. De nombreux artistes y participent parmi lesquels J. Hilpert, alors capitaine dans un régiment d'infanterie. Son projet, à gauche, n'est pas retenu, mais la croix de guerre qui naît officiellement le 8 avril 1915, à droite, n'en est pas très éloignée. Elle n'est donnée qu'une seule fois, les citations successives étant représentées par des palmes et des étoiles sur le ruban.

Adrian à partir de juin car jusque-là les coups à la tête représentaient environ 60 % des blessures et laissaient au blessé fort peu de chances d'en réchapper entre septicémie et gangrène. Les Français et leurs képis du début de la guerre ne sont cependant pas moins bien lotis que la plupart des autres belligérants en matière de couvre-chef. Anglais et Russes portent la casquette, les unités indiennes sont en turban et les Australiens chargent en chapeaux de *cow-boy*. Seuls les Allemands ont eu droit dès les premiers jours au fameux casque à pointe, encore n'est-il qu'en cuir bouilli.

À défaut de pouvoir espérer une amélioration de sa condition, le Français peut se réconforter avec des diplômes et des médailles qui lui prouvent que la patrie reconnaît son sacrifice. Une loi du 2 juillet 1915 institue la mention « mort pour la France » et une nouvelle distinction, la croix de guerre, devenue nécessaire parce que la « médaille militaire et la Légion d'honneur demeurent trop rares pour récompenser tous les actes de bravoure de nos soldats ».

L'année 1915 se termine, en revanche, sous les meilleurs auspices pour les Puissances centrales. À l'ouest, l'Allemagne campe solidement installée sur ses positions. À l'est, les Allemands ont accumulé les victoires, reprenant la Prusse-Orientale et la Lituanie. Leurs alliés autrichiens ne les ont pas trop mal secondés dans leurs opérations communes en Galicie et en Russie et ont bien réussi à bloquer les Italiens sur le troisième front. Le combattant allemand notamment est plutôt en bonne posture. Bien appuyé par une artillerie de tranchée toujours mordante, il a tout pour avoir le moral : son territoire n'est pas menacé, il a pu reconquérir une partie des territoires perdus lors de la retraite de septembre 1914, il est victorieux sur le front russe et dans les Balkans, où le régime serbe s'est effondré. Cependant, il est loin de crier victoire à l'exemple de son souverain. S'appliquant contre toute bonne foi à présenter le conflit comme une v Courrier non daté. La durée de cinq à six jours d'invalidité pour avoir reçu une balle au menton et un éclat d'obus dans le pouce du pied gauche suppose une capacité de rétablissement assez prompte, mais témoigne surtout de la nécessité d'utiliser toutes les forces disponibles. La description qui est faite des pillages et des destructions peut se rapporter à tout le théâtre des opérations, car il n'y a pas eu qu'une cathédrale de détruite.

guerre défensive, le discours du Kaiser du 1er août 1915 est, en effet, tout sauf triomphaliste : « Une année s'est écoulée depuis que j'ai dû appeler le peuple allemand aux armes. Une époque inouïe et sanglante est venue sur l'Europe et le monde. Devant Dieu et l'histoire, ma conscience est pure. Je n'ai pas voulu la guerre. Après dix ans de préparation, l'union des puissances pour lesquelles l'Allemagne était devenue trop grande a cru l'instant venu d'humilier et d'écraser dans un cercle puissant l'empire qui restait fidèle à son allié austro-hongrois dans une juste cause.

» Ce n'est pas un désir de conquête, ainsi que je l'ai proclamé, il y a une année, qui nous a poussés à la guerre […]. Ce qui nous menaçait si la violence étrangère réussissait à déterminer le sort de notre peuple et celui de l'Europe, c'est ce que les souffrances de ma chère province de la Prusse-Orientale ont montré. »

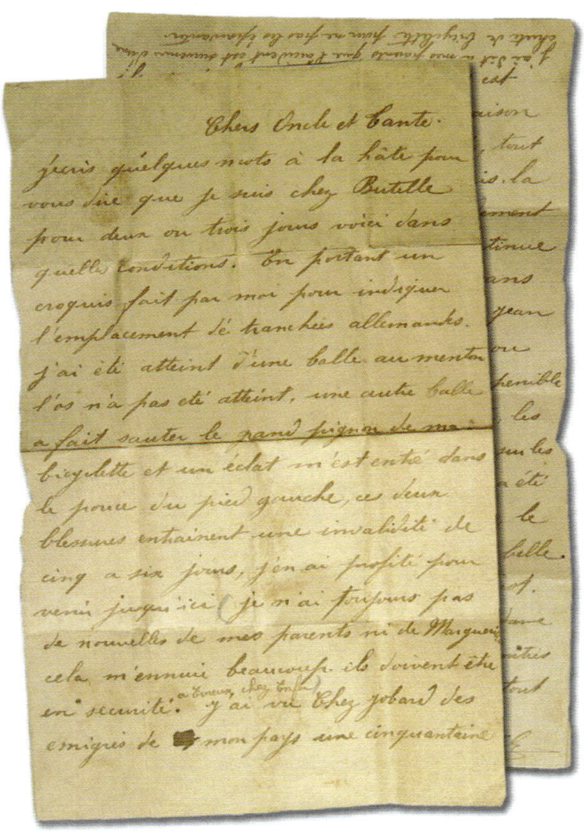
Chers Oncle et Tante.
J'écris quelques mots à la hâte pour vous dire que je suis chez Butille pour deux ou trois jours voici dans quelles conditions. En portant un croquis fait par moi pour indiquer l'emplacement de tranchées allemandes. j'ai été atteint d'une balle au menton l'os n'a pas été atteint, une autre balle a fait sauter le grand pignon de ma bicyclette et un éclat m'est entré dans le pouce du pied gauche, ces deux blessures entraînent une invalidité de cinq à six jours, j'en ai profité pour venir jusqu'ici. Je n'ai toujours pas de nouvelles de mes parents ni de Marguerite cela m'ennuie beaucoup. ils doivent être en sécurité. J'ai vu chez Jobard des émigrés de mon pays une cinquantaine

Chers Oncle et Tante,

J'écris quelques mots à la hâte pour vous dire que je suis chez B. pour deux ou trois jours voici dans quelles conditions. En portant un croquis fait par moi pour indiquer l'emplacement de tranchées allemandes, j'ai été atteint d'une balle au menton, l'os n'a pas été atteint, une autre balle a fait sauter le grand pignon de ma bicyclette et un éclat m'est entré dans le pouce du pied gauche, ces deux blessures entraînent une invalidité de cinq à six jours […]. Je n'ai toujours pas de nouvelles de mes parents ni de Marguerite, cela m'ennuie beaucoup […]. J'ai vu chez J. des émigrés de mon pays, une cinquantaine, ils sont bien désolés, le pays est transformé en ruines, la maison est pillée, tout le vin et tout le lard a été pris. La maison est saccagée, le bombardement dure depuis quinze jours et continue de plus belle. Je suis toujours sans nouvelles de René et de Jean. J'ai vu la maison où était l'oncle D., c'est pénible de voir les débris de toute sorte, les lits de fer tordus empilés les uns sur les autres, tout le pâté de maisons a été brûlé, la cathédrale est détruite, le bombardement continue de plus belle […].

v Dessin de J. Hilpert. Doté de la tenue « bleu horizon » adoptée en 1915 et chargé du barda qui recèle ses maigres mais précieux biens, la figure du poilu avec barbe, pipe et canne, entre dans la mythologie de la guerre. Sur sa poitrine il a fixé la croix de guerre récemment créée mais qui, en réalité, est rarement portée au combat et remplacée par le ruban de la décoration. Ici, à l'évidence, le héros est fatigué.

Les casques

« Plat à barbe » britannique (ci-contre), « casque à boulons » allemand, « Adrian » français, chacune de ces coiffures devient au fil du conflit le symbole des nations qui les portent.

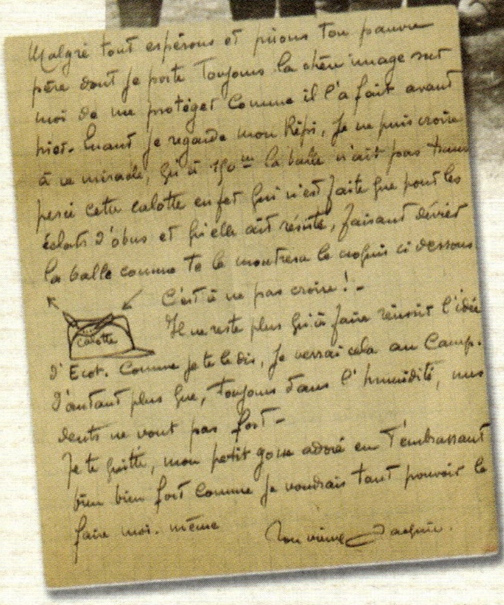
Malgré tout espérons et prions ton pauvre père dont je porte toujours la chère image sur moi de me protéger comme il l'a fait avant hier. Quand je regarde mon képi, je ne puis croire à ce miracle, qu'à 150 m la balle n'ait pas transpercé cette calotte en fer qui n'est faite que pour les éclats d'obus et qu'elle ait résisté, faisant dévier la balle comme te le montrera le croquis ci-dessous
C'est à ne pas croire ! –

Il ne reste plus qu'à faire réussir l'idée d'Ecot. Comme je te le dis, je verrai cela au Camp. d'autant plus que, toujours dans l'humidité, mes dents ne vont pas fort –
Je te quitte, mon petit gosse adoré en t'embrassant bien bien fort comme je voudrais tant pouvoir le faire moi-même
Ton vieux Jacquie.

25 août 1915

Je t'écris aujourd'hui en remerciant le bon Dieu, et dans une impression de tristesse mortelle, car notre pauvre commandant a été tué cette nuit. […] Nous avons passé une nuit terrible ; notre bataillon était chargé de construire une tranchée en avant des premières lignes. Nous avons été accueillis par les mitrailleuses qui nous ont fauché de face, à droite, et par derrière, et jusqu'à ce que les hommes aient creusé un trou assez profond pour s'y blottir, nous restions sur la plaine à diriger le travail et à les encourager. J'étais couché à plat ventre, sous le feu des mitrailleuses quand j'ai reçu sur la tête un coup terrible ; j'ai cru qu'un travailleur maladroit m'avait flanqué un coup de pioche : c'était une balle qui avait traversé mon képi et m'aurait foudroyé si je n'avais eu au dernier moment avant le départ la pensée de mettre dedans ma calotte en fer. Celle-ci n'avait pas été transpercée, elle a été toute cabossée, et la balle a dévié ce qui m'a sauvé miraculeusement. […] Quand je regarde mon képi, je ne puis croire à ce miracle, qu'à 150 m la balle n'ait pas transpercé cette calotte en fer qui n'est faite que pour les éclats d'obus et qu'elle ait résisté, faisant dévier la balle comme te le montrera le croquis ci-dessous. C'est à ne pas croire ! […]

< v Le casque en cuir bouilli a été d'un maigre secours pour ce fantassin allemand blessé en décembre 1915. Dans l'armée allemande aussi, il faut attendre 1916 pour que soit introduit le casque lourd en acier. Les boulons latéraux sont destinés à recevoir une plaque de renfort frontal qui reste dans les faits peu utilisée tant elle est lourde et incommode.

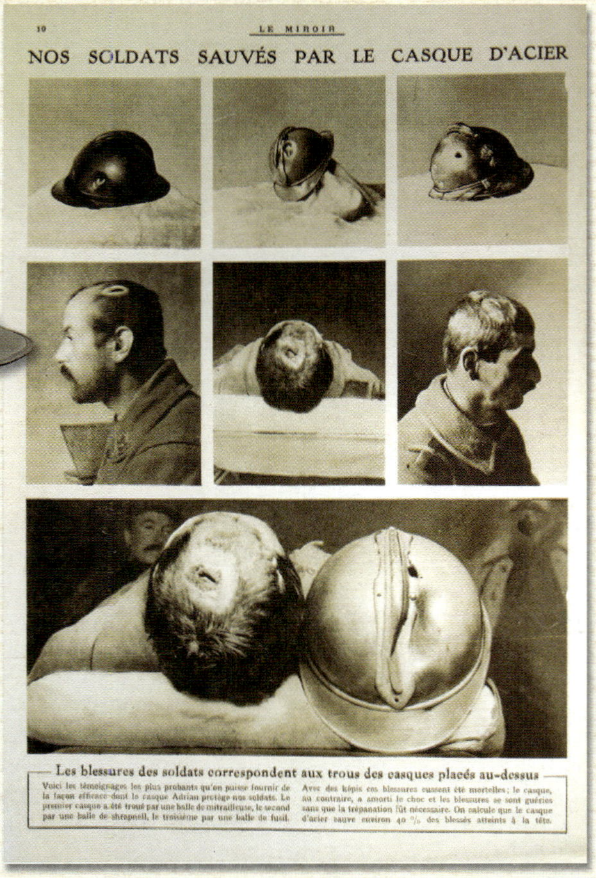

10 LE MIROIR

NOS SOLDATS SAUVÉS PAR LE CASQUE D'ACIER

Les blessures des soldats correspondent aux trous des casques placés au-dessus

Voici les témoignages les plus probants qu'on puisse fournir de la façon efficace dont le casque Adrian protège nos soldats. Le premier casque a été troué par une balle de mitrailleuse, le second par une balle de shrapnell, le troisième par une balle de fusil. Avec des képis ces blessures eussent été mortelles ; le casque, au contraire, a amorti le choc et les blessures se sont guéries sans que la trépanation fût nécessaire. On calcule que le casque d'acier sauve environ 40 % des blessés atteints à la tête.

< ʌ Repoussé avant guerre malgré de nombreux essais, l'usage d'un casque dans l'armée française devient urgent à la suite du grand nombre de blessures à la tête. À la fin de 1914, une cervelière en acier, à porter sous le képi, est distribuée. Peu efficace, elle est remplacée en 1915 par le célèbre casque Adrian, du nom de son concepteur.

Sans nouvelles

MORTS, blessés, disparus, prisonniers ? Très souvent, les familles demeurent dans l'incertitude jusqu'à l'annonce fatale ou, au contraire, à la délivrance : « Il est en vie. »

1915

Cette séparation si prolongée d'avec ceux que nous aimons est vraiment bien douloureuse mais nous ne pouvons nous en plaindre, et nous nous y résignons, en pensant à tant d'autres parents encore plus malheureux que nous ; et nous ne saurions oublier ton oncle et ta tante Lili, toujours sans nouvelles du pauvre Maurice. C'est cela qui est réellement affreux ! Nous au moins, nous avons le bonheur d'avoir presque chaque jour de bonnes lettres de vous trois. Tout en regrettant bien vivement que tes vilaines dents te causent encore des souffrances et de fréquentes insomnies, nous considérons comme un bienfait de Dieu ton séjour à Paris, dans cet hôpital où tu trouves tous les soins voulus, et où ta pauvre tête, si lasse, goûte enfin un peu le repos. Je t'embrasse bien tendrement, mon cher Jacques.

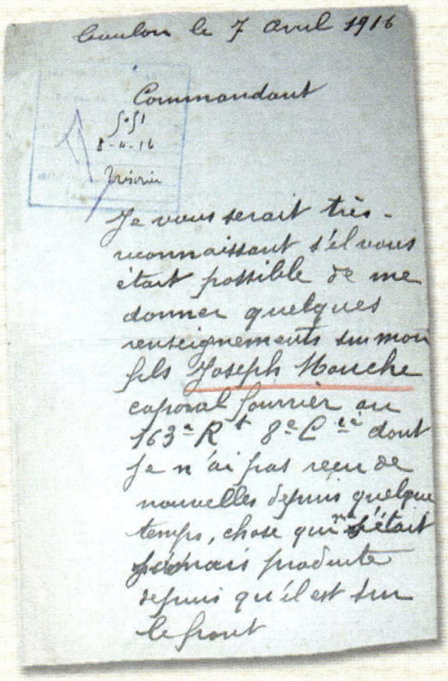
Toulon le 7 avril 1916

Commandant

Je vous serait très reconnaissant s'il vous était possible de me donner quelques renseignements sur mon fils Joseph Mauche caporal fourrier au 163e Rt 8e Cie dont je n'ai pas reçu de nouvelles depuis quelque temps, chose qui n'était jamais produite depuis qu'il est sur le front

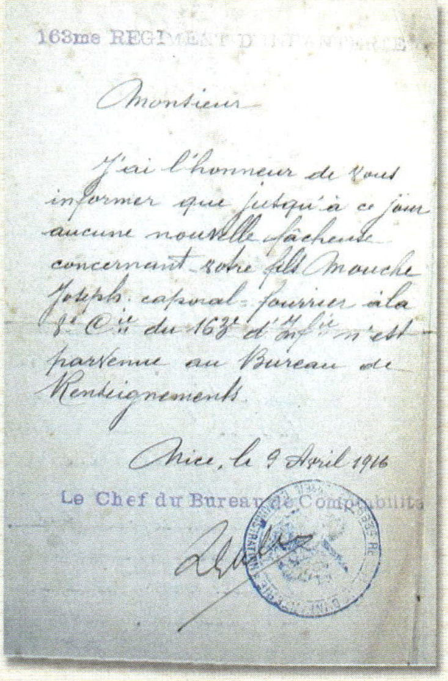
163me REGIMENT D'INFANTERIE

Monsieur

J'ai l'honneur de vous informer que jusqu'à ce jour aucune nouvelle fâcheuse concernant votre fils Mauche Joseph caporal fourrier à la 8e Cie du 163e d'Inf. n'est parvenue au Bureau de Renseignements.

Nice, le 9 Avril 1916

Le Chef du Bureau de Comptabilité

v Remise à deux exemplaires au soldat, ce type de plaque permettait d'identifier les cadavres. À partir de 1918, elles sont sécables en deux, l'une demeurant sur le corps.

7 avril 1916

Commandant,

Je vous serais très reconnaissant s'il vous était possible de me donner quelques renseignements sur mon fils Joseph M., caporal fourrier du 163e régiment 8e Cie dont je n'ai pas reçu de nouvelles depuis quelque temps, chose qui ne s'était jamais produite depuis qu'il est sur le front.

Monsieur,

J'ai l'honneur de vous informer que jusqu'à ce jour aucune nouvelle fâcheuse concernant votre fils M. Joseph, caporal fourrier à la 8e Cie du 163e régiment n'est parvenue au bureau de renseignements.

Nice, le 9 avril 1916

^ Verdun après une attaque. À demi enfoncé dans la terre, ce cadavre n'a pas encore été relevé. Il faut ensuite l'identifier, éclaircir les circonstances de sa mort et, enfin, prévenir sa famille. Souvent, ce sont les camarades qui s'en chargent en envoyant des « reliques » aux proches.

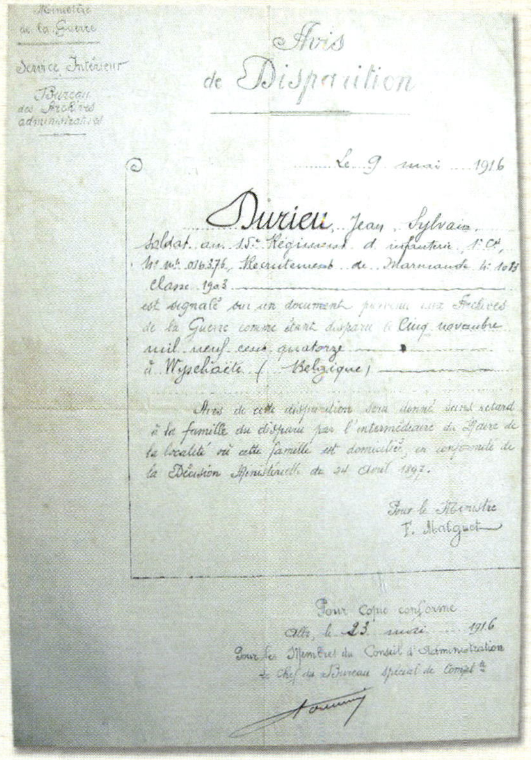

Ministère de la Guerre

Service Intérieur

Bureau des Archives administratives

Avis de Disparition

Le 9 mai 1916

Durieu Jean Sylvain

soldat au 15e Régiment d'infanterie 1e Cie Mle 016376 Recrutement de Marmande n° 1083 classe 1903 est signalé sur un document parvenu aux Archives de la Guerre comme étant disparu le Cinq novembre mil neuf cent quatorze à Wyschaëte (Belgique)

Avis de cette disparition sera donné sans retard à la famille du disparu par l'intermédiaire du Maire de la localité où cette famille est domiciliée, en conformité de la Décision Ministérielle du 24 Avril 1897.

Pour le Ministre

Pour copie conforme

le 23 mai 1916

Pour les Membres du Conseil d'Administration le Chef du Bureau Spécial de Comptab.

Bureau des archives administratives

Avis de disparition

Le 9 mai 1916

D. Jean Sylvain soldat au 15e régiment d'infanterie, 1re Cie, n° matricule 016376, recrutement de Marmande n°1083 classe 1903, est signalé sur un document parvenu aux archives de la Guerre comme étant disparu le 5 novembre 1914 à Wyschaëte (Belgique).

Avis de cette disparition sera donné sans retard à la famille par l'intermédiaire du maire de la localité où cette famille est domiciliée, en conformité de la décision ministérielle du 24 avril 1897.

Pour copie conforme.

LA MACHINE INFERNALE 1914 L'EXPLOSION 1915 L'IMPOSSIBLE VICTOIRE

> 1916 La mêlée sanglante

1917 LA SOUFFRANCE ET LE DOUTE 1918 LE SILENCE DES CIMETIÈRES 1919 LA PAIX MANQUÉE

< Projeté dans un arbre par la violence d'une explosion, le cadavre de ce soldat allemand reste suspendu pendant des semaines dans le bois d'Avocourt (environs de Verdun). Ce type de prise de vue est assez fréquent pendant la Grande Guerre et en symbolise toute l'horreur.

^ Numéro spécial de *La Baïonnette* pour l'Épiphanie 1916. De nombreuses revues, sans oublier les journaux de tranchées réalisés par les poilus au front, traitent la guerre avec l'humour plus ou moins léger alors en vogue : les tentatives pour s'emparer des villes citées ayant été des « fours », on ne se prive pas d'en offrir à Guillaume II ; l'indigeste timbale de macaronis à François-Joseph ; à Ferdinand, une tarte, au sultan un ersatz de croissant... Pour les Rois, les poilus, l'emprunt de la Victoire. À noter que la neutralité américaine n'est pas très bien vue.

>1916 La mêlée sanglante

« Debout les morts »: en 1916, l'Union sacrée tient toujours, mais une partie de l'opinion publique se radicalise. Les uns deviennent plus va-t-en-guerre que jamais. Ce sont les « jusqu'au-boutistes ».

En Allemagne, ils réclament l'annexion de la Lorraine, du Pas-de-Calais et de la Pologne russe, la mise sous tutelle de la Belgique par une union douanière et économique. En France, ils veulent non seulement le retour des provinces perdues, mais aussi l'annexion de la Rhénanie. Le Comité des forges demande même celle des mines de la Sarre.

Les autres, au contraire, disent de plus en plus haut et fort leur hostilité à la guerre; un timide courant pacifiste se constitue. Une deuxième conférence contre la guerre à outrance se tient à Kienthal (24 au 30 avril 1916). Parmi l'assemblée figurent 3 députés socialistes français, Jules Blanc (Vaucluse), Pierre Brizon (Allier) et Raffin-Dugens (Isère). Trois camps se forment: les majoritaires, partisans de l'Union sacrée; les minoritaires, qui souhaitent une paix de compromis; le courant animé par Lénine, qui veut mettre fin au carnage le plus vite possible.

Paris s'éveille dans la terreur en cette nouvelle année. Le 29 janvier, le XXe arrondissement subit les terribles dommages d'un raid de zeppelins sur la capitale. Perçant la voûte du métro, boulevard de Belleville, les bombes tuent 26 personnes et en blessent 28 autres. Chez les intellectuels comme dans la population la plus simple, qui souffre d'occupation, de déplacements et de bombardements, l'idée qu'il faut en finir grandit.

Dans l'armée aussi le besoin d'une action décisive devient impératif. Sur le front est, il en résulte de belles victoires russes et une vraie percée. Sur le front ouest, l'offensive décisive des Allemands sera Verdun et celle des Alliés, la Somme, parfois appelée le « Verdun britannique ». Or, dans les deux cas, la percée ne se fera pas. Les résultats sont dérisoires : ainsi, en deux mois, de juillet à septembre, la grande offensive alliée dans la Somme se solde par à peine 900 m de conquis au prix de 82 000 morts, soit pas loin d'une centaine de morts par mètre gagné !

En fait, 1916 s'achève dans un immense bain de sang et deux attaques manquées. De ces deux grandes défaites, l'histoire a surtout retenu Verdun, alors que la Somme connut des journées largement aussi meurtrières.

< Bombardement aérien sur le quartier de Belleville, à Paris, le 29 janvier 1916. Une bombe de zeppelin, les ballons dirigeables allemands, a crevé la voûte du métropolitain près de la station Couronnes. Plus de vingt autres projectiles, lancés cette nuit-là, font 26 morts et 28 blessés.

v Briquet en cuivre à l'effigie du Kronprinz, l'héritier de Guillaume II, en charge du front de Verdun. Pendant toute la guerre et dans chaque camp, les troupiers fabriquent, à partir des métaux récupérés sur le terrain, d'innombrables objets dits « de tranchée » : coupe-papiers, bagues, briquets, bijoux, ronds de serviette, vases à fleurs, boîtes ou horloges… Le succès aidant, de véritables ateliers prennent le relais et font du souvenir de tranchée une industrie qui durera longtemps après la fin des hostilités.

Verdun

« Après une longue période de défensive acharnée, l'ordre de Sa Majesté l'Empereur et le roi nous appelle à l'attaque […]. Il s'agit de montrer à nos ennemis que la volonté de vaincre est demeurée vivante chez les fils de l'Allemagne et que l'armée allemande brise toute résistance là où elle passe à l'offensive. » L'ordre du jour du Kronprinz du 12 février 1916 est sans ambiguïté, les Allemands ont décidé de passer à l'attaque.

Le secteur visé est Verdun. Situé sur la Meuse, en Lorraine, il constitue un objectif stratégique par rapport auquel les Allemands ne sont pas si mal placés, puisqu'ils tiennent l'Argonne et contrôlent les voies de communication : la ligne de chemin de fer de Châlons est sous leur artillerie, tandis qu'au sud la voie ferrée de Bar-le-Duc est coupée à Saint-Mihiel.

Haut lieu de mémoire, il est l'endroit où Charlemagne choisit l'aigle à deux têtes comme emblème et où d'âpres batailles ont été livrées en 1792 et 1870.

Enfin, il est le site par excellence où les Français ne s'attendent pas à une attaque. Une citadelle souterraine y a été construite sous Louis XIII, et modernisée à partir de 1887, en même temps que l'on érigeait et fortifiait, outre le puissant Douaumont, 21 autres forts, dans le cadre du grand programme défensif mis en place par les stratèges français après le désastre de 1871. Bref, auréolée de sa renommée d'ouvrage de défense légendaire, la place semble imprenable. Les Allemands lui ont pourtant déjà tourné autour. Dès le lendemain de la bataille de la Marne, c'est à Verdun qu'ils ont cherché à prendre leur revanche et une attaque en septembre a visé divers forts de la région. Un corps a approché le fort de Troyon, un autre a pris le fort du camp des Romains, mais les Français ont réussi à contenir les Allemands et à les cantonner à Saint-Mihiel.

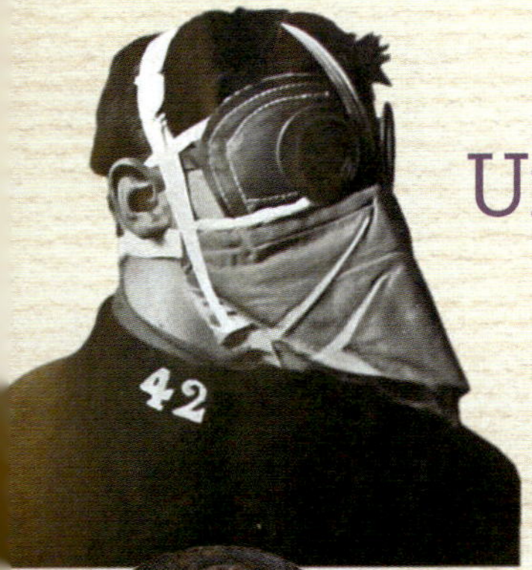

Une nouvelle arme : les gaz

Après avoir testé, le 3 janvier 1915, à Bolimov, le gaz asphyxiant sur les Russes avec un obus T, – dont le froid annula les effets –, les Allemands récidivent le 22 avril 1915 en en envoyant aux Alliés, à Langemarck et Steenstraate, au nord d'Ypres. Ses effets impressionnent. Le gaz pique les yeux, ronge les aisselles, décolore les capotes, s'immisce partout, souille les aliments, et tue. Les troupes exposées aux vagues de gaz perdent 20 % de leurs hommes. Les rescapés sont aveugles, amputés d'un poumon ou frappés d'insuffisance respiratoire à vie.

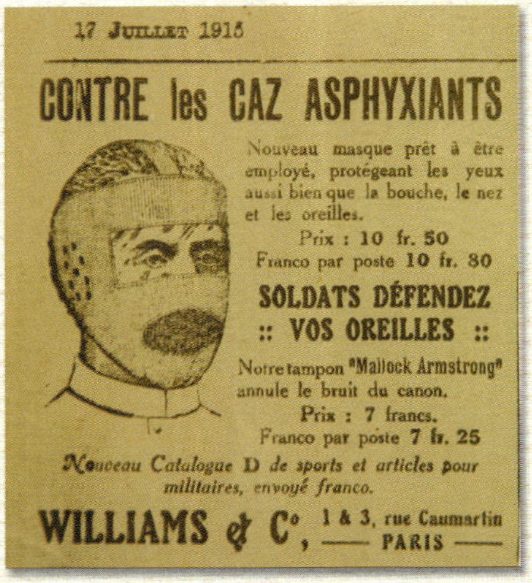

17 Juillet 1915

CONTRE les GAZ ASPHYXIANTS

Nouveau masque prêt à être employé, protégeant les yeux aussi bien que la bouche, le nez et les oreilles.

Prix : 10 fr. 50
Franco par poste 10 fr. 80

SOLDATS DÉFENDEZ
:: VOS OREILLES ::

Notre tampon "Mallock Armstrong" annule le bruit du canon.

Prix : 7 francs.
Franco par poste 7 fr. 25

Nouveau Catalogue D de sports et articles pour militaires, envoyé franco.

WILLIAMS & C°, 1 & 3, rue Caumartin — PARIS —

Dès le 25 septembre 1915, c'est au tour des Anglais de l'utiliser à Loos. C'est le début d'une escalade dans le raffinement des gaz. À la chlorine d'Ypres se substituent les obus à croix verte de Verdun (1916) – plus pernicieux car ils ne dépendent plus de la direction du vent – qui valent en retour aux Allemands les premiers tirs d'obus au phosgène français.

v Totalement pris au dépourvu par l'usage des gaz, les services français et anglais tentent très vite de trouver une parade, des premiers tampons imbibés de substance absorbante (ci-contre, en haut), avec lunettes, à la cagoule ricinée (ci-contre, en bas), la cagoule hipo produite à 2,5 millions d'exemplaires par les Britanniques (ci-dessous), ou le masque M2 avec lunettes intégrées (ci-dessous, à droite) mis au point en 1916.

v Hormis les masques (ici le M2 1916), d'autres moyens sont testés pour lutter contre les gaz, comme ce pulvérisateur Vermorel – normalement prévu pour sulfater la vigne – qui diffuse un liquide censé stopper les effets de l'hypérite, tandis qu'au centre un poilu lance un pétard antigaz, lui aussi conçu pour réduire les nappes toxiques.

Au printemps 1917 viennent les torpilles à gaz, dont les Italiens font les frais en octobre 1917 et qui leur donnent l'occasion de constater le peu d'étanchéité de leurs masques à gaz.
La munition jaune, l'hypérite – car utilisée la première fois en juillet 1917 près d'Ypres – infecte une région pour des jours entiers et même des semaines par mauvais temps. Particulièrement sournois, son obus fait peu de fumée et il est difficile à déceler. On l'appelle aussi « gaz moutarde » à cause de son odeur. La munition bleue est un composé de l'arsenic qui donne un gaz lourd.

Ce n'est qu'en 1917 qu'un bon dispositif sanitaire est mis en place pour les gazés. La Croix-Rouge réagit très tardivement contre l'emploi des gaz. Le 6 février 1918, elle met en garde les protagonistes contre « les souffrances terribles que cause ce gaz ».
Le gaz fit 1 297 000 victimes dont 91 000 morts durant la guerre.

^> Clochette d'alarme. Ce sont parfois les cloches des églises détruites qui vont donner l'alarme. Des systèmes de sirènes sont également mis en place.

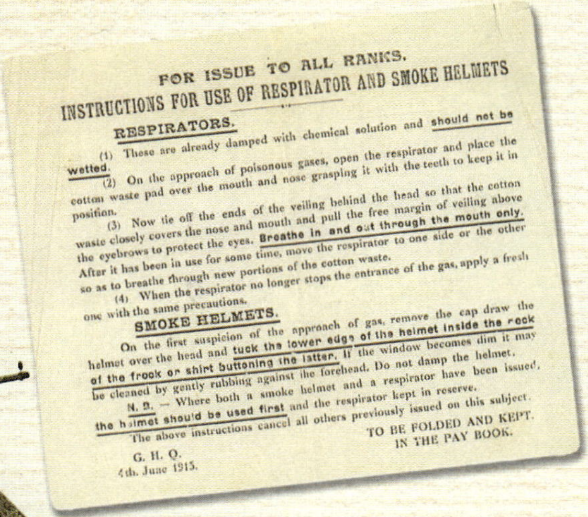

FOR ISSUE TO ALL RANKS.

INSTRUCTIONS FOR USE OF RESPIRATOR AND SMOKE HELMETS

RESPIRATORS.

(1) These are already damped with chemical solution and **should not be wetted.**

(2) On the approach of poisonous gases, open the respirator and place the cotton waste pad over the mouth and nose grasping it with the teeth to keep it in position.

(3) Now tie off the ends of the veiling behind the head so that the cotton waste closely covers the nose and mouth and pull the free margin of veiling above the eyebrows to protect the eyes. **Breathe in and out through the mouth only.** After it has been in use for some time, move the respirator to one side or the other so as to breathe through new portions of the cotton waste.

(4) When the respirator no longer stops the entrance of the gas, apply a fresh one with the same precautions.

SMOKE HELMETS.

On the first suspicion of the approach of gas, remove the cap draw the helmet over the head and **tuck the lower edge of the helmet inside the frock of the frock or shirt buttoning the latter.** If the window becomes dim it may be cleaned by gently rubbing against the forehead. Do not damp the helmet.

N. B. — Where both a smoke helmet and a respirator have been issued, **the helmet should be used first** and the respirator kept in reserve.

The above instructions cancel all others previously issued on this subject.

TO BE FOLDED AND KEPT.
IN THE PAY BOOK.

G. H. Q.
4th. June 1915.

< Instructions pour l'utilisation de masques respiratoires britanniques en 1915.

v Il faut attendre 1917 et 1918 pour voir apparaître un masque réellement étanche avec cartouche absorbante. Ici, des Français équipés de l'ARS modèle 17 avec cartouche absorbante renouvelable, distribué en mai-juin 1918.

Réputée invincible, Verdun a en réalité un talon d'Achille : depuis août 1915, la ville et son anneau de forts (Douaumont, Vaux, Eix, Souville, Tavannes...) ont été désarmés à l'initiative de Joffre. Constatant l'effondrement des ouvrages fortifiés face aux obusiers lourds de Krupp ou de Skoda en Belgique, le généralissime en a conclu un peu vite que les batteries de ces forts seraient plus utiles ailleurs et les a fait déplacer. Les forts n'ont donc ni arme ni servant, ce sont des coquilles vides.

Trommelfeuer

Le 21 février 1916, à 7 h 30, par un petit matin froid et neigeux, l'artillerie lourde allemande, le *Trommelfeuer* (le mot signifie « feu roulant »), se déchaîne contre le secteur de Verdun où sont tapies 3 malheureuses divisions commandées par le général Herr. Le déluge de feu destiné à tout hacher plonge le champ de bataille dans un épais nuage sombre. Dans le camp français, la surprise est totale. Joffre n'a été alerté ni par la convergence des trains dans la région les jours précédents ni par les « fuites » collectées par le service de renseignements auprès des déserteurs alsaciens.

Le Kronprinz, grand ordonnateur de l'attaque, a prévu de saturer d'obus un petit secteur de 20 km de large sur 4 km de profondeur, afin d'annihiler toute défense française. Pendant neuf heures, donc, le feu fait rage, le paysage devient lunaire. C'est ainsi qu'un million d'obus allemands s'abattent sur les Français en ce seul premier jour. Au paroxysme de l'orage d'acier, les dégâts sont estimés à un mort toutes les 5 minutes...

Une fois la première ligne française pulvérisée, les troupes d'assaut avancent en lançant des grenades et en brandissant des lance-flammes. Ces fantômes surgis de nulle part, car une brume opaque empêche de voir à trois mètres, feront partie des « cauchemars » des survivants de Verdun.

Au nord-ouest du bois des Caures, au bois d'Haumont, en ce premier jour, les Allemands foulant les sous-bois dès la fin de l'après-midi découvrent des fantassins français « endormis ». Ils sont en fait choqués par l'intensité du bombardement.

Le 23 février, les Français abandonnent le bois de la Wavrille. Trois jours après le début de l'offensive, la 2ᵉ ligne française est donc rompue et les assaillants ne sont plus qu'à 10 km de Verdun. L'artillerie allemande, bien renseignée par les ballons et les avions d'observation, fait un carnage. Si l'infanterie allemande et l'aviation sont supérieures, c'est surtout son artillerie qui fait la différence et lui donne un avantage écrasant. À un moment où la France peine à remplacer les canons de 75 usés, les Allemands ont déjà massé en arrière des lignes de Verdun près de 1 500 bouches à feu, dont les obusiers Skoda de 305 mm et les Krupp de 420 mm destructeurs des forts de Liège, une multitude de canons et de mortiers de tranchée.

v Mortier français de 240 mm T court. La guerre des tranchées a remis au goût du jour les antiques mortiers de siège. D'abord rustiques mortiers légers de tranchée de diverses fabrications surnommés les « crapouillots », les pièces sont perfectionnées au point de donner naissance à une gamme complète de mortiers lourds, du 75 au 240 mm. Toutes ces armes sont servies par des artilleurs, reconnaissables à l'insigne aux canons croisés sous la grenade qui orne leur casque Adrian, à droite sur ce cliché.

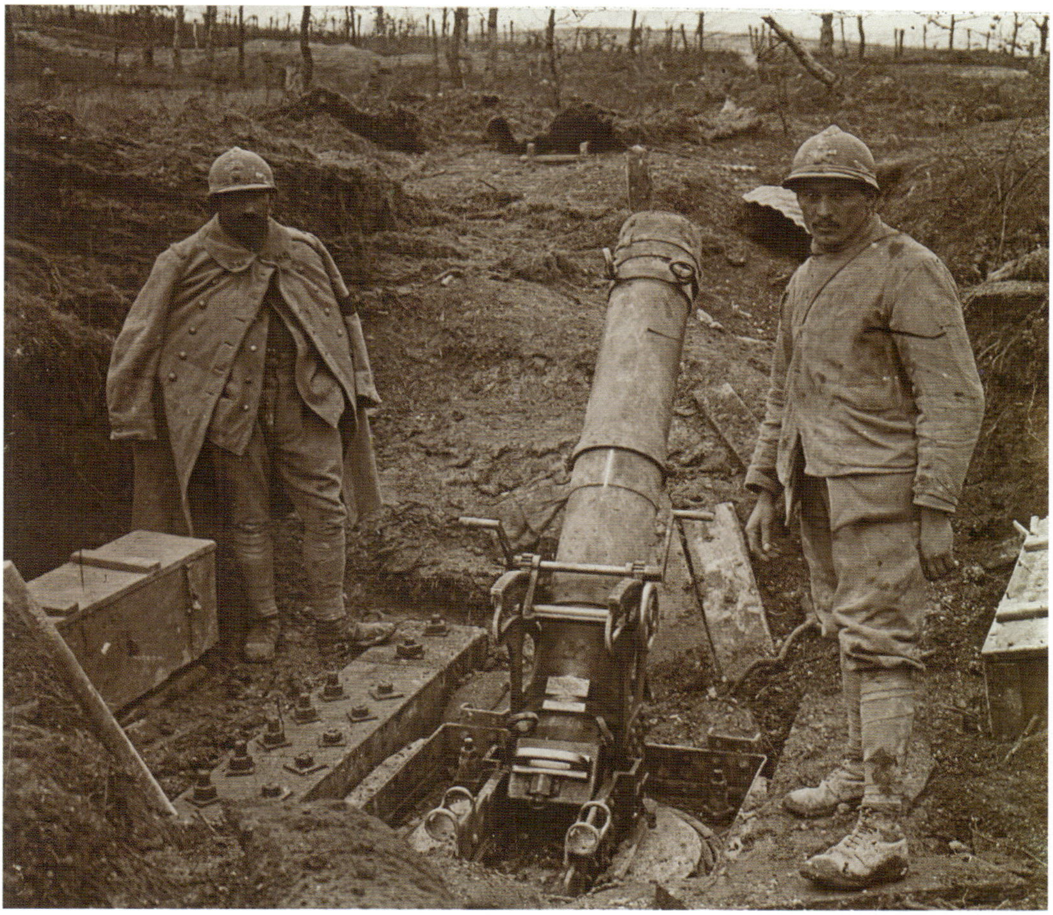

Les Allemands brisent des coquilles vides

Le 25 février est une journée désastreuse pour la France : non seulement Douaumont tombe, mais Douaumont, avec ses murailles épaisses de 2,50 m, tombe sans un coup de feu. Loin d'être un exploit audacieux, la prise s'avère un jeu d'enfants et le capitaine Haupt et le lieutenant Brandis ont plus à faire à éviter les tirs de leur propre artillerie qu'à lutter contre les Français. Une fois investi, le fort ne leur oppose aucune résistance, et pour cause : il n'a, comme on l'a dit, ni canon ni mitrailleuse en batterie, v Ces deux vues aériennes illustrent l'intensité des bombardements sur le fort de Douaumont, qui devient, pour des générations, un des lieux les plus connus de la guerre. Le 2 mars 1916, blessé d'un coup de baïonnette devant Douaumont, le capitaine De Gaulle est porté disparu ; en réalité, il a été fait prisonnier.

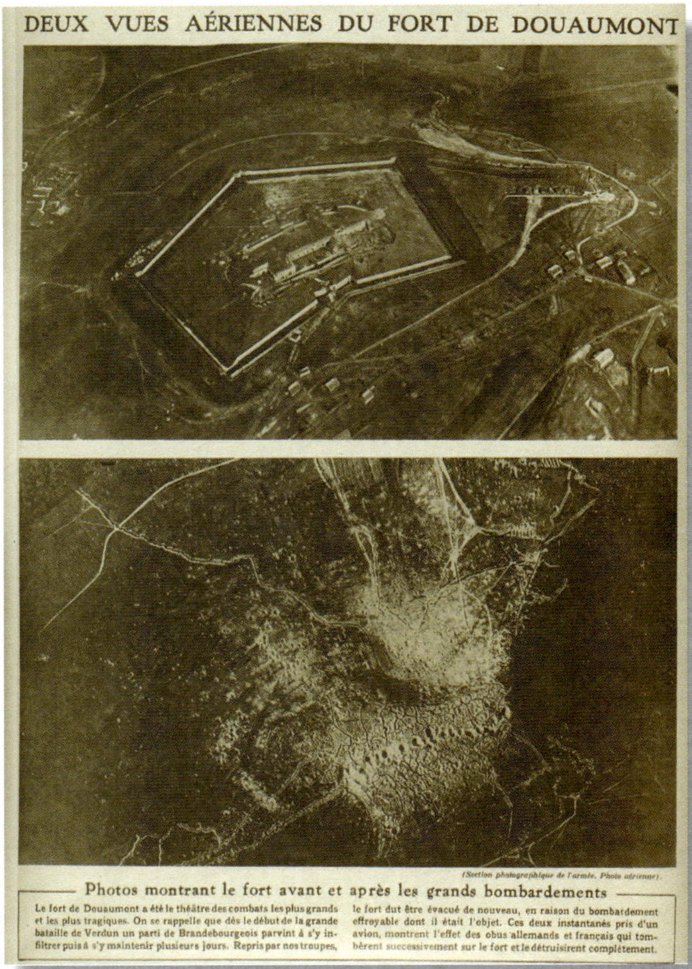
DEUX VUES AÉRIENNES DU FORT DE DOUAUMONT

(Section photographique de l'armée. Photo aérienne).

Photos montrant le fort avant et après les grands bombardements

Le fort de Douaumont a été le théâtre des combats les plus grands et les plus tragiques. On se rappelle que dès le début de la grande bataille de Verdun un parti de Brandebourgeois parvint à s'y infiltrer puis à s'y maintenir plusieurs jours. Repris par nos troupes, le fort dut être évacué de nouveau, en raison du bombardement effroyable dont il était l'objet. Ces deux instantanés pris d'un avion, montrent l'effet des obus allemands et français qui tombèrent successivement sur le fort et le détruisirent complètement.

ni officier ni soldat d'active. Il ne reste donc aux 57 territoriaux et au vieux gardien de batterie qu'à se rendre. *Douaumont ist gefallen* (« Douaumont est tombé »)! Et si les Allemands avaient simplement contourné le fort, ils auraient même pu passer sur le pont-levis baissé et entrer par la porte, ouverte bien sûr! L'inconvénient, c'est que la guerre n'est pas un jeu et qu'en conséquence le général Rouquerol a estimé tout à fait sérieusement que l'abandon de Douaumont équivalait à la perte d'une centaine de millier d'hommes!

Le jour même de la chute de Douaumont, Joffre a confié à Pétain le commandement du secteur. Le général organise la défense et avertit l'adversaire : « Nous ne céderons pas un pouce de sol français. » Puis, il s'évertue à préserver l'unique lien entre l'arrière et le front: la route Verdun-Bar-le-Duc. Il la fait donc élargir, consolider avec des pierres extraites à proximité par des territoriaux et la livre à un défilé incessant de camions, voitures, ambulances... Du 22 février au 7 mars, la noria est ininterrompue, il passe un véhicule toutes les 15 secondes. Des tonnes de vivres, de munitions et 190 000 hommes arrivent ainsi au front et sont remplacés au retour par des blessés geignant et des permissionnaires hagards. Cette initiative sauve la bataille en empêchant Falkenhayn, le chef d'état-major allemand, d'assiéger Verdun.

v Conducteur devant son camion lors d'une halte sur la *Via Sacra*, la « Voie sacrée », nom donné par Maurice Barrès à la route qui relie Bar-le-Duc à Verdun et qui permet de ravitailler les lignes malgré les destructions du réseau ferré.

Pétain constitue également une ligne de résistance devant la place de Verdun et fait venir en renfort le meilleur de l'aviation. En mars, les combats continuent à faire rage autour des positions françaises (au bois des Corbeaux, à la bien nommée crête du Mort-Homme, à la cote 304, à la cote du Poivre, au bois d'Avocourt). L'arrivée des renforts côté français rétablit un peu la balance, mais les troupes allemandes restent mieux pourvues en obusiers, mortiers de tranchées, canons de campagne et artillerie lourde. De même, leurs tranchées sont bien plus confortables. Celles des Français, à Verdun, sont moins bien aménagées qu'en Champagne ou en Artois, tandis que les *Stollen* creusées en prévision de l'offensive sont des casemates souterraines profondes de 5 à 15 m qui permettent d'être à l'abri lors des bombardements. Des escaliers mènent aux tranchées de départ ou à des boyaux de communication.

Le 9 avril, les Allemands attaquent violemment sur les deux rives de la Meuse. Le 10 avril au soir, ils occupent le bois des Corbeaux, le bois de

∨ Largement diffusée, cette photo s'accompagne de commentaires flatteurs sur le général Pétain, « toujours soucieux de la vie et du bien-être de la troupe… ». Elle sera abondamment reprise de 1940 à 1944 dans l'hagiographie du vieux maréchal, ainsi que son célèbre « Courage… on les aura ! », dans sa proclamation aux combattants de Verdun.

Au PC, le 10 avril 1916

Ordre général n° 94

Le 9 avril est une journée glorieuse pour nos armes ; les assauts furieux des armées du Kronprinz ont été partout brisés : fantassins, artilleurs, sapeurs, aviateurs de la 2e armée ont rivalisé d'héroïsme.

Honneur à tous !

Les Allemands attaqueront sans doute encore ; que chacun travaille et veille pour obtenir le même succès qu'hier !

Courage !… On les aura !…

Philippe Pétain

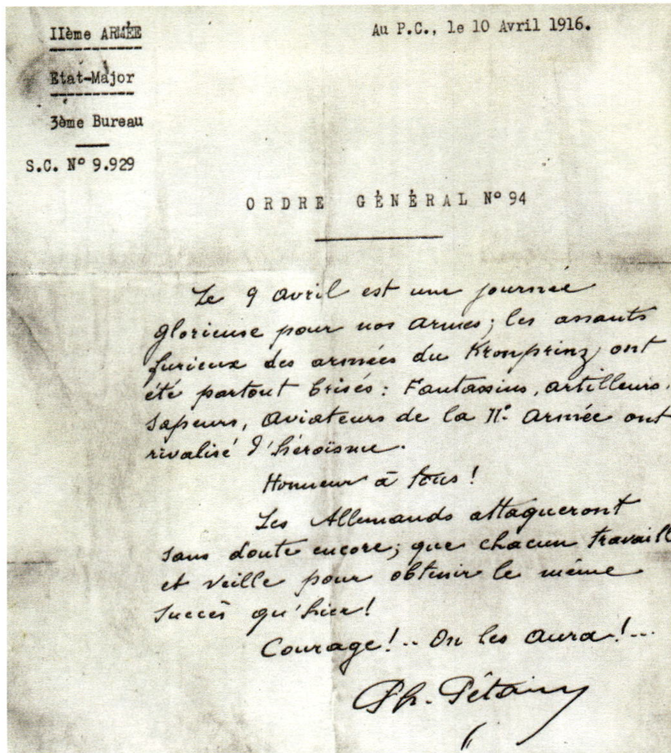

IIème ARMÉE

Etat-Major

3ème Bureau

S.C. N° 9.929

Au P.C., le 10 Avril 1916.

ORDRE GÉNÉRAL N° 94

Le 9 avril est une journée glorieuse pour nos armes; les assauts furieux des armées du Kronprinz ont été partout brisés: Fantassins, artilleurs, sapeurs, aviateurs de la IIe armée ont rivalisé d'héroïsme.

Honneur à tous!

Les Allemands attaqueront sans doute encore; que chacun travaille et veille pour obtenir le même succès qu'hier!

Courage!.. On les aura!...

Ph. Pétain

Cumières et les pentes nord du Mort-Homme, dont le sommet reste acquis aux Français. Ils n'ont pas obtenu les résultats qu'ils espéraient et les pertes sont lourdes. Pétain félicite et encourage les soldats dans son ordre général du 10 avril (ci-dessus).

Le général est en train de se faire un nom, à tel point que beaucoup de Français seront persuadés qu'il a commandé l'intégralité de la bataille. Le 1er mai pourtant, une promotion due au commandement le propulse commandant du GA du centre et lui fait abandonner la direction de Verdun à Nivelle.

Quant à Gallieni, malade de la prostate, il meurt le 27 du même mois. Peu charitable envers l'un des vainqueurs de la Marne, Briand déclare en guise d'épitaphe : « Veni, vidi, vessie : [...] C'est une vessie que nous avons prise pour une lanterne. »

Pendant que les changements s'opèrent aux sommets de la hiérarchie, sur le front, c'est toujours l'enfer. Étudiant en médecine de 22 ans, le jeune Lucien Laby confie à ses carnets :

« Jeudi 18 mai. On a soif : depuis trois jours, il fait très chaud. Le ravitaillement n'est possible que la nuit – et encore ! – On boit l'eau qui croupit dans les trous de marmite : elle est chaude et verdâtre. On choisit celle où il n'y a pas de macchabées trop près, mais sait-on ? Je vais au poste d'écoute, à moins de 150 m d'ici : il est à 5 m des Boches. [...] Violent marmitage toute la journée : 150 à 210 comme s'il en pleuvait. Le dernier pan de mur qui reste de la ferme de Thiaumont est écorné. Nous sommes à 900 m de Douaumont [...]. Le sergent Daube a la blessure la plus laide que j'aie jamais vue, faite par une balle (retournée ?) : tout son larynx est enlevé. C'est un véritable égorgement. Il a toute sa connaissance et est très brave. Il meurt au bout d'une heure. [...]

» Vendredi 19 mai. Réveil à 6 heures dans une nappe de gaz asphyxiants. J'ai tout juste le temps de mettre mon masque, mon étui en fer ne voulant pas s'ouvrir : je m'arrache les ongles dessus, avec rage. Sale impression. C'est un nuage chloré, tout jaune. »

Les « captifs fortifiés »

Le 1er juin, les Allemands partent à l'assaut du fort de Thiaumont, dont ils s'emparent, et du fort de Vaux, qu'ils assaillent d'obus, à raison d'environ 8 000 par jour depuis mai. Situé au sud-est du fort de Douaumont, légèrement en contrebas, Vaux surplombe de 330 m la Woëvre. Il est prévu pour 250 hommes, mais 600 s'y entassent car nombre de blessés ou de soldats égarés s'y sont réfugiés. À l'intérieur, on manque de tout, mais particulièrement d'air et d'eau, et la situation ne s'arrange pas lorsque les Allemands lâchent dans toutes les ouvertures du fort quelques obus à gaz. Puis, ils pénètrent à l'intérieur, ce qui entraîne des combats apocalyptiques dans les sombres profondeurs des souterrains. Dans cette guerre de taupes, on s'affronte à coups de grenades, de lance-flammes et de mitrailleuses montées à la hâte au tournant d'un couloir.

Épuisés et surtout assoiffés, le commandant Raynal et ce qu'il reste de ses hommes finissent par se rendre le 7 juin au matin. Leur résistance a été si exemplaire qu'elle force même l'admiration des Allemands ; le Kronprinz félicite personnellement de sa bravoure Raynal à la reddition « accordée avec les honneurs militaires ».

La figure du poilu

Entre humour parfois un peu lourd, mais qui a l'avantage d'être compris par tout le monde, et parler spécifique, le poilu se constitue son monde.

Il tue le temps en se faisant artisan voire artiste et transforme balles, obus, morceaux de bois en autant de souvenirs, lorsqu'il ne s'agit pas d'instruments de musique, pipes ou cannes.

POILU - FRANÇAIS

A

Abeilles. — Petits éclats d'obus ; balles.
Accroche-cœurs. — Décorations.
Amoché. — Blessé, touché, détruit.
Antidérapant. — Vin.
Aramon. — Vin rouge.
Armoire à glace. — Sac de soldat.
As. — Champion dans son genre.
As de carreau.. — Sac de soldat.
Auber. — Argent monnayé, monnaie.
Azor. — Sac de soldat.

B

Babillarde. — Lettre, épitre.
Bacchante. — Moustache.
Bafouille. — Lettre, épitre.
Bagotter. — Action de marcher.
Balancer. — Mettre de côté ; envoyer au diable.
Ballot, baluchard. — Homme peu dégourdi.
Barbaque. — Viande fraîche.
Barda. — Bagage du soldat.
Barder. — Exécuter une chose difficile.
Bardin. — Bagage militaire.
Baroufle. — Bruit.
Bath. — Bien, agréable, avantageux.
Baveux. — Journal.
Becqueter. — Action de manger.
Bégonias (les). — Les jambes.
Bibendum. — Homme gros.
Bide. — Ventre.
Bidoche. — Viande.
Bifton. — Billet, ticket.
Bigorneau. — Soldat.
Biture. — Saoûlerie.
Blair. — Nez.
Blindé. — Homme ivre.
Bobard, — Mensonge,
Boche, bochemard. — Allemand
Bombe, bordée. — Fête, saoûlerie

Débocher les pékins. — Tranquilliser les civils.
En jouer un air. — Se sauver.
En moins de deux. — Rapidement.
Etre aux as. — Avoir beaucoup d'argent.
Etre dans les pommes. — Etre fichu, malade, blessé.
Etre fleur. — Ne plus avoir d'argent.
Faire saigner la pastèque. — Frapper à la figure.
Fermer la devanture. — S'endormir.
Il n'y a plus de gauche. — Il n'y a plus de danger.
La terre de personne. — Zone neutre entre deux fronts ennemis.
L'avoir sec. — Avoir soif.
Mettre : les bouts de bois, les cannes, les voiles. — S'en aller, se sauver.
Mettre la viande dans le torchon. — Se mettre au lit.
Mettre en boîte. — Se moquer de quelqu'un.
Regarder défiler les dragons. — Se passer de manger
Remettre Ça. — recommencer quelque chose.
S'attacher la gamelle. — Se sauver.
Secouer la poêle à marrons. — Corriger, battre quelqu'un.
Se faire bouziller. — Se faire tuer.
Se faire sucrer. — Se faire blesser.
Se les caler. — Bien manger.
T'en fais pas. — Sois tranquille.
Tomber en digue-digue. — Devenir fou.
Touché en fraise. — Blessé à la tête.
Tu me prends pour un baigneur. — Tu te moques de moi.

FRANÇAIS - POILU

A

Abri. — Cagna, crèche, guitoune, kasbah, gourbi.
Adjudant. — Juteux.
Agréable (bien). — Bath, maous.
Aliments. — La croûte.
Aller (S'en). — Mettre les voiles, mettre les bouts de bois, mettre les cannes.
Allemand. — Boche, bochemard.
Allumette. — Flambante, soufrante.
Altération (soif). — L'avoir sec.
Ambulance. — Paquebot.
Ami. — Poteau, copain.
Appareil à café. — Perco.
Argent (monnaie). — Auber, braise, pèze, pognon.

B

Bagage de soldat. — Barda, bardin.
Baïonnette. — Cure-dents, épingle à chapeau, rosalie, fourchette, tâchette.
Balles. — Abeilles, pruneaux.
Ballon captif. — Boudin cavaleur, saucisse, cigare, dracken.
Bien. — Bath, maous.
Billet. — Bifton.
Billet de banque. — Fafiot.
Blessé. — Amoché, prendre la pipe.
Boite du chirurgien. — Valise diplomatique.
Bombardement. — Musique.
Bombe. — Bordée, nouba, ribouldingue.
Bon. — Bath, maous.
Bougie. — Celebombe.
Bravoure. — Cran.
Bruit. — Baroufle, boucan, sproum.
Bureau. — Burlingue.

C

Cacher (Se). — Se planquer.
Café. — Jus.
Camarade. — Copain, poteau.

v Journal de tranchée français ; une pratique qui se développe tout au long de la guerre, souvent en réaction aux « bobards » de la presse officielle qui exaspèrent les poilus.

ADRESSER LA CORRESPONDANCE : Maurice DEVRIÈS, S. S. N° 7, par B. C. M.

PRÉSIDENCE DE LA RÉPUBLIQUE

Paris, le … 1917

PROPOS DU FRONT... ET DE L'OCCIPUT

Une mesure regrettable

Imaginez-vous, cher lecteur, quelque chose d'imprévu, d'incroyable, d'inouï... par exemple que le sergent L.r.n. ait dit un mot spirituel que le lieutenant B.a.r.g.r. soit sorti dans le cantonnement sans arborer ses cinq décorations d'avant-guerre, ou même — dans le domaine des suppositions tout est permis — admettez encore que le commandant M.r.e.nt ait été surpris en train de boire de l'eau... tout simplement !... Eh bien, quand vous aurez collectionné toutes les nouvelles invraisemblables, vous serez encore à mille lieues de la vérité. Jugez-en :

PAR SUITE DE LA CRISE DU PAPIER, LES CONTRIBUABLES NE RECEVRAIENT PAS, PARAIT-IL, LEURS FEUILLES DE CONTRIBUTIONS CETTE ANNÉE. Excusez du peu !

Nous croyons de notre devoir d'attirer respectueusement sur cette question toute l'attention de nos dirigeants. Ont-ils

Pour combler le retard important avec lequel paraissait notre journal, nous avons été contraints de recourir à des numéros de deux mois comportant 6 pages.

Le présent numéro étant à peu près à jour nous publierons désormais — si Dieu nous prête vie — un exemplaire de 4 pages chaque mois... Nos infortunés lecteurs qui croyaient avoir ainsi bénéficié de quelques pages en moins ne seront pas quittes à si bon compte : nous leur servirons en effet petit à petit, tous les articles auxquels ils avaient eu la chance d'échapper...

Pauvres lecteurs ! Ils vont avoir besoin, eux aussi, de s'armer de la devise fameuse « Jusqu'au bout ». Ça leur apprendra.

^ Dans un sous-bois, les soldats s'épouillent, recherchent les puces, changent de vêtements, se lavent ou s'apprêtent à faire leur lessive. Un des reproches faits par les poilus à leurs officiers est de ne pas être soumis comme eux à cette guerre contre la vermine.

L'hygiène

L'HYGIÈNE n'est pas l'habitude la plus répandue dans les rangs de l'armée, la vie en groupe d'hommes seuls ne faisant en général qu'aggraver de mauvaises habitudes de laisser-aller dans le civil. Les conditions d'existence que connaît le poilu dans sa tranchée fétide, dans la boue ou soumis à la pluie ou encore à un soleil écrasant, conduisent à la prolifération de la vermine, qui envahit le corps et la tête. L'absence d'eau courante, le port de vêtements durant des nuits et des jours entiers que l'on ne peut ôter qu'à l'arrière, conduisent la hiérarchie à être de plus en plus vigilante. De toute manière, les hommes eux-mêmes, sous peine d'attraper des maladies ou en tout cas d'être victimes d'envahisseurs divers, prennent des dispositions de toute sorte.

^ Le paysan français (à gauche, devant la grange qui doit servir de toit à ces soldats coloniaux) a prêté son « coupe-chou » pour permettre une action radicale contre la vermine : le rasage de la tête.

LE TOTO

C'est moi, Toto, c'est moi qui pince
Sur le nombril, le beau Poilu
Qui m'entretient, étant bon prince,
A peu de frais, grâce à son jus !

Toto, c'est mon nom de bataille,
Pou !... Pou, ah ! n'était pas français,
Et j'ai gagné sous la mitraille
Mon nom de titi désolé !

Je suis Toto, pas pour les dames,
Pour les soldats tout simplement,
Qui se tortillent et se pâment
Sous mes baisers fous et cuisants.

Faut les voir, quand remplis de gloire,
Ils en ont, dix, trente au tableau,
Ah ! mes amis, quelle victoire,
Quelle nouba ! Trente Totos !

Une seule chose m'agace,
C'est quand un Poilu dit : Mon cher,
J'ai trouvé sur moi de la race
Des Totos de ce cher Kaiser.

Etre pris pour un Toto boche,
Ça non, plutôt mourir, jamais !
On a beau être un Toto moche,
On a toujours sa fierté.

Je suis Français, voyez ma tête,
Elle est blanche, voyez, mon corps
Est bleu, rouges sont mes pincettes
Et mes deux foies sont tricolores !

C'est le sang français, plein de gloire
Qui me saoule au fond des gourbis,
Allons, Poilu, encore à boire
D'un sang qui n'a jamais menti !

Je suis Français, et je veux l'être
« Jusqu'au pou » comme dit Hervé,
Je suis, chez moi, je suis le maître,
Je suis bien le « Toto français » !

Jo. GINESTOU,
Cycliste, 125e D. I.

^ Même les poux se doivent d'être français et ce texte prétend qu'ils sont tricolores et qu'ils préfèrent un sang bien « de chez nous ».

^ > Séance d'épouillage, qui est souvent vaine comme le souligne le texte écrit sur le dessin ci-contre, car le « toto » est souvent « réfractaire » et toujours « prolifique ».

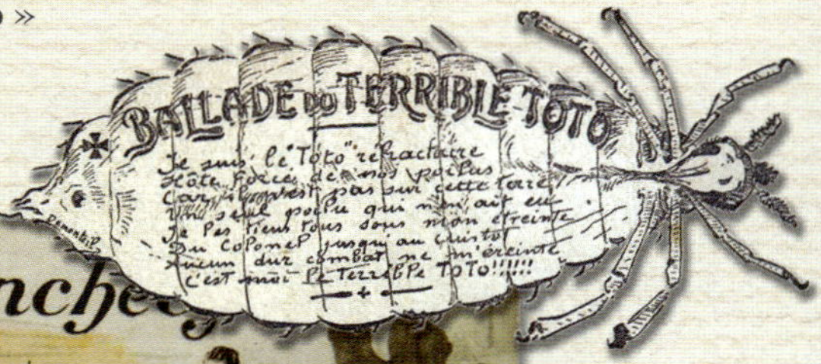

v Au cœur du langage des poilus, le « toto ».

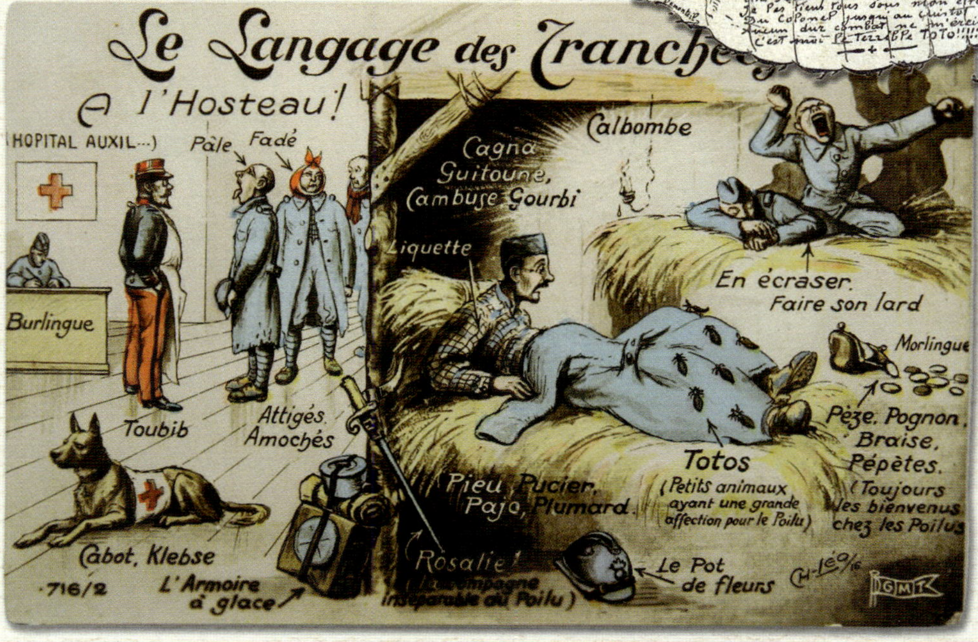

v Sur cette carte postale illustrée, l'utilisation des lance-flammes prend les allures d'un mur de feu. C'est en fait une arme extrêmement délicate d'emploi, presque aussi dangereuse pour ses servants que pour l'ennemi. À preuve, c'est à un officier et à un détachement des sapeurs-pompiers de Paris qu'on en a confié les premiers essais à la butte de Vauquois le 6 juin 1915. Ils se soldent par un tué, deux disparus et douze brûlés graves du côté français.

> Photo posée de grenadiers allemands couverts de leur masque à gaz et s'apprêtant à lancer des grenades à manche. Des dizaines de modèles sont développés tout au long du conflit ; celles-ci semblent être du type offrant cinq secondes et demi de retard au lanceur avant explosion.

Du 24 au 27 juin, Mangin lance quatre contre-attaques sans préparation ou presque pour tenter de reprendre une partie du territoire cédé aux Allemands. À ce moment, le bilan des pertes françaises est terrible : 3 000 officiers, 130 000 soldats mis hors de combat (tués, blessés et disparus), mais les Allemands n'ont pas réussi leur percée et la batterie de Damloup, ouvrage de flanc du fort, qui a toujours tenu, ne tombe que le 3 juillet.

L'ultime offensive allemande débute le 11 juillet. Les Allemands veulent en finir, car eux aussi souffrent. Ils bombardent intensément entre Souville et Fleury, approchent tout près du fort de Souville sans s'en emparer, mais s'infiltrent à l'ouest du village. Le 18 août, le régiment d'infanterie coloniale du Maroc (RICM) reconquiert définitivement les ruines du village de Fleury. Verdun n'est toujours pas tombé.

˅ Rond de serviette sculpté dans un fragment d'obus par un poilu français à Verdun.

La reconquête

Le 13 septembre, Joffre demande à Pétain et à Nivelle de reconquérir les positions perdues. Les généraux décident de commencer par le fort de Douaumont, où le 8 mai 1916, pendant l'occupation allemande, l'explosion accidentelle d'un dépôt de grenades a tué 679 soldats... Le 23 septembre, un obus bien dirigé allume un important incendie dans le fort et oblige la garnison allemande à vider les lieux. Dans la nuit du 23 au 24 octobre, l'infanterie française monte en ligne et l'assaut débute au matin à 11 h 40, dans un épais brouillard. Très vite, le RICM et quelques éléments du 321e d'infanterie escaladent les pentes du fort. Quand ils surgissent du brouillard, ils prennent de court les Allemands chassés par l'incendie et en train de réoccuper les lieux. L'opération est donc un succès.

Au fort de Vaux, les choses sont moins aisées. La 74e division du général Lardemelle qui attaque face au fort, au bois Fumin et au fond de la Horgne, progresse peu. Les positions allemandes sont à peine entamées.

Content du succès de Douaumont, Joffre téléphone à Mangin et lui ordonne de poursuivre : « Toutes les audaces sont permises », lance-t-il. Le lendemain à l'aube, l'attaque reprend avec un effort principal sur le fort de Vaux, mais elle est enrayée par le feu des mitrailleuses du fort ; pourtant, quelques hommes parviennent au sommet. Presque encerclé, pris comme objectif par l'artillerie française, Vaux finit par être évacué par sa garnison dans la nuit du 1er au 2 novembre et occupé par un détachement français du 298e régiment d'infanterie dans la nuit du 2 au 3. L'enceinte fortifiée de Verdun est rétablie : le succès français est total. Outre le retentissement moral, l'ennemi a perdu 20 000 combattants, dont 6 000 prisonniers, et l'important matériel abandonné sur place.

Dans son ordre du jour du 25 octobre 1916, le général Nivelle remercie les troupes qui ont repris le fort de Douaumont :

« Officiers, sous-officiers et soldats du groupement Mangin, en quatre heures, dans un assaut magnifique, vous avez enlevé d'un seul coup, à notre puissant ennemi, tout le terrain, hérissé d'obstacles et de forteresses, du nord-est de Verdun, qu'il avait mis huit mois à vous arracher par lambeaux, au prix d'efforts acharnés et de sacrifices considérables. Vous avez ajouté de nouvelles et éclatantes gloires à celles qui couvrent les drapeaux de Verdun. Au nom de cette armée, je vous remercie. Vous avez bien mérité de la Patrie. »

∨ La légende de cette photo d'amateur prise en pleine action précise : « Souvenir du 7 mai 1916. Au plus fort du bombardement mon caporal blessé qui nous a photographiés. » Un des servants de la mitrailleuse, à droite, porte une épaulière en cotte de maille, destinée à faciliter le transport de l'arme. Celle-ci, une mitrailleuse Saint-Étienne 1907, est bien conçue mais fragile à l'emploi et est remplacée peu à peu par la Hotchkiss modèle 1914 dont la cadence de tir est de 600 coups par minute.

Douaumont repris le 24 octobre, Vaux le 2 novembre, l'offensive allemande est terminée. Le 15 décembre, Mangin ajoute encore Hardaumont, Louvemont et la cote du Poivre au nombre des reconquêtes. À cette date, la bataille de Verdun proprement dite est finie, mais les heurts dans le secteur ne s'arrêteront jamais vraiment tout au long du conflit. L'avantage reste aux Français, mais c'est au prix d'une terrible saignée.

Le mythe de Verdun

« Qui n'a pas fait Verdun, n'a pas fait la guerre », la célèbre phrase du commandant d'Arnoux reflète bien la valeur symbolique de cet engagement.

< Dans le ravin de la Horgne, parmi des troncs d'arbres dont pas un n'a survécu aux tirs d'artillerie, des fantassins français se terrent dans ce qui reste d'un bout de tranchée. Courant le danger d'une contre-attaque ennemie, les hommes creusent quelques emplacements au milieu d'équipements de toutes provenances abandonnés.

v Médaille de Verdun, créée, fait unique dans les annales, pendant la bataille même, le 20 novembre 1916, par le conseil municipal de la ville. Destinée à l'origine aux soldats présents à Verdun entre le 21 février et le 2 novembre – reprise du fort de Vaux –, c'est-à-dire à presque toutes les unités de l'armée française, elle fut finalement attribuée aux anciens combattants soumis aux bombardements par obus de juillet 1914 à novembre 1918, dans le secteur entre l'Argonne et Saint-Mihiel.

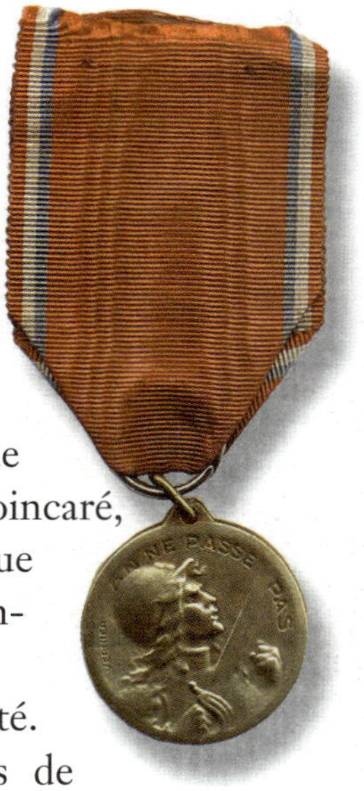

Plus grande bataille terrestre entre Français et Allemands de toute la Première Guerre mondiale, Verdun est mythique par sa durée, dix longs mois d'enfer, et l'ampleur du sacrifice humain qu'elle a exigé. Le gouvernement français s'empresse d'ailleurs de reconnaître le dévouement des victimes en créant par la loi du 27 avril 1916 un diplôme de « mort pour la France » pour chaque homme tué au combat et, le 14 juillet, le discours du président Poincaré, affiché dans toutes les communes, célèbre cette loi et explique que chaque soldat mort pour la France rejoint par son sacrifice le panthéon des héros morts pour la patrie.

Les pertes sont terribles de part et d'autre en quantité et en qualité. Ce sont les meilleures formations des deux meilleures armées de l'Europe qui combattent ici l'une contre l'autre. L'offensive fait 162 000 tués ou disparus, 216 000 blessés évacués français et 350 000 tués, blessés ou disparus allemands pour un gain territorial presque nul. Le coût humain de ces 302 jours d'enfer est donc à la fois énorme et absurde.

Verdun est une bataille mémorable par la puissance des moyens mis en œuvre qui n'ont jamais été encore aussi importants. La trentaine de millions d'obus tirés de part et d'autre rend le lieu méconnaissable. À titre indicatif, arasée par les obus, la fameuse cote 304 va perdre 7 m de hauteur ! Combien de soldats ne déclareront-ils pas qu'une fois sortis du trou où ils s'étaient enterrés sous l'orage d'acier, ils n'ont pas reconnu le paysage même lorsque celui-ci leur était familier. Des unités entières disparaissent, happées par le feu ou par la terre, comme dans la « tranchée des baïonnettes » où des hommes du 137e RI auraient été enterrés vivants. Le déluge d'obus était terrible.

Elle est unique par l'âpreté de ses combats : Fleury change seize fois de camp en un mois (juillet) avant d'être purement et simplement rayé de la carte. Ombres évanescentes, des bataillons entiers flottent et disparaissent

Un légionnaire syrien

ABOUD ELIAS COMBAZ, sujet ottoman et chrétien d'Alep, s'engage à 20 ans contre la Triple Alliance. Il entre au 1er bataillon du 1er régiment étranger de marche. En 1916, il est à Verdun, où il est blessé. Blessé de nouveau grièvement, le 24 avril et le 11 septembre 1918, il est successivement décoré de la croix de guerre, de la Médaille militaire et enfin – en 1973 – de la Légion d'honneur. Il meurt à Alep en 1984 à l'âge de 90 ans.

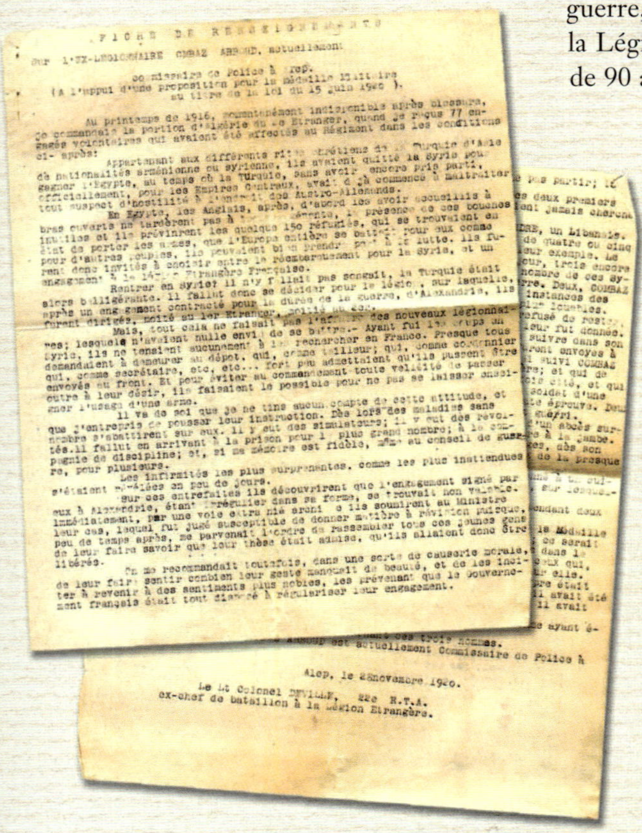
FICHE DE RENSEIGNEMENTS
sur l'EX-LEGIONNAIRE COMBAZ ABOUD, actuellement
commissaire de Police à Alep.
(A l'appui d'une proposition pour la médaille Militaire
au titre de la loi du 15 juin 1920).

Alep, le 25 novembre 1920.
Le Lt Colonel
ex-chef de bataillon à la Légion Etrangère.

^ La valeur de ce document repose également sur la description des circonstances de l'engagement d'Elias Combaz : se trouvant avec soixante congénères à Alexandrie pour fuir les Turcs, il demeure seul, avec un Libanais, à bien vouloir entrer dans l'armée française ; il finit pourtant par en rallier quelques autres.

FICHE DE RENSEIGNEMENTS *sur l'ex-légionnaire Combaz Aboud, actuellement commissaire de police à Alep (À l'appui d'une proposition pour la médaille militaire au titre de la loi du 15 juin 1920).*

[…] *Reparti au front quelques semaines plus tard, je n'ai pu suivre dans son entier le petit groupe des engagés pour de bon. Plusieurs furent envoyés à la Légion syrienne, organisée à Chypre. Parmi les autres, j'ai suivi Combaz qui vint rejoindre le régiment de marche de la Légion étrangère ; et qui, de fin 1916 jusqu'à l'armistice, fut quatre fois blessé, trois fois cité, et qui se montra toujours un légionnaire modèle, en même temps qu'un soldat d'une bravoure exceptionnelle ; d'un courage et d'un dévouement à toute épreuve. Deux fois évacué et toujours rentré au régiment même incomplètement guéri.*

On peut même faire état en ce qui concerne ce légionnaire d'un abcès survenu en décembre 1918 sur la cicatrice mal fermée d'une blessure à la jambe.

Étant donné son attitude courageuse des plus dignes d'éloges dès son incorporation dans un milieu où ses sentiments heurtaient ceux de la presque totalité de ses compatriotes.

Étant donné le zèle avec lequel, délibérément, il s'est adonné à un cuisinage de ses camarades, qui lui a valu une dizaine de recrues sur lesquelles on ne comptait plus.

Étant donné enfin la belle conduite, dont pas un instant pendant deux années il ne s'est départi au feu.

J'estime que le légionnaire Combaz a bien mérité de recevoir la médaille militaire et qu'il serait de bonne politique de la lui décerner ; ce serait prouver aux soixante poltrons qu'il n'est pas parvenu à remettre dans le chemin du devoir que la France ne manque jamais de récompenser, ceux qui, même travaillant pour eux, exposent ou sacrifient leur vie pour elle. […]

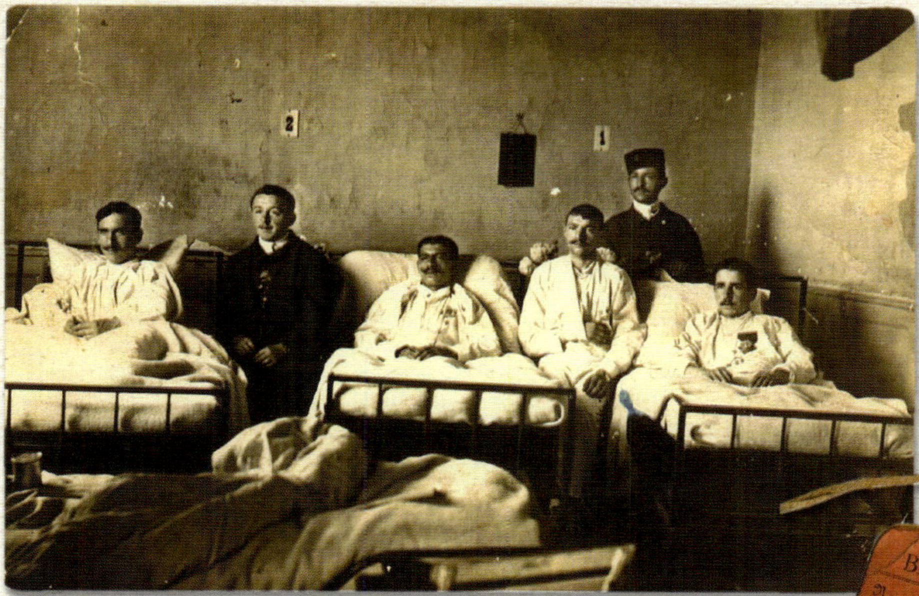

^ Le légionnaire Combaz à l'hôpital après sa blessure à Verdun.

v Le livret militaire est éloquent : les services successifs lui ont valu blessures, citations et décorations.

> Fiche sanitaire d'évacuation signalant une blessure à l'arme blanche.

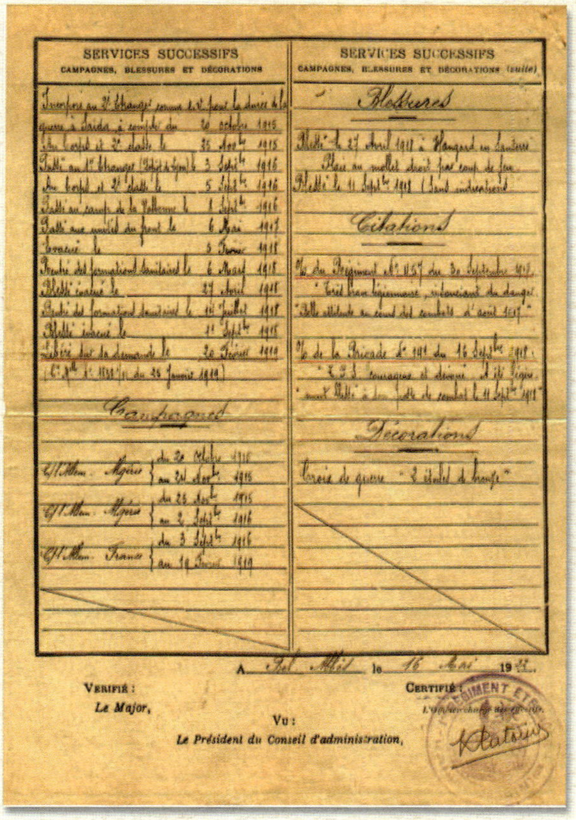

SERVICES SUCCESSIFS
CAMPAGNES, BLESSURES ET DÉCORATIONS

Campagnes

SERVICES SUCCESSIFS
CAMPAGNES, BLESSURES ET DÉCORATIONS (suite)

Blessures

Blessé le 27 Avril 1918 à Hangard en Santerre
Plaie au mollet droit par coup de feu

Citations

Décorations

Croix de guerre « 2 étoiles de bronze »

A Sidi Bel Abbès le 16 Mai 19

VÉRIFIÉ :
Le Major,

CERTIFIÉ :

VU :
Le Président du Conseil d'administration,

^ Fiche sanitaire décrivant la blessure après « un coup de cisailles ».

< Les fossés du fort de Vaux, sur un des flancs les moins détruits, lors de sa reprise en novembre 1916. L'énorme amas de pierres et de terre a protégé les galeries souterraines et permis aux forts de Verdun de tenir au-delà de toutes prévisions. Réaménagés, sous le nom de « travaux 17 », à l'aune des enseignements tirés de la bataille, ils serviront plus tard de modèles aux initiateurs du système de fortification Maginot.

v Blessés français évacués du fort de Tavannes après les combats qui viennent de s'y dérouler.

dans la fumée du champ de bataille : Jules Romains parle de « bataille de spectres ». Les armes terrifiantes se multiplient : le lance-flammes qui carbonise un individu en quelques minutes, et, à partir du 22 juin 1916, les bombes au phosgène, un gaz mortel en quelques secondes. Du 21 au 26, les Français n'ont cessé de reculer dans des conditions épouvantables. L'enfer, c'est celui des mitrailleuses, des obus, du gaz...

Enfin, elle est une épreuve et une victoire partagées parce que à la différence des Allemands qui se contentent de combler les « trous » de leurs armées avec la réserve, Pétain instaure un système de renouvellement de ses troupes : le « tourniquet des combattants ». Il consiste à ne jeter les hommes dans la fournaise que quelques jours, puis à les remplacer. Toute l'armée française ou presque aura ainsi connu l'enfer de la bataille. Elle est l'affaire de tous et le président Poincaré, qui en est conscient, n'en vient pas moins de six fois visiter le champ de bataille.

Mythique, enfin, Verdun marque un point de non-retour dans le conflit en confortant les jusqu'au-boutistes. Cesser la guerre maintenant, ce serait renier le sacrifice des combattants. Gustave Hervé écrit dans *La Victoire* (nouveau nom donné à son journal *La Guerre sociale* le 1er janvier 1916) : « Si on faisait une paix de compromis du côté français : le premier moment de joie passé on calculerait les pertes en hommes et en argent. Le soldat constaterait que toutes ces existences brisées, toutes ces ruines accumulées l'ont été en pure perte. » Le nouveau slogan est : « Il ne faut pas que les morts soient morts pour rien. »

D'emblée mythique, Verdun devient vite source d'inspiration littéraire et cinématographique. Henri Bordeaux intitule, dès 1916, le volume de son histoire de la bataille de Verdun consacré à la reprise des forts de Douaumont et Vaux *Les Captifs délivrés* et Jules Romains lui consacre un épisode de sa saga *Les Hommes de bonne volonté* (1932-1946). C'est aussi avec Verdun que le cinéma ouvre la longue liste des films consacrés à la Grande Guerre : *Verdun, vision d'histoire* de Léon Poirier en 1928, qui se veut un rapport objectif sur les faits, connaîtra un succès considérable. Livres, films, témoignages abondent.

< Tri des affaires après la bataille, selon la légende d'époque. Bouleversé par les assauts et les tirs, le champ de bataille prend aussi l'aspect d'un gigantesque et dérisoire « marché aux puces », où les combattants complètent leurs équipements et tentent de dénicher quelques bonnes affaires.

v Marié à une Allemande en septembre 1904, ce Français a trouvé la mort sous l'uniforme impérial en septembre 1916. Le document proclame en titre : « Nous devons aussi donner notre vie pour nos frères. » Il précise que Jean Calliess est « mort pour la patrie ».

Les dessous d'une offensive manquée

La bataille de Verdun devait servir à « saigner à blanc » l'armée française, écrit le général von Falkenhayn dans un mémoire censé être daté de Noël 1915. Elle ne l'a pas fait. Pourquoi les Allemands n'ont-ils pas su porter un coup décisif à l'armée française lors de cette offensive ? Dans un document établi le 3 janvier 1917, Hindenburg explique la défaite par la faiblesse des premières lignes allemandes. Le sol rocheux n'a pas permis de creuser des tranchées suffisamment profondes et beaucoup de soldats allemands, pris au dépourvu et mal défendus, ont été capturés ainsi sans même être blessés. Enfin, il n'a pas été laissé assez de liberté d'action aux commandants de bataillon.

Offensive allemande manquée, Verdun est la première bataille à jeter un doute dans l'esprit des troupes allemandes. Même le haut commandement ne se fait aucune illusion sur la gravité de cet échec. « Pour la première fois, j'eus conscience de ce que c'était que perdre une bataille. Doute de soi-même, sentiments amers, jugements injustes contre autrui se heurtaient dans mon cœur et pesaient lourd dans mon esprit. Je le reconnais ouvertement, il me fallut quelque temps pour reprendre mon sang-froid et pour retrouver une foi solide », confie le Kronprinz dans ses Mémoires.

Téléphoniste à Verdun

Juin 1916

EXTRAIT du journal du téléphoniste André B. écrit après la guerre d'après son carnet de route tenu au jour le jour tout au long du conflit.

17 juin 1916

Plus nous avançons, plus le terrain est remué, la route n'existe que partiellement et les rails du chemin de fer qui la longeaient sont coupés par l'éclatement de gros obus, des voitures brisées gisent et des cadavres d'hommes et de chevaux emplissent l'air d'une odeur épouvantable. [...]

Des rafales d'obus nous arrivent de tous les côtés et je suis obligé de faire plusieurs groupes qui marchent en file indienne en s'aplatissant au sol à chaque détonation [...] *enfin dans la nuit éclairée des fusées une masse sombre se devine sur notre droite : c'est le bois de Vaux-Chapitre, c'est là que nous devons trouver les premières tranchées.* [...] *Un bombardement épouvantable nous arrête. Je pars en avant reconnaître le terrain ; celui-ci est criblé d'entonnoirs faits par les gros obus, je monte et je descends dans cette terre bouleversée et je trouve enfin le premier boyau. Je reviens vers mes hommes et par petits groupes je les conduis près de la tranchée. Celle-ci est jonchée de cadavres et de blessés.* [...]

Nous avons pris en main au départ la ligne téléphonique qui nous amène après une course folle à l'orée du bois ; là elle est déjà coupée et nous la réparons à plat ventre puis, toujours en courant, nous continuons. Je butte dans un tas de cadavres et me voilà étalé de tout mon long, dans ma chute j'ai perdu la ligne et la bobine [...]. *Une puanteur épouvantable s'exhale de cet endroit maudit jonché de corps que le soleil de juin décompose avec rapidité ; je me bouche le nez avec mon mouchoir en passant à genoux au-dessus des cadavres.* [...] *A. retrouve la bobine qu'un corps a arrêtée, mais ce n'est pas tout de suite que nous retrouvons la ligne.* [...] *Nous revenons sur nos pas, nous retrouvons la ligne puis nous faisons un branchement avec la bobine que nous déroulons en courant vers le fort de Souville que nous apercevons à travers le brouillard du matin, augmenté de celui des éclatements des 420 et des 380.*

V. et C. qui sont dans le fort doivent venir à notre rencontre et faire la moitié du chemin. Nous raccordons nos deux fils et sous les obus qui pleuvent nous repartons chacun de notre côté. Les obus qui tombaient avec une violence épouvantable autour de nous nous firent chercher un abri quelconque.

Nous avançons toujours et la tranchée est remplie de cadavres puis à un moment ces cadavres sont debout baïonnette au canon prêts à l'assaut. Les hommes ont été surpris par le tir fulgurant des mitrailleuses qui les ont pris en enfilade et ils ont été tués dans leur position d'attente de la minute où ils devaient enjamber le parapet de la tranchée.

Les obus avaient déjà à moitié enterré ces morts par endroits et il nous fallait faire des exercices de montagnes russes pour suivre cette parallèle qui allait en s'amincissant. [...] En courant, courbés et en s'aplatissant bien souvent nous revenons vers notre abri, essayons la ligne et elle marche. Elle marche ! On ne peut croire le plaisir que nous avons de le constater, c'est tellement extraordinaire, mais il ne faut pas perdre de temps et de suite nous invitons le colonel à téléphoner. Il le fait avec empressement et pour dire des choses banales au col. B. qui commande le fort de Souville. Du coup, le charme est rompu et on se demande pourquoi nous avons fait un si magnifique don de notre vie pour que la ligne marche et finalement entendre des paroles stupides. Ce jour-là ce colonel comme tant d'autres d'ailleurs ne se rend même pas compte de la valeur de notre exploit et encore moins de celle de notre peau.[...]

> Les combattants adaptent lignes de défense et cantonnements à la topographie des secteurs. Des premières « cagnas » ou huttes en rondins, on passe aux abris spécialement fabriqués pour le front tels ceux en fortes tôles profilées devant lesquels stationne cette ambulance au lieu-dit « le Chapeau de Curlu ».

La Somme : « le tombeau de l'armée Kitchener »

Si Verdun a tant surpris les Français, c'est aussi qu'ils avaient l'esprit ailleurs. Au moment où Verdun se déclenche, en effet, les Alliés mettent au point une grande offensive. Une conférence qui les a réunis à Chantilly en décembre 1915 a prévu une action unique et coordonnée des deux armées, française et britannique, dans la Somme. Le massacre de Verdun n'est donc pas le seul de cette année 1916. Il y a aussi effrayant, il y a la Somme, bataille parmi les plus sanglantes de toutes depuis le début de la Grande Guerre.

A priori, l'union des deux forces, française et anglaise, ne laisse présumer que de bons résultats, sauf que là, les commandements se sont mis à deux pour choisir un lieu d'attaque fort peu judicieux (un site où le fleuve fait un coude au nord de Péronne, à cheval sur la Somme) et qu'une succession d'événements imprévisibles va bouleverser tous leurs plans.

D'abord, il y a le mauvais temps, pire que jamais. Le champ de bataille se fait mer de boue. La glaise – le *porridge*, disent les Anglais – colle aux pieds, retarde les relèves, entrave les déplacements d'artillerie. Les armées pataugent, s'enlisent ou se perdent dans le brouillard.

Ensuite, il y a Verdun, dont les rebondissements conditionnent le déroulement de la Somme. Verdun condamne la bataille d'ensemble de la Somme en dédoublant, contrairement aux prévisions, l'action interalliée. Si Verdun n'a pas saigné toute l'armée française, elle a donc bien « saigné » la Somme, bataille écourtée et concentrée sur un front de 30 km au lieu des 70 km prévus à l'origine. Ponctionnée d'une partie de ses forces au profit de Verdun, la grande offensive alliée n'est plus qu'une petite offensive anglaise.

Le 24 juin, l'attaque commence, cependant, par un déluge d'artillerie impressionnant. Avec 1,6 million d'obus expédiés sur les lignes allemandes en une semaine, le pilonnage est aussi spectaculaire qu'inefficace. Les obus fusent, le ciel s'obscurcit, mais les batteries allemandes restent intactes parce que les tirs ont été mal dirigés. Le 28 juin, à cause du mauvais temps, l'offensive est repoussée de quarante-huit heures. Des forces considérables ont été massées entre Albert et Chaulnes. Les armées françaises des généraux Fayolle et Micheler au sud (vers Péronne) ainsi que les armées anglaises des généraux Rawlinson, Gough et Allenby au nord (vers Albert) font face à la IIe armée allemande du général von Below. La force aérienne des

Alliés est supérieure avec environ 300 appareils contre 220, au maximum, côté allemand. Elle élimine vaillamment les ballons d'observation, les fameuses *Drachen*, les « dragons » nommés ainsi en référence aux cerfs-volants chinois et surnommés par dérision par les poilus « saucisses ».

Une bataille en trois temps

Le lundi 1er juillet 1916, vers 6 h 30, les sapeurs britanniques font sauter deux mines énormes sous les lignes allemandes. À 7 h 30, l'assaut débute, les soldats alliés jaillissent des tranchées et marchent vers celles de l'ennemi. Les Français sont dirigés par Foch et les Anglais par Haig. Les objectifs sont Bapaume, Péronne et Nesle.

Persuadés que la préparation d'artillerie a nettoyé le terrain, les soldats avancent sereins, réconfortés par les derniers encouragements aveuglément optimistes de la propagande militaire : « Vous franchirez le parapet la canne à la main. » Le retour à la réalité n'en est que plus brutal. En face, l'ennemi travaille depuis deux ans à ses défenses et les Britanniques ne tardent pas à comprendre qu'ils marchent donc contre des fortifications en béton. Au moment du déluge d'artillerie, les Allemands se sont contenté de s'enterrer au plus profond des défenses, le temps de laisser passer l'orage. Maintenant remontés à l'air libre, ils s'apprêtent à se venger de ceux qui viennent de les forcer à passer une semaine six pieds sous terre dans des galeries mal ventilées.

< Sailly-Sallisel dans la Somme. Les immenses cratères creusés par les obus ou les mines sont rapidement intégrés au dispositif des tranchées et réaménagés en boyaux, avec ici, au premier plan, un poste de secours aux blessés des plus sommaires.

On imagine sans peine le massacre, surtout parmi des troupes pour lesquelles c'est souvent leur baptême du feu. Dans un pays d'armée de métier, en effet, la plupart des combattants sont des volontaires recrutés par Kitchener, car le service militaire n'est obligatoire que depuis quelques mois. Le recrutement, à partir du 7 août 1914, a permis la constitution d'une armée nombreuse mais dont les 2,5 millions de volontaires sont complètement néophytes et mus par des ambitions diverses. Les hommes qui sont dans la Somme se sont engagés par patriotisme, mais aussi souvent pour éviter d'être chômeur, car l'armée offre non seulement un emploi, mais de bons salaires. Beaucoup se battent donc pour la première fois sans pouvoir compter, pour pallier leur inexpérience, sur le secours d'officiers venus tout droit des colonies et qui font la guerre en Picardie comme s'ils étaient au cœur de la jungle ou aux confins du désert.

Les vagues d'attaquants se brisent une à une sur le mur mortel de balles, d'obus et de barbelés. Effrayé par l'ampleur des pertes, le général Rawlinson veut se replier, mais son supérieur, le général Haig, lui-même freiné par Joffre, s'y oppose, ce qui vaut au 1er juillet 1916 de devenir le jour le plus meurtrier de la Grande Guerre avec 20 000 morts et 35 000 blessés britanniques (dont 5 000 Londoniens). Les Allemands essuient de leur côté quelque 20 000 pertes.

Les Français, plus expérimentés, sont un peu plus chanceux. Ils enlèvent les bois de Maricourt, prennent l'heureuse initiative d'encercler le village de Curlu, puis de le bombarder sans s'user à le prendre et débordent la première position ennemie.

Pertes humaines colossales, gains territoriaux insignifiants, d'emblée l'affaire s'annonce mal, mais oblige les Allemands à amener des divisions pour alimenter la bataille au moment où ils en ont un besoin crucial à Verdun. Dans la Somme, on meurt donc aussi, en quelque sorte, pour Verdun.

Vers la mi-juillet, la bataille de rupture est terminée, la grande offensive surprise a échoué, une deuxième phase commence. Les Alliés dépassent Frise et Herbécourt et, plus au nord-ouest, La Boisselle, le bois de Bernfay, Assevillers. Ils ne sont plus qu'à 1 km de Péronne sur le plateau de Flaucourt et livrent à Biaches des combats acharnés. Les marsouins prennent d'assaut le village le 9 juillet. Les Allemands se réfugient alors dans le fort d'Herbécourt où 112 hommes et 2 officiers sont finalement capturés par les Français le 10 juillet.

∨ Carte postale illustrée anglaise pour encourager toute la population à se mobiliser et, photo du bas, deux troupiers britanniques blessés s'adressant, dans le nord de la France, à une jeune femme vêtue d'un long kilt écossais, peut-être une compatriote ambulancière ou infirmière, nombreuses sur tous les secteurs du front.

La 6e armée de Fayolle, cependant, piétine au sud de la Somme à partir du 11 juillet et rencontre bien des difficultés pour retrouver un second souffle. En face, les rangs allemands, gonflés par les renforts, appliquent une technique judicieuse : laisser quelques hommes dans les tranchées, munis d'armes automatiques ; cacher par les herbes des mitrailleuses et des tireurs isolés, qui créent la surprise en faisant des trous dans les vagues d'assaut.

En septembre, enfin, commence la troisième et dernière phase de la bataille. Une nouvelle action franco-britannique coordonnée, prévue pour le 1er septembre, est d'abord reportée au 10, puis à nouveau avancée. La Roumanie vient d'entrer en guerre et Joffre veut faire la démonstration à l'ennemi de ce que représente la coordination alliée. L'armée anglaise n'est plus inexpérimentée. La troisième phase de la bataille s'engage donc le 3 septembre. Elle va durer quatre semaines, dont une seule de beau temps. La pluie persistante interrompt les combats et transforme à nouveau le champ de bataille en un immense bourbier. L'avance se fait par à-coups sur les crêtes, les contre-pentes, puis s'essouffle. C'est au cours de cette dernière phase de la Somme que les Britanniques usent pour la première fois, à l'initiative de Winston Churchill, des chars cuirassés, arme secrète que l'on avait fait passer pour des citernes, d'où leur nom de « tanks ».

Le 15 septembre, sur l'axe Flers-Courcelette, près de Thiepval, la première apparition de ces véhicules fait sensation. Le Mark I pèse, en effet, 28 tonnes, progresse à 6 km/h, a une autonomie de 20 km et mesure 8,5 m de long et 4,26 de large. Il accompagne les fantassins et écrase tout sur son passage. Son effet est cependant limité. D'abord, sur 49 engins prévus, 32 seulement ont pris le départ en raison de défaillances techniques, 9 sont tombés en panne et 5 se sont enlisés. Ensuite, une fois le premier moment de panique passé, les Allemands se reprennent et découvrent les points faibles du mastodonte mécanique.

C'est toujours et encore le temps qui fait suspendre la bataille le 18 septembre, mais dès le 25, avec le redoux, Joffre relance l'offensive. Ernst Jünger a relaté dans *Orages d'acier* le « carnaval d'enfer » de l'artillerie lourde que les Alliés lancent sur Combles à cette occasion : « En quelques jours, l'artillerie lourde avait transformé un pacifique gîte d'étape en un spectacle d'horreur. Des maisons entières avaient été aplaties ou fendues en deux par un coup de plein fouet, si bien que les chambres avec leur mobilier pendaient comme des coulisses de théâtre au-dessus du chaos. Un fumet de cadavres sortait de beaucoup de ces décombres, car le premier bombardement avait aussi complètement surpris par sa soudaineté les habitants, et en avait enterré un grand nombre sous les ruines, avant qu'ils n'eussent pu sortir de chez eux. Une petite fille gisait devant un seuil au milieu d'une flaque rouge. [...]

» Des centaines de batteries lourdes tonnaient à Combles et tout autour ; des obus sans nombre se croisaient, hurlant et miaulant, au-dessus de nous. Tout était enveloppé d'une fumée épaisse, éclairée de lueurs funèbres par des fusées de couleur. Sous l'effet de violentes douleurs dans la tête et les oreilles, nous ne pouvions nous entendre qu'en braillant des mots sans suite. La faculté de penser logiquement et le sens de la pesanteur semblaient paralysés. On était en proie au sentiment de l'inéluctable et du nécessaire comme devant la fureur des éléments. Un sous-officier de la troisième section devint fou furieux. »

1916, les premiers « tanks »

∧ Jouet qui reprend la silhouette du char lourd Mark I britannique.

SYMBOLE de la nouvelle importance de la motorisation, déjà apparue à travers l'épisode des taxis de la Marne, les « tanks » britanniques font une première apparition remarquée mais pas encore complètement concluante le 15 septembre 1916 sur la Somme. Très vite, les généraux Joffre puis Pétain comprennent l'importance de ces « voitures automobiles cuirassées et armées ». La lourdeur des tanks Schneider les rendant peu maniables et vulnérables, ils soutiennent le général Estienne, qui a mis au point un char léger (7 tonnes) que Renault a accepté de fabriquer. Plus de 3 500 seront construits. Le 20 novembre 1917, les troupes britanniques exécutent sans préparation d'artillerie une attaque surprise, par des tanks en masse, devant Cambrai. Cette fois, les formidables lignes de la position Siegfried sont traversées. Du 31 mai au 18 juillet, les chars légers gardent la lisière de la forêt de Villers-Cotterêts et couvrent les préparatifs de la grande attaque Mangin du 18 juillet, où ils jouent un rôle essentiel. Ce seront les « chars de la victoire ». L'une des erreurs de l'Allemagne fut de n'avoir pas compris l'importance des chars d'assaut.

∨ Char léger d'accompagnement d'infanterie Renault FT-17 que les Français préfèrent aux chars lourds, surtout après les avatars britanniques de 1916 et les leurs en 1917 sur le Chemin des Dames.

> Insigne figurant le char FT-17 offert aux ouvriers de l'usine Renault qui l'ont fabriqué.

^ Intérieur d'un char lourd français. Tandis que le Schneider M16 abrite un équipage de 6 ou 7 hommes, le Saint-Chamond en compte 9. On peut imaginer l'atmosphère irrespirable dans ce cercueil d'acier surchauffé, dans la vapeur de l'essence, l'huile brûlée et la fumée des coups de départ. Ici naît l'épopée de « Ceux des chars » dotés d'un veston de cuir et d'un poignard de tranchée.

> Char lourd allemand A7. Les Allemands, qui ne croient pas aux blindés, en produiront à peine une vingtaine d'exemplaires. La majorité des tanks qu'ils emploient sont ceux pris aux Britanniques sur la Somme en 1916.

˅ « Souain avant l'attaque », précise la légende de cette vue sur plaque de verre stéréoscopique, dont des milliers de séries, largement commercialisées après-guerre, fixeront pour des générations de Français les représentations du champ de bataille.

> Dans cette tranchée bien aménagée de Villers-Breton, avec étais en rondins et passage des câbles téléphoniques, les poilus portent autour du cou leur masque à gaz sorti de l'étui, en prévision d'une attaque ou pour les besoins de l'opérateur photo. À une époque où les appareils de prise de vue sont lourds et les temps de pose longs, nombre de clichés sont forcément mis en scène et souvent totalement reconstitués.

Cette action, d'abord un peu plus fructueuse que les autres, s'essouffle bientôt elle aussi. Tandis que Verdun s'achève, les Britanniques poursuivent leur attaque vers Bapaume, les Français poussent au nord vers Sailly-Saillisel en espérant que Haig les appuiera sur leur gauche. Au sud, Micheler a toujours pour objectif Ablaincourt/Pressoir, mais en fait, la bataille de mouvement est terminée. Le terrain devient un bourbier infâme. Les deux adversaires sont englués sur place. Du 24 au 31 octobre, la pluie redouble, noyant tout. La tranchée se fait torrent. Chassés comme des rats par l'eau, Allemands et Français sortent de terre et fraternisent malgré eux.

Arrivent les premières neiges, qui compliquent l'observation aérienne. Le général Douglas Haig, conscient que l'opinion publique anglaise désapprouve l'offensive, décide d'y mettre fin. Joffre, au contraire, s'entête. Il met même sur pied une attaque d'envergure destinée à être livrée par Micheler pour compenser la défection britannique. Cette attaque n'aura jamais lieu, car les politiques arrêtent le massacre. Joffre est relevé et Robert Nivelle, son successeur, qui prouvera bientôt qu'il est tout sauf économe du sang de ses hommes, s'empresse pourtant d'annuler l'ordre d'attaque du 13 décembre. Entre-temps, sur le terrain, on a commencé à évacuer pour pieds gelés !

v Dans chaque camp, la pénurie en matières premières est telle que des unités, généralement de territoriaux, sont chargées de récupérer sur le terrain – ici à Chaulnes – et de trier soigneusement métaux, cuirs ou tissus. Très reproduites dans l'iconographie officielle, les épaisses cuirasses des guetteurs allemands, au premier plan, sont pourtant rarement utilisées à cause de leur poids. Nul doute que celles-ci soient rapidement fondues et transformées en obus…

Une offensive désastreuse

Au final, les gains territoriaux des Alliés – 10 à 40 km en quatre mois et demi – sont dérisoires, mais meilleurs que ceux des Allemands à Verdun. Le prix humain, en revanche, est exorbitant : les Tommies que Kitchener désignait d'un doigt impérieux sur les affiches de recrutement : « *Your country needs you* » (« Ton pays a besoin de toi ») ont beaucoup donné. 420 000 Britanniques ont été tués et blessés et, détail horrible, l'armée Kitchener offrant la possibilité, afin d'être plus attractive, de s'engager et de combattre côte à côte, des villages entiers se vident de leurs hommes et pleurent leurs frères, amis et voisins partis et morts ensemble.

200 000 Français et 450 000 Allemands sont également hors de combat. Les pertes s'élèvent donc en tout à 1 250 000 morts pour ces batailles qualifiées par Ludendorff de « plus violentes de la guerre ».

v Bien que tous les États qui composent l'Empire allemand aient adopté, dès 1910, des tenues de campagne uniformes, de nombreuses subtilités dans les couleurs des cocardes, gravures des boutons ou des plaques, les distinguent. Afin que les poilus puissent les identifier, l'état-major français édite ce type de brochure.

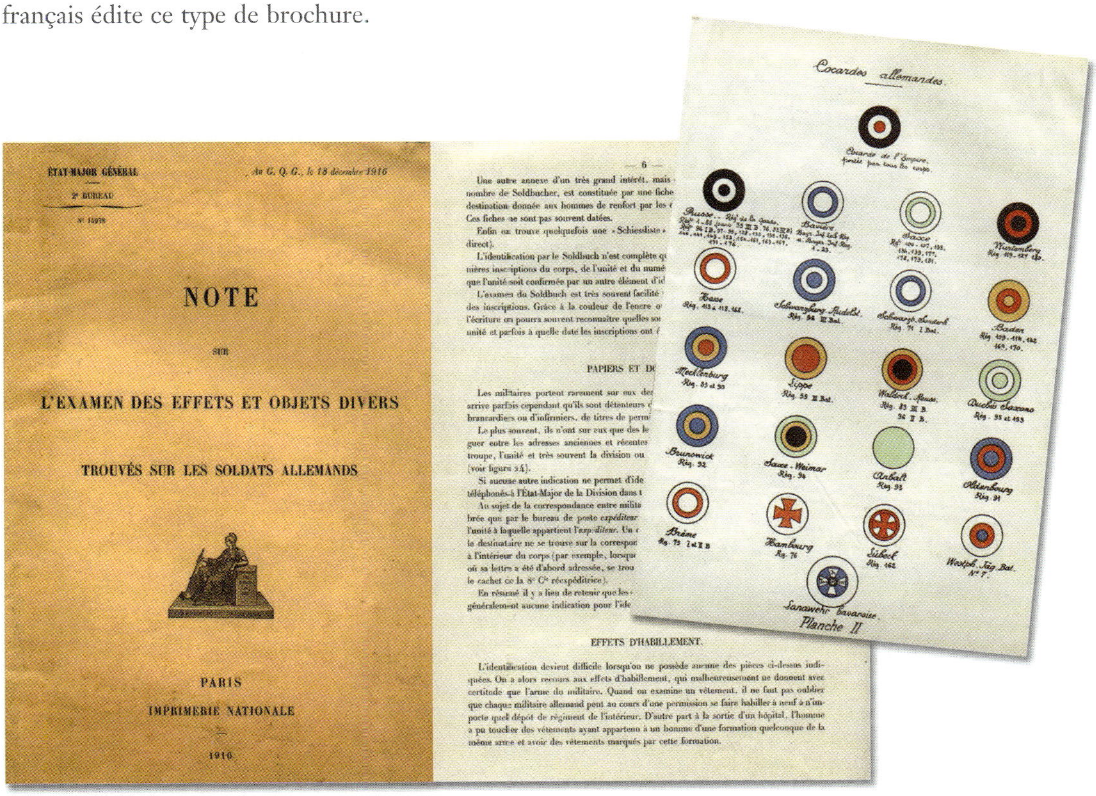

ÉTAT-MAJOR GÉNÉRAL

2e BUREAU

N° 11978

Au G. Q. G., le 18 décembre 1916

NOTE

SUR

L'EXAMEN DES EFFETS ET OBJETS DIVERS

TROUVÉS SUR LES SOLDATS ALLEMANDS

PARIS

IMPRIMERIE NATIONALE

1916

— 6 —

Une autre annexe d'un très grand intérêt, mais
nombre de Soldbucher, est constituée par une fiche
destination donnée aux hommes de renfort par les
Ces fiches ne sont pas souvent datées.

Enfin on trouve quelquefois une « Schiessliste »
direct).

L'identification par le Soldbuch n'est complète q
nières inscriptions du corps, de l'unité et du numé
que l'unité soit confirmée par un autre élément d'id

L'examen du Soldbuch est très souvent facilité
des inscriptions. Grâce à la couleur de l'encre o
l'écriture on pourra souvent reconnaître quelles so
unité et parfois à quelle date les inscriptions ont

PAPIERS ET D

Les militaires portent rarement sur eux de
arrive parfois cependant qu'ils sont détenteurs
brancardiers ou d'infirmiers, de titres de perm

Le plus souvent, ils n'ont sur eux que des le
guer entre les adresses anciennes et récentes
troupe, l'unité et très souvent la division ou
(voir figure 24).

Si aucune autre indication ne permet d'ide
téléphonés à l'État-Major de la Division dans

Au sujet de la correspondance entre milita
brée que par le bureau de poste *expéditeur*
l'unité à laquelle appartient l'*expéditeur*. Un
le destinataire ne se trouve sur la correspon
à l'intérieur du corps (par exemple, lorsqu
où sa lettre a été d'abord adressée, se trou
le cachet de la 8e Cie réexpéditrice).

En résumé il y a lieu de retenir que les
généralement aucune indication pour l'ide

EFFETS D'HABILLEMENT.

L'identification devient difficile lorsqu'on ne possède aucune des pièces ci-dessus indiquées. On a alors recours aux effets d'habillement, qui malheureusement ne donnent avec certitude que l'arme du militaire. Quand on examine un vêtement, il ne faut pas oublier que chaque militaire allemand peut au cours d'une permission se faire habiller à neuf à n'importe quel dépôt de régiment de l'intérieur. D'autre part à la sortie d'un hôpital, l'homme a pu toucher des vêtements ayant appartenu à un homme d'une formation quelconque de la même arme et avoir des vêtements marqués par cette formation.

Certaines journées, la Somme a été encore plus meurtrière que Verdun, mais le sacrifice n'a pas été totalement inutile pour les Alliés, même s'il reste complètement disproportionné. La bataille a aidé Verdun en obligeant notamment les Allemands à ramener plus d'une dizaine de divisions sur la Somme en juillet. Elle a desserré la pression allemande en Meuse, endommagé ses défenses, mais aussi prouvé la pugnacité des Alliés. Sur le plan intérieur, elle a précipité le départ de Joffre et coûté à Foch une longue disgrâce. Enfin, pour la suite des événements, elle a permis de tirer des leçons sur les avantages et les inconvénients du commandement unique.

En dépit de leur volonté d'agir ensemble en effet, Français et Britanniques ont parfois eu du mal à s'accorder. Les premiers, par exemple, ont attendu impatiemment le lancement de l'offensive censée soulager leur front, lorsque les seconds ne souhaitaient qu'une chose : la retarder afin de mieux la préparer. Puis, terrifiés par le feu de Verdun, les Français ont réclamé à cor et à cri des renforts, que les Britanniques ne se sont pas résignés à envoyer, soucieux de garder en réserve des divisions en cas de débarquement allemand en Égypte.

˅ Tranchées allemandes reconquises dans la Somme. Les journaux de chacun des belligérants font un large usage de telles visions d'horreur. Le « choc » des images est aussi une des inventions de ce conflit.

> Carte postale illustrée à la gloire du général Joffre. Dans la galerie de portraits des héros français, il incarne le sauveur de la nation sur la Marne, mais ne fait pas l'unanimité. Robertson confie à Douglas Haig, qui a remplacé French :

« Je suis très heureux que vous me disiez aimer Joffre. Personnellement, je me suis toujours bien entendu avec lui. Il n'est pas brillant, mais sûr et honnête. Dans l'ensemble, ces chefs et états-majors français constituent un lot très particulier. Souvent, ils se montrent excellents, mais en certaines occasions, très primitifs et inabordables. En traitant avec eux, il faut se rappeler avant tout que ce sont des Français, et qu'ils ne verront jamais les choses de la même façon que nous. Eux-mêmes nous trouvent bizarres, je présume. »

La révolte des politiques

Les défaites successives incitent les hommes politiques à contrôler les militaires partout sauf en Allemagne. Là aussi, cependant, l'opposition politique se structure et une quarantaine de députés au Reichstag fondent avec Karl Liebknecht, en mars 1916, un nouveau parti d'extrême gauche pacifiste, le Parti socialiste indépendant (USPD).

En Grande-Bretagne, le gouvernement libéral de lord Asquith, Premier ministre depuis 1908, a laissé place à un Comité de guerre. Il compte cinq membres dont Lloyd George, et le Parlement exprime la volonté d'exercer un contrôle sur la guerre.

En France aussi, le Parlement exige de plus en plus un droit de regard sur les décisions de l'état-major. En juin 1916, le président du Conseil, Aristide Briand, soumet aux députés la conduite de la bataille de Verdun en comité secret. L'ordre du jour adopté à une large majorité édicte : « Tout en s'abstenant strictement d'intervenir dans la conception, la direction ou l'exécution des opérations militaires, elle [la représentation nationale] entend veiller à ce qu'en vue de ces opérations, la préparation des moyens offensifs et défensifs, industriels et militaires soit poussée avec un soin, une activité et une prévoyance correspondant à l'héroïsme des armées de la République. » Verdun révèle en effet aux députés qu'ils ont eu tort de ne pas écouter les avertissements de leur collègue, le lieutenant-colonel Driant, qui les avait alertés à propos de la faiblesse du front à cet endroit. Gendre de Boulanger, député de Nancy, membre de la Commission de l'armée et écrivain connu

˅ Prisonniers des Britanniques, ces blessés allemands écrivent à leur famille. Difficile de démêler la part de mise en scène pour les besoins de propagande de la bienveillance réelle des autorités. Cependant, les souffrances endurées de chaque côté des lignes conduisent à une certaine humanité entre combattants ; les récits d'exactions délibérées à l'égard des captifs demeurent assez rares.

sous le nom de capitaine Dandrit, le malheureux Driant est le premier à payer l'inconséquence du pouvoir. Deux jours de combats suffisent à faire passer son bataillon de chasseurs posté dans le bois des Caures de 1200 à 98 hommes et lui-même tombe après une résistance héroïque.

Un autre militaire, de carrière celui-là, a dénoncé l'insuffisance des troupes à Verdun alors qu'il était commandant de cette région : c'est le général Philippe Pétain, qui (et ce n'est pas la moindre conséquence de la bataille pour l'avenir) est désormais le « vainqueur de Verdun ».

Driant ou Pétain se sont montrés plus éclairés que Joffre, dont la crédibilité chute après Verdun et la Somme. Le Parlement impose d'abord au commandant suprême des armées un contrôle, qu'il accepte de mauvaise grâce. Puis, le président du Conseil, Briand, crée un « comité de guerre » comprenant à ses côtés Alexandre Ribot (Finances), l'amiral Lacaze (Marine), Albert Thomas (Armement) et Joffre, qui n'a donc plus qu'un rôle honorifique de « conseiller technique ». Robert Nivelle le remplace. Réduit à un rôle de potiche et bridé dans ses ambitions par le nouveau ministre de la Guerre, qui n'est autre que l'énergique général Lyautey, Joffre préfère donner sa démission. Le 27 décembre, donc, il se retire non sans avoir été fait maréchal de France.

v Dernière lettre envoyée à ses parents par un fantassin du 25e RI (recrutement de Cherbourg), porté disparu dans la Somme en 1916.
En-dessous, vue prise au ras d'une tranchée sur le front de la Somme. Toute végétation a disparu et, en face, à quelques centaines de mètres à peine, on voit très nettement la fumée des obus qui s'abattent sur les lignes allemandes.

Dimanche 10 septembre

Chers parents,

J'ai bien reçu votre lettre qui m'a fait plaisir de recevoir de vos bonnes nouvelles ainsi que le billet de 55. Vous êtes bien bons et je vous remercie beaucoup de penser à moi ainsi. Chers parents je vous avais dit qu'on allait attaquer le 4, tout s'est très bien passé, nous avons pris les 3 premières lignes, un village et des ouvrages très fortifiés. Les pertes n'ont pas été beaucoup élévées pour le travail qu'on a fait et les prisonniers qu'on a fait avaient l'air bien contents de leurs aventures. Ils n'étaient tout de même pas fiers ils nous donnaient tout ce qu'ils avaient, des boîtes de cigares et cigarettes, faut croire qu'ils avaient peur qu'on leur fasse un mauvais parti, on ne pouvait s'empêcher de rire de les voir ainsi, quelle piteuse mine ils faisaient, j'en ai vu défiler 600 que nous avons pris. Notre artillerie avait comblé toutes leurs tranchées mais ils avaient encore de bons abris de 10 à 12 m de profondeur où on les a tous comblés car ils nous attendaient pas si vite. J'ai reçu des nouvelles de Léa et du petit Charles qui sait occuper tout le monde c'est la joie de tous, ils sont en bonne santé.

Chers parents recevez de votre fils tout dévoué de bons baisers affectueux ainsi qu'à Lucienne. Bonjour aux amis.

Charles F.

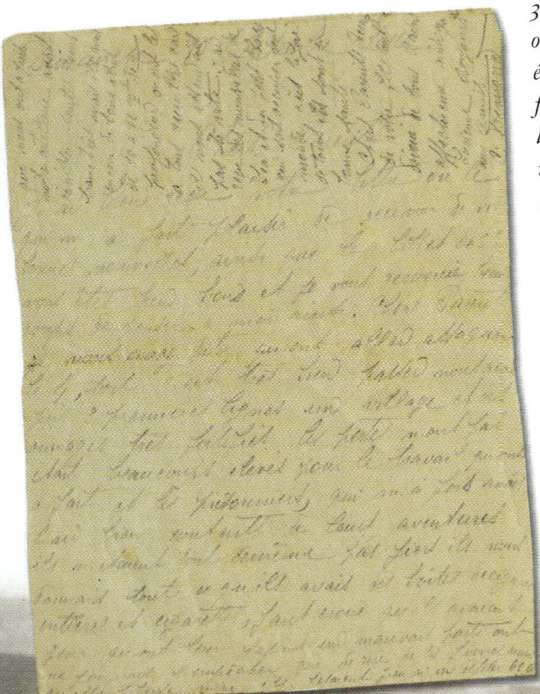

FRONT EST

À l'est, 1916 est riche en offensives russes. Après sa série de défaites l'année précédente, la Russie a pris le temps de souffler et de reconstituer ses forces. Elle a accru sa production de canons et de munitions. Elle a augmenté son armée, qui passe de 35 à 60 corps. Le Transsibérien est doublé jusqu'au lac Baïkal pour faciliter l'arrivée du matériel commandé au Japon et aux États-Unis, et une nouvelle voie ferrée relie Petrograd à Kola (océan Arctique) afin de permettre aux Alliés de ravitailler la Russie en toute saison.

Dans le Caucase, Erzeroum tombe

Les Russes passent les premiers à l'attaque sans laisser aux armées turques le temps d'avoir des renforts. Ils marchent donc du lac de Van vers Trébizonde sur la mer Noire et Erzeroum. Les combats, qui se déroulent dans la montagne enneigée et par des températures descendant jusqu'à -25 °C, sont éprouvants. Le 16 février 1916, cependant, Erzeroum, place forte de la province frontière turque, pourtant bien renforcée par les Allemands, est prise et Trébizonde tombe en avril. La bataille oblige les Turcs à envoyer leurs troupes victorieuses des Dardanelles sur le front du Caucase. Youdenitch a remporté une victoire décisive, mais 6000 de ses hommes ont les pieds gelés et 15000 sont morts. Il avance, contrôle l'Arménie turque et s'enfonce même en Turquie sur plus de 150 km.

Dans les Carpates, l'offensive Broussilov est un succès

Le général en chef Alexeiev dispose de trois groupes d'armées sur son front occidental : le groupe d'armées du Nord commandé par le général Kouropatkine, le groupe d'armées du Centre (régions de Pinsks et du Pripet) par le général Evert, le groupe d'armées du Sud (sud du Pripet) par le général Broussilov qui a remplacé Ivanov.

Au total, 140 divisions font face aux 148 divisions austro-allemandes réparties en 4 groupes d'armées : groupe d'armées du général Hindenburg au nord, groupe d'armées du prince Léopold de Bavière au centre, groupe d'armées autrichien de l'archiduc Frédéric renforcé par le groupe d'armées du général Lisingen à hauteur de Dubno.

Broussilov ouvre les hostilités. Après un long et dur bombardement, il lance le 4 juin une attaque surprise sur un front de 350 km (entre le Pripet et la frontière roumaine). Son effort principal porte sur les ailes : au nord v *Le Miroir*, 14 mai 1916 : « Sur la route défoncée qui traverse les marais entre Azap-Keui et Keupri-Keui, un convoi de ravitaillement chemine péniblement à 50 verstes d'Erzeroum. C'est au prix de difficultés inouïes que nos alliés ont pu avancer en Arménie et assurer leur ravitaillement. Cette route que réparent les soldats du Caucase donne une idée exacte de l'état des voies et des moyens de communication dans l'Arménie reconquise. »

sur Loutsk (armée du général Kaledine) et au sud dans la Bucovine (armée du général Letchinsky). Le front autrichien est rompu en de multiples endroits. L'armée Kaledine, après avoir pris Loutsk le 7 juin, progresse de 50 km en profondeur sur un front large de 70 km. Au sud, l'armée Letchinsky investit Czernowitz et avance de 60 km. Pour les Autrichiens, c'est un véritable désastre. En toute hâte, Hindenburg leur envoie quelques divisions et Lisingen contre-attaque. Pendant ce temps, Letchinsky poursuit l'armée Pflanzer, conquiert presque toute la Bucovine et, le 30 juin, atteint les pentes des Carpates.

Pendant les mois de juillet et d'août, les armées de Broussilov avancent inexorablement malgré les contre-attaques des Austro-Allemands qui reçoivent sans cesse des renforts (dont deux divisions turques). Des

combats acharnés se déroulent entre le Styr et le Stokod, sur la Lipa et le haut Styr, afin d'enrayer l'avance russe au nord (vers Kovel). Au sud, la conquête de la Bucovine est achevée et, après avoir dégagé toute la frontière roumaine, l'armée Letchinsky atteint en août les cols de Kalibaba et de Tartarow dans les Carpates, mais elle est à bout de souffle.

Au centre, la progression se fait beaucoup plus lentement, mais l'armée Tcherbatchef parvient à refouler les Autrichiens au-delà de la Zlota-Lipa.

Épuisées, les troupes impériales ne peuvent exploiter à fond leur victoire et atteindre à nouveau Lemberg et Przemysl, puis l'arrivée des renforts allemands et le manque de ravitaillement mettent fin à l'offensive à la mi-septembre.

L'offensive Broussilov est cependant un succès. Elle rejette les Autrichiens sur les Carpates. Elle fait 400 000 prisonniers et met hors de combat 600 000 hommes. La Galicie et la Bucovine sont reprises. Plus important encore, elle oblige les Autrichiens à prélever 8 divisions du front du Trentin et les Allemands à en retirer 8 de France, ce qui est essentiel d'un point de vue stratégique au moment de Verdun et de la Somme. Enfin, elle incite la Roumanie à entrer en guerre.

< Grenadiers du Caucase au repos dans une de leurs tranchées sur la frontière polonaise. Casquettes et bonnets de fourrure alternent pour ces hommes qui constituent l'élite de l'armée russe.

v Cadet de l'armée roumaine vers la fin de la guerre. Son uniforme est encore d'inspiration balkanique, bien que depuis la mission d'aide interalliée dirigée par le général Berthelot en 1916-1917, les Roumains se soient dotés du célèbre casque Adrian français.

Les Puissances centrales font miroiter à la Pologne son indépendance

Le 5 novembre 1916, Guillaume II et l'empereur d'Autriche publient un manifeste qui promet à la Pologne l'indépendance à la fin de la guerre. Ils espèrent en contrepartie enrôler le maximum de Polonais dans leurs rangs. Dès le début de la guerre, en effet, les Polonais d'Autriche-Hongrie ont formé des légions composées de volontaires encadrés par des officiers polonais et placées sous le commandement des généraux Pilsudski, Haller et Sikorski. Mais le recrutement supplémentaire ne s'avère pas à la hauteur des espérances des Puissances centrales et les événements ne tardent pas à souligner combien le rapprochement entre Polonais et Puissances centrales n'est qu'une alliance de circonstance.

Roumanie : l'expédition punitive

Divisée entre partisans de l'Entente et partisans des Puissances centrales, la Roumanie se range du côté des Alliés le 20 juillet 1916 avec d'autant plus de facilité que le roi germanophile est mort en 1914 et que les Alliés ont promis au pays d'exaucer ses souhaits territoriaux (la souveraineté sur le Banat, la Transylvanie et la Bucovine).

L'armée roumaine surprend tout le monde en attaquant la Hongrie et non la Bulgarie. Elle franchit le col des Carpates et remporte d'abord quelques victoires, mais Falkenhayn, relevé de Verdun après son échec et nommé commandant du front oriental, riposte dès le 25 septembre. Il organise la *Straffexpedition* : « l'expédition punitive ». Ses troupes de montagne de l'*Alpenkorps* traversent au nord les Alpes de Transylvanie. C'est ainsi qu'un certain Rommel arrive en Roumanie en octobre 1916. Elles prennent à revers l'armée roumaine engagée en Hongrie, tandis qu'au sud, depuis la Bulgarie, les armées du général von Mackensen franchissent le Danube. Les deux armées se ruent dans la plaine de Valachie. Vingt-cinq divisions roumaines mal équipées et manquant de mitrailleuses et d'artillerie lourde affrontent 40 divisions rutilantes comprenant Allemands, Austro-Hongrois, Bulgares et même Turcs. Les Roumains, en revanche, ne peuvent compter sur personne : ni les Russes, qui ne se font aucune illusion sur leurs forces, ni les Français de Salonique ne les soutiennent par une quelconque action. Bucarest tombe le 6 décembre. Alors que la Roumanie a déjà perdu 310 000 hommes, tués, blessés ou prisonniers dans la bataille, l'hiver s'annonce particulièrement rude pour ses soldats décimés par le typhus et le froid, et traqués par un ennemi pugnace. En janvier 1917, ainsi, Rommel restera allongé dans la neige par – 10 °C aux abords du petit village de Gagesti en attendant que les Roumains soient au plus profond de leur sommeil pour mieux les surprendre lors d'un assaut nocturne.

Il a fallu moins de trois mois aux Austro-Allemands pour écraser et occuper la Roumanie. La décision d'entrée en guerre a donc été un très mauvais choix pour les Roumains.

LES FRONTS SECONDAIRES

La « neutralité » grecque

La Roumanie étant entrée en guerre, il ne reste plus qu'un seul pays neutre dans les Balkans, la Grèce ; encore sa neutralité a-t-elle déjà été malmenée par l'aventure de Salonique (octobre 1915).

Le 27 mai 1916, les troupes bulgares franchissent la frontière grecque, s'emparent du fort de Rupel, sans que les Grecs opposent une quelconque résistance ; les Alliés s'en inquiètent et favorisent l'établissement d'un nouveau pouvoir. Quatre mois après, donc, deux instances coexistent en Grèce : le gouvernement républicain rebelle de Venizélos, fondé le 24 septembre 1916 à Salonique et reconnu officiellement par les Alliés ; le gouvernement royal installé à Athènes.

La constitution d'une Grèce divisée entre républicains et royalistes, entre proalliés et proallemands, la menace de tirs de royalistes grecs contre les troupes franco-britanniques du corps expéditionnaire tournent à l'épreuve de force et accroissent l'ingérence alliée dans les affaires du pays. Le chef de

∨ Caricature du roi Constantin de Grèce, « le 12e », parue dans *La Baïonnette*. Le cœur de Constantin de Grèce, représenté en costume national folklorique, est acquis aux Allemands même s'il semble ici balancer entre Français et Allemands.

l'armée d'Orient, Sarrail, fait débarquer des fusiliers marins français, italiens et britanniques au Pirée le 1er décembre 1916 et menace Athènes, bastion des royalistes. Mais il manque toujours de moyens, et une partie de l'armée et les patriotes grecs repoussent ses hommes. Ce sont les « journées de décembre », au cours desquelles 69 fusiliers marins trouvent la mort et certains royalistes massacrent des partisans de Venizélos.

En Italie, l'Isonzo, toujours

L'armée austro-hongroise, engagée depuis mai 1915 sur le front italien, subit les assauts répétés des troupes italiennes et de leur impitoyable commandant en chef, Luigi Cardona, qui se focalise sur l'Isonzo, la porte de l'Autriche. L'offensive du 18 juillet 1915 sur le Carso est un échec, celle du 18 octobre 1915 ne parvient pas à prendre Gorizia, mais la 6e bataille de l'Isonzo en août 1916 s'avère être la bonne. Les 7e, 8e et 9e batailles de l'Isonzo, respectivement en septembre, octobre et novembre, permettent de consolider la prise de Gorizia et d'établir une tête de pont sur le plateau de Carso.

Conrad von Hötzendorf, au lieu d'aider les Allemands à Verdun, met lui aussi un point d'honneur à mener l'offensive en Italie. Il monte donc en solitaire une attaque déclenchée le 15 mai 1916 depuis le Trentin. Il remporte un succès, fait une percée à Asiago, mais ne peut l'exploiter. Les pertes italiennes sont élevées (147 000 contre 80 000 aux Autrichiens), mais les Italiens se ressaisissent. Les gains territoriaux sont donc quasiment nuls.

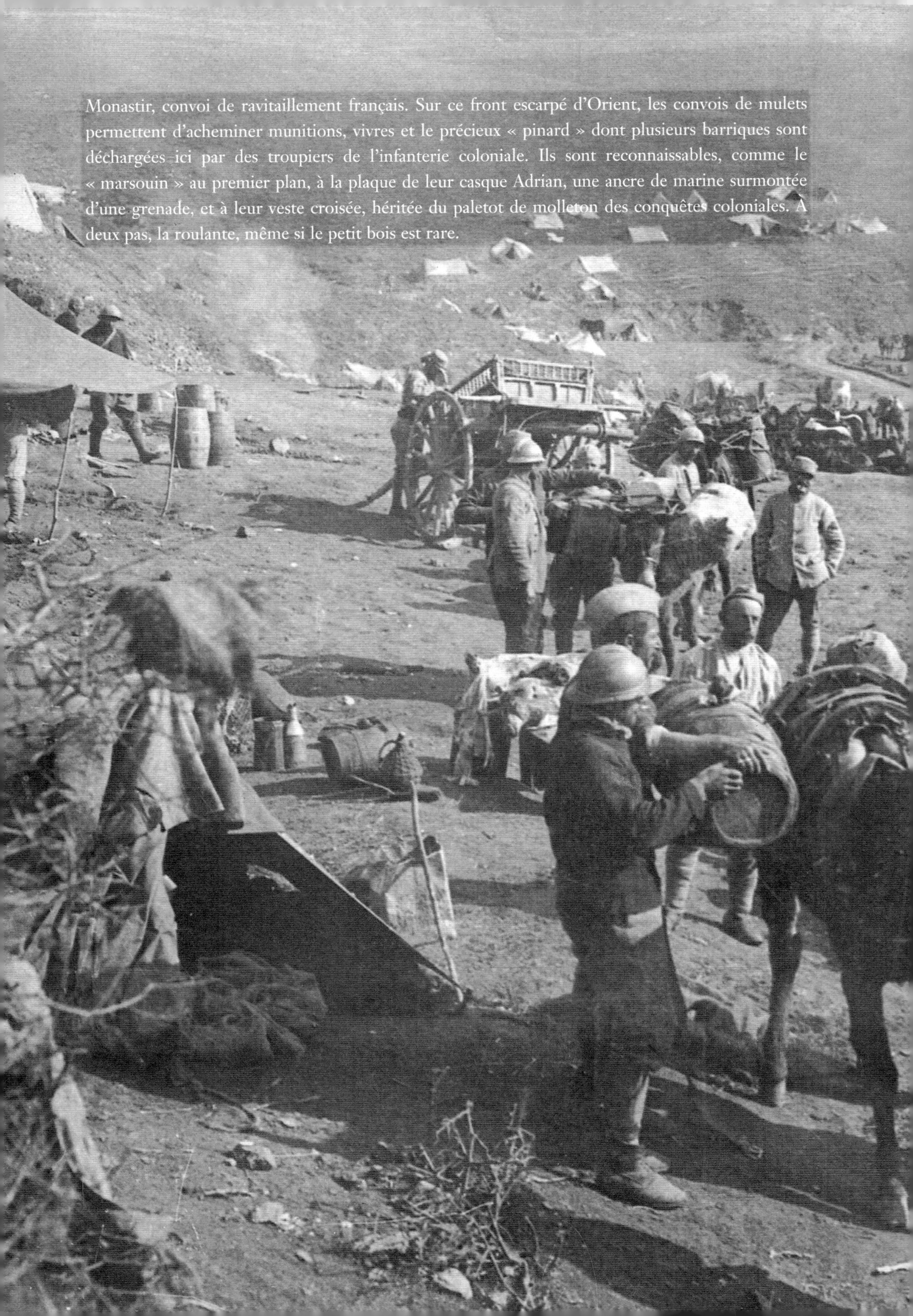

Monastir, convoi de ravitaillement français. Sur ce front escarpé d'Orient, les convois de mulets permettent d'acheminer munitions, vivres et le précieux « pinard » dont plusieurs barriques sont déchargées ici par des troupiers de l'infanterie coloniale. Ils sont reconnaissables, comme le « marsouin » au premier plan, à la plaque de leur casque Adrian, une ancre de marine surmontée d'une grenade, et à leur veste croisée, héritée du paletot de molleton des conquêtes coloniales. À deux pas, la roulante, même si le petit bois est rare.

v Colonne de réfugiés sur une route des Balkans.

v Pièce d'artillerie lourde serbe du modèle français de Bange. Ce système de canon, sans frein antirecul, a été abandonné par les Français à la fin du XIXe siècle. Mais, en 1915, devant la pénurie de pièces lourdes, on les a remis en service à la hâte. Peu à peu remplacés par des pièces modernes, les surplus de Bange sont attribués aux petites nations alliées comme la Serbie.

∨ Septembre 1916, infanterie turque progressant à travers le Taurus. Elle va faire régner la terreur plus au sud. Les fantassins turcs sont coiffés du *kabalack*, sorte de casque colonial souple et sans visière, car la tradition islamique interdit alors à un croyant de se protéger la face du soleil. Une autre interprétation veut que la visière soit proscrite car elle interdit de poser le front à terre lors des prières. Lorsque les Allemands livrent leur casque lourd à l'armée turque, ils prennent soin de fabriquer un modèle abrasé devant.

Au Moyen-Orient : terreur, famines et manipulations

Le blocus que l'Entente exerce sur l'ensemble des littoraux ottomans paralyse les principales voies de communication du Levant. Il en résulte un engorgement du réseau intérieur des transports. Les autorités militaires réquisitionnent alors tous les chevaux, mulets et ânes des fermes, rendant les travaux agricoles impossibles. La production agricole chute. La population essentiellement paysanne commence à montrer des signes de mécontentement. Pour couper court à tout soulèvement populaire et passer sa colère après son attaque manquée contre le canal de Suez, Djemal Pacha se venge sur les malheureux civils en imposant un régime de terreur. Les récalcitrants ne tardent pas à se balancer au bout d'une corde. Toutes les grandes familles de notables syriens, libanais et palestiniens sont concernées par les exécutions de Djemal « le sanglant ». En 1916, ainsi, 21 Syriens et Libanais sont exécutés sous prétexte d'activités terroristes, faisant du 6 mai un jour encore aujourd'hui commémoré dans les deux pays. D'ailleurs, le lieu de leur exécution à Beyrouth se nomme toujours la « place des Martyrs ».

Le Liban, déjà asphyxié par le blocus de l'Entente, va souffrir plus que n'importe quelle autre province ottomane de la répression. Soumis au pillage des Turcs, privé de ses activités commerciales, de ses visiteurs, de ses ressources agricoles et même de son bois, qui part brûler dans les locomotives de l'empire, le Liban s'enfonce dans une atroce famine qui tue 500 000 personnes.

En Mésopotamie, les Turcs, qui n'avaient cessé de reculer devant les Britanniques, se reprennent. Ils refoulent le général de division

˅ Dans le secteur de Kut el-Amara, au premier plan prisonniers indiens au repos et derrière eux des captifs qui pourraient être des Maori, contingent levé par l'Angleterre dans ses colonies d'Océanie, ou des Gurkha du Népal. La Grande Guerre est, pour des millions de colonisés, l'occasion de se rencontrer. Mais, très encadrés et imprégnés de particularismes entretenus par leurs cadres, ils ne tenteront pas de se regrouper pour remettre en cause leur tutelle coloniale respective.

Charles Townshend sur Kut et y assiègent les troupes anglo-indiennes. La pugnacité des Turcs et la montée des eaux qui inonde la plaine mésopotamienne coupent Kut el-Amara de toute aide extérieure. Aussi les 13 500 hommes de la garnison anglaise se rendent-ils le 29 avril 1916.

Les Britanniques mènent campagne contre les Turcs non seulement aux abords de Bagdad, mais aussi en Palestine et dans le Sinaï. En février 1916, le général Archibald Murray, commandant en chef en Égypte, suggère une occupation du Sinaï afin de mieux protéger le canal de Suez d'une menace turque. Londres hésite, mais ne s'y oppose pas. Murray attaque les Turcs à Romani en août, prend le temps de construire une conduite d'eau et une voie de chemin de fer à travers le désert pour ravitailler ses troupes de

˅ Brandi pour une des premières fois, le drapeau de l'émir Fayçal et sa garde, équipée et entraînée par des instructeurs britanniques.

l'autre côté du Sinaï. Dans son élan, il décide de prendre Gaza et de chasser les Turcs de Palestine. Sa tentative échoue, les Anglais perdent 6 500 hommes et Murray son commandement.

Enfin, les bureaux britanniques du Caire mènent une stratégie politique très particulière en direction des Arabes. Depuis le début de la guerre, le gouvernement de Londres songe à favoriser dans cette région un soulèvement anti-turc afin de mieux prendre la place des Ottomans. C'est là qu'intervient le fameux Thomas Edward Lawrence. Sa passion de l'archéologie étudiée à Oxford le conduit à participer à une expédition organisée par le British Museum dans le village de Jerablos (nom ancien pour Carchemish) en Syrie, puis à des fouilles au Moyen-Orient. Lorsque la guerre éclate, il est volontaire, puis est affecté au Caire en 1916. Sa maîtrise de la langue arabe en fait un officier de renseignements tout désigné. En juin 1916, Lawrence est envoyé en mission. Il doit rencontrer les chefs des tribus bédouines, les fédérer et les soulever contre les Turcs.

En fait, les Britanniques ont deux solutions, soit miser sur la famille des Hachémites, la plus noble lignée de La Mecque, celle à qui revient le service des lieux saints de l'islam, soit encourager Abd al-Aziz ibn Saoud, dont l'autorité s'affirme au centre de la péninsule Arabique. Lawrence choisit la première. Il traverse un désert hostile, des montagnes sans nom, des vallées sans route et des étendues sans fin, et parvient fin juin au fief de Fayçal (1883-1933), le fils de l'émir de La Mecque Hussein (1854-1931). Les Hachémites deviennent les interlocuteurs privilégiés des Britanniques et les chefs de la révolte arabe. Aidés de ces nouveaux alliés, les Britanniques livrent une guérilla incessante contre les Turcs, multipliant razzias et manœuvres de harcèlement. Ils vont ainsi dynamiter le chemin de fer Damas-Médine tout juste achevé en 1914 et construit par les Turcs pour affirmer leur présence « civilisatrice » en Syrie et acheminer les pèlerins de Damas vers les lieux saints. Les Britanniques fournissent l'argent, les armes, les provisions et les équipements militaires. Soutenu par les Britanniques et les Français, l'émir Hussein se proclame en novembre 1916 « roi du Hedjaz », c'est-à-dire roi des pays arabes. Dans le même temps, Lawrence s'arabise de plus en plus, confondant parfois ses intérêts avec ceux de ses alliés au point d'inquiéter les Britanniques qui ne savent pas très bien à quel jeu il joue.

En 1916, donc, le déclin de l'Empire ottoman se confirmant, les Alliés décident de tirer au clair le partage des restes de l'empire en cas de victoire. Le diplomate français Charles-Georges Picot et l'orientaliste du Foreign Office Mark Sykes sont chargés de concilier intérêts français et britanniques et d'établir un accord que la Russie puisse accepter. En fait, il s'agit de créer « un État arabe ou une fédération d'États arabes indépendants », qui seront sous domination française ou anglaise, c'est-à-dire de continuer le régime de domination indirecte d'avant-guerre en exploitant le conflit arabo-turc après l'avoir bien attisé. En mai, l'accord Sykes-Picot est signé par Paul Cambon, ambassadeur français à Londres, et le secrétaire au Foreign Office, Edward Grey. Sur la carte du partage de l'Empire ottoman, une zone bleue indique les territoires sous influence française : les régions littorales syriennes et la Cilicie. Une zone rouge englobe les terres sous influence britannique : l'enclave de Haïfa et Acre, le sud de la Mésopotamie et une zone arabe entre la Palestine et la Mésopotamie. Enfin, la Palestine devient une zone brune où « sera établie une administration internationale dont la forme devra être décidée après consultation avec la Russie et, ensuite, d'accord avec les autres alliés et les représentants du chérif de La Mecque ». Ces accords limitent donc les concessions faites à Hussein et il n'est pas surprenant que les divulgations sur le projet l'année suivante par les bolcheviks aient soulevé une vague d'indignation dans le monde arabe.

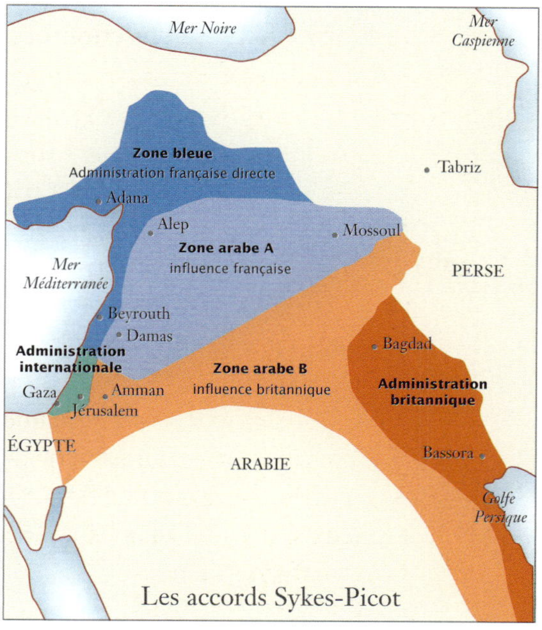

Les accords Sykes-Picot

v > Les principaux fronts en 1915-1916.

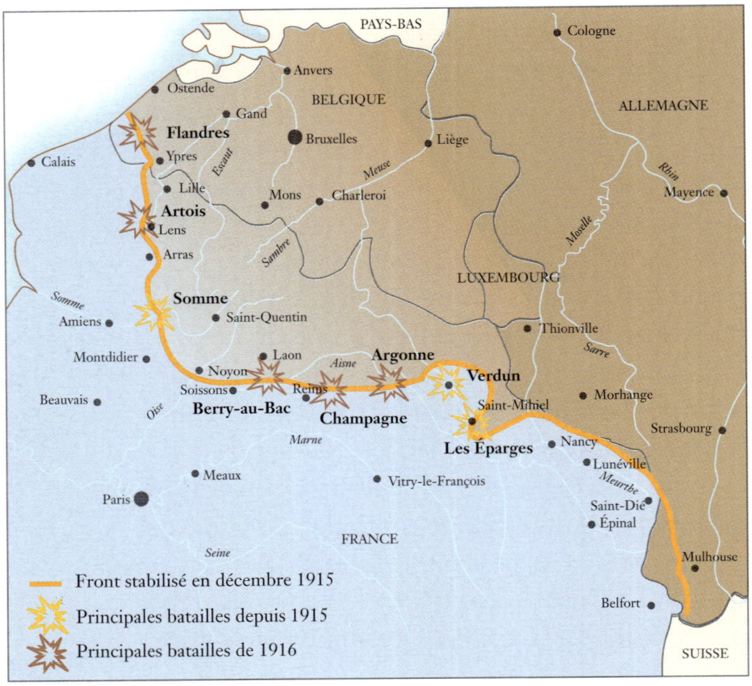

Les Empires centraux
Les alliés des Empires centraux
Les Alliés
Zones des combats
Offensives des Empires centraux et de leurs alliés
Offensives des Alliés
Fronts en décembre 1915
Guerre sous-marine
Route des sous-marins allemands
Route des convois alliés
Périmètre du blocus naval britannique
Principales batailles

FINLANDE
Saint-Pétersbourg
ORVÈGE
ROYAUME DE SUÈDE
Mai 1916
Bataille du Jutland
Mer Baltique
ANEMARK
EMPIRE RUSSE
PRUSSE-ORIENTALE
Tannenberg
Berlin
1915
EMPIRE ALLEMAND
Gorlice
GALICIE
1915
1916
Broussilov
Vienne
EMPIRE AUSTRO-HONGROIS
TRENTIN
Mer Caspienne
Odessa
1916
Falkenhayn
Autrichiens, Allemands, Bulgares
ROUMANIE
Bucarest
Sébastopol
Bakou
1915
SERBIE occupée
1916
Mackensen
Mer Noire
Russes
CAUCASE
ITALIE
MONTÉNÉGRO
BULGARIE
Trébizonde
avril 1916
ARMÉNIE
Recht
PERSE
Rome
Monastir
Constantinople
Erzeroum
février 1916
Téhéran
ALBANIE
Salonique
Gallipoli
1915
Dardanelles
EMPIRE OTTOMAN
Mossoul
Sultanabad
oct. 1915
Salonique
Adana
Alep
GRÈCE
Rhodes et Dodécanèse (ITAL.)
CHYPRE (G.-B.)
Bagdad
Malte (G.-B.)
Kut el-Amara
29 avril 1916
Beyrouth
Damas
Britanniques
Bassora
En provenance d'Inde et d'Extrême-Orient
Mer Méditerranée
Gaza
Jérusalem
Golfe Persique
Port-Saïd
Britanniques
LIBYE (ITAL.)
Le Caire
Suez
Aqaba
ARABIE
ÉGYPTE (G.-B.)
fév.1915-août 1916
Canal de Suez
Ouedj
Mer Rouge
Médine
La Mecque
SOUDAN ANGLO-ÉGYPTIEN
Port-Soudan

La guerre sur mer

< Cargo britannique touché par une torpille de sous-marin allemand quelques instants avant de sombrer.

Le classement par flotte place dans l'ordre en premier l'Angleterre, puis l'Allemagne, les États-Unis et la France. Cette flotte a dans l'ensemble considérablement amélioré ses performances. Même la marine traditionnelle s'est perfectionnée. L'unique bataille navale de la guerre, celle du Jutland, démontre la redoutable efficacité de la dernière-née des séries de cuirassés, ceux de la classe *Queen Elisabeth*. Achevée en 1915-1916, elle possède la puissance de feu la plus importante de l'époque et allie vitesse et protection. Ses obus géants de 380 mm peuvent être tirés avec précision à plus de 16 km alors qu'à titre de comparaison, à Tsushima, en 1905, la portée pratique des Japonais était de 8 à 10 km ; on voit le progrès des Anglais en dix ans. Ces derniers ont également mieux perçu l'importance et la reconnaissance aérienne avant une bataille navale : zeppelins ou porte-hydravions.

v Matelot français posant à côté d'un obus de marine de 400 mm. Ce type de calibre énorme permet autant la guerre navale à longue portée que le pilonnage des positions terrestres.

Les sous-marins

Cette invention française est l'arme par excellence des Allemands, celle sur laquelle ils ont – à tort – tout misé. Et pourtant, à la veille de la guerre, rien

∧ Le croiseur français *Ernest-Renan*.

∧ Sur le pont d'un sous-marin allemand, l'équipage pose autour du tube du canon déchiqueté par un obus déficient.

ne semblait promettre un tel avenir aux sous-marins allemands. À la revue militaire de Kiel, en mai 1913, la plupart des bâtiments sont absents pour cause de panne. À la parade de 1914, personne ne les remarque tant ils semblent insignifiants.

Alors, qu'est-ce qui a bien pu pousser l'Allemagne à croire que son salut passait par la guerre sous-marine ? C'est qu'entre-temps U 9 (qui coule trois croiseurs britanniques au large de la Hollande le 27 septembre 1914), U 17 (premier à avoir coulé un navire marchand), U 29, U 21… ont brillé par leurs exploits et ont incité les Allemands à mettre, dès janvier 1915, 27 sous-marins en chantier, si bien qu'en 1917 l'Allemagne possède 150 sous-marins.

C'est aussi que la propagande glorifie les amiraux, qui, tel Hersing, deviennent de véritables vedettes. C'est enfin qu'avec le blocus anglais le sous-marin s'impose comme l'unique possibilité d'une victoire maritime. Pourtant, si la guerre sous-marine fut efficace – elle coula 11 millions de tonnes de navires alliés pendant la guerre – , elle ne fut pas décisive.

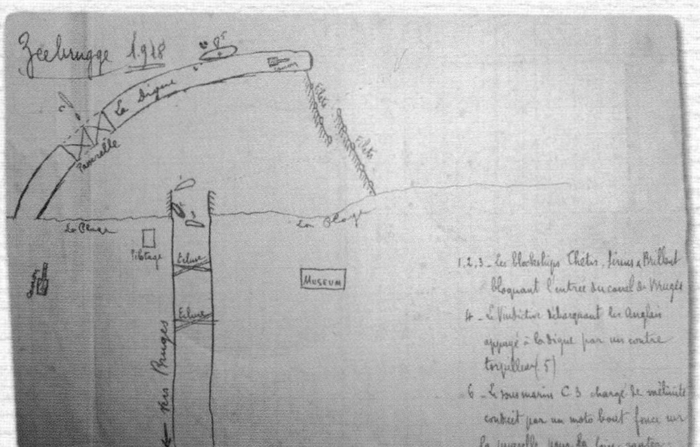

∧ Croquis du raid britannique, en avril 1918, sur le canal des bassins de Zeebrugge qui servaient de base aux sous-marins et aux bateaux allemands opérant dans la Manche et la mer du Nord.

La principale bataille navale de la guerre

1916 est l'année de la seule vraie bataille navale, la bataille de Jutland, livrée le 31 mai en mer du Nord au large du Skagerrak, entre la Norvège et le Jutland danois. L'amiral allemand von Scheer et sa flotte viennent braver la Royal Navy. Le plan est simple. L'escadre de l'amiral Hipper est chargée de croiser en Norvège afin de détourner les croiseurs de l'amiral Beatty basés dans l'estuaire d'Édimbourg. La flotte de haute mer (*Hoch See Flotte*), dissimulée alors plus au sud, sortira de l'ombre et viendra frapper l'escadre anglaise isolée à l'ouest de Skagerrak.

Tout est prévu, sauf un détail : les Anglais, qui ont appris à décoder les textes allemands, ont intercepté leurs messages et connaissent les tenants et les aboutissants de l'opération, ont organisé une riposte. Les amiraux Jellicöe et Beatty partent de conserve à la rencontre de la flotte allemande. Le choc est sans appel pour les Allemands. C'est à peine si Beatty est un peu malmené, les 5 cuirassés neufs et performants de la flotte anglaise étant équipés d'obus géants de 380 mm. Scheer se réfugie derrière son champ de mines d'Helgoland, non sans avoir retourné quelques croiseurs et destroyers bourrés de munitions en une ultime mission suicide sur la flotte ennemie : ses 11 navires en coulent ainsi 14 à l'adversaire avant de sombrer à leur tour.

La bataille de Jutland confirme la maîtrise des mers par les Anglais, même si ceux-ci n'ont pas remporté la victoire totale qu'ils auraient pu espérer. Car Jellicoe n'est pas Nelson : il a refusé de perdre volontairement 2 ou 3 navires pour anéantir la flotte ennemie.

L'affrontement n'a pas tué plus de 2 500 Allemands, mais condamne leur flotte à rester clouée à quai. Elle oblige les Allemands qui ont promis à Washington de cesser la guerre sous-marine après le torpillage du *Sussex* (à peine deux mois auparavant) à ne pas tenir promesse. Enfin, elle convainc les Américains de ne pas arrêter la production industrielle de grosses unités comme ils l'envisageaient. Aucun *dreadnought* n'a été détruit au cours de l'affrontement, tandis que les croiseurs de bataille ont sombré en nombre.

< Sous-mariniers allemands dans le kiosque de leur U-Boot, au premier plan, le périscope en position basse. Les torpilles des submersibles constituent un danger redoutable pour la flotte de commerce alliée, sans oublier les mines que les U-Boote essaiment sur les principales routes maritimes et à l'entrée des ports alliés.

v Au premier plan l'étrave d'un sous-marin allemand, et à babord le cargo anglais qu'il vient de torpiller en train de sombrer.

Un entre-deux

En 1916, aucune opération militaire n'a permis d'emporter la décision. Verdun n'a pas rendu l'armée française exsangue et la Somme n'a pas découragé les Allemands. Le conflit se durcit, mais parallèlement la vie reprend son cours. Les pays belligérants doivent donc à la fois mener la guerre et régler les problèmes intérieurs qui les assaillent.

Le Royaume-Uni, par exemple, depuis longtemps en butte aux revendications nationalistes des Irlandais, doit réprimer une insurrection contre la domination anglaise. Le conflit mondial a, en effet, retardé l'application du *Home Rule* et divisé les nationalistes irlandais. La plupart ont spontanément rejoint les Anglais et se sont engagés dans la guerre. Une minorité s'y est refusée, proclamant : « Nous ne servons ni le Roi ni le Kaiser, mais l'Irlande. » À Pâques, une insurrection éclate à Dublin, qui ne rassemble qu'un millier d'hommes et est écrasée en une semaine par les troupes britanniques. Les rebelles sont sévèrement châtiés. L'un de ses principaux

> Lettre d'un soldat à son épouse. Cette carte résume à elle seule la nostalgie du bonheur d'avant-guerre et fait allusion au refus de certains de retourner à la tuerie. « S'esquinter » veut dire tout simplement s'automutiler plutôt que remonter en ligne.

> Dessin de Jacques Hilpert, peintre aux armées, à Verdun en 1916.

meneurs, Roger Casement, a été accueilli dès le début du conflit à bras ouverts par les Allemands trop contents de soutenir une rébellion au Royaume-Uni. À peine débarqué d'un sous-marin allemand, il est arrêté, jugé et pendu en Angleterre. Autre leader du mouvement, Eamon de Valera, en revanche, échappe à la mort grâce à sa double nationalité, anglaise et américaine. La rigueur de la répression ravive le nationalisme et sera lourde de conséquences pour l'avenir des deux îles.

En Russie, de même, la déliquescence de l'État se poursuit ; l'année s'achève sur l'assassinat de Raspoutine et des pertes humaines très élevées, même lorsque les Russes sont victorieux, provoquant une vague de troubles.

Autre évolution significative pour l'avenir, même si c'est dans la perspective d'une défense du territoire américain et non d'une intervention en Europe, les États-Unis, « neutres », ont commencé à rassembler une armée régulière censée atteindre 175 000 hommes en cinq ans, à laquelle s'ajoutent 475 000 gardes nationaux.

Enfin, le mot « paix » n'est plus complètement oublié et Romain Rolland, installé en Suisse neutre, reçoit le prix Nobel de la paix, tandis que le prix Goncourt va à Henri Barbusse pour *Le Feu*, qui raconte les horreurs de la guerre.

Le 25 décembre 1916, un soldat se souvient du Noël de son enfance : « Aujourd'hui, mon cœur est sec. […] La civilisation moderne nous a mécanisés. La guerre a porté jusqu'à l'exaspération ce procédé de "mécanisation" de la société européenne. Il y a vingt-cinq ans […] nomade d'instinct, je partais du matin au soir le long de la rivière et je volais les nids d'oiseaux et les fruits. J'allais à la messe. Le Noël de ce temps-là est encore vivace dans ma mémoire […]. Dans l'église, il y avait beaucoup de cierges allumés et au milieu de l'autel – dans un petit berceau fleuri – le petit Jésus né dans la nuit. Tout cela était pittoresque et flattait mon imagination. Seule l'odeur de l'encens me causait un trouble et quelquefois un malaise insurmontable. Enfin les sons de l'orgue annonçaient que l'office était terminé. La foule s'écoulait. Le long de la route, des bavardages animés. À midi fumaient sur la table les traditionnels et appétissants "capelleti" de Romagne. Combien d'années ou combien de siècles se sont écoulés depuis lors ? »

Ce soldat qui s'exprime de manière si nostalgique et si bucolique n'est autre que Mussolini.

Sompuis, le 24 décembre 1916

Ma petite femme aimée

[…] Après déjeuner je suis allé me promener au-delà des limites du cantonnement. J'ai traversé le passage à niveau et comme le temps était beau j'ai marché à travers la campagne, je voulais aller à une ferme qui devait se trouver à quelques cent mètres de la voie ferrée mais je n'ai plus trouvé la ferme qui sans doute a été détruite pendant la bataille de la Marne, j'ai vu seulement un amas de pierres, de tuiles et j'avais été par là en me disant : « C'est un coin très tranquille je pourrais peut-être trouver là une chambre. » J'ai continué ma promenade en songeant à toi et traversant les bois je pensais qu'il nous faudrait bien peu de place et bien peu de choses pour être heureux. Une petite baraque dans un petit fouillis d'arbres et d'arbustes où nous nous trouverions ensemble et nous aurions retrouvé notre bonheur […].

Voici ce que je décide au sujet de mon affaire : je vais attendre jusqu'au 15 janvier ; si à cette date je n'ai pas de nouvelles de la demande remise à M. Gervais, j'en ferai deux autres, je te chargerai d'en remettre une à M. Puech, l'autre je l'enverrai par voie hiérarchique. […] En tout cas tranquillise-toi je ne retournerai plus aux tranchées, j'aimerai mieux m'esquinter […].

Bon Noël pour toi, bon Noël pour Geneviève.

Va-t-elle être heureuse cette chère petite de trouver dans la cheminée un beau petit lit pour sa poupée, comme elle va bien cirer ses chaussures ce soir. Je voudrais être là pour la voir. […]

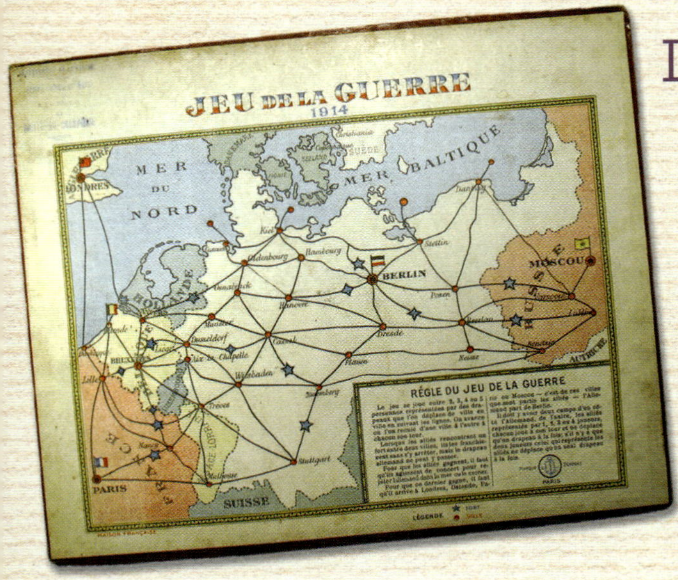

La guerre est un jeu

LES HORREURS du conflit ne dissuadent pas les marchands de proposer jouets, panoplies et divers autres jeux guerriers pour les enfants. Ils recueillent d'ailleurs un certain succès et pour la Noël 1916, le catalogue du *Bon Marché*, particulièrement bien fourni, n'hésite pas à mettre en scène une véritable explosion devant des enfants plus ébaudis qu'effrayés.

AU BON MARCHÉ
PARIS
Maison A. BOUCICAUT
PARIS
Noël... quand même !...
1916
ÉTRENNES - JOUETS
Lundi 4 DÉCEMBRE et pendant tout le MOIS

COSTUMES MILITAIRES
POUR GARÇONNETS
BERSAGLIER vareuse et pantalon chapeau à plumes.
3 ans... 25.»
4.50 en plus par âge.
SOLDAT ANGLAIS vareuse, culotte et bandes molletières en drap kaki
3 ans..... 23.»
4.50 en plus par âge.
La casquette 4.50
OFFICIER FRANÇAIS vareuse, culotte et bandes molletières en drap bleu horizon.
3 ans....... 24.»
4.50 en plus par âge
Le képi...... 3.75
La fourragère ».95
SOLDAT SERBE vareuse, culotte et bandes molletières en drap kaki
3 ans... 22.»
La casquette 4.75
4.50 en plus par âge.
COSAQUE, tunique et culotte drap vert, guêtres vernl noir, bonnet astrakan (imitation).
3 ans..... 23.»
4.50 en plus par âge.
Molletières en cuir noir, 3 ans 6.75 et ».50 en plus par âge ; en cuir jaune, 3 ans 7 fr. et 4 fr. en plus par âge.

Prisonnier français en France

Flabas (Meuse), janvier-février 1917

GEORGES M., matricule 28452, 10e compagnie, est requis de force comme travailleur par les Allemands. Il tient un journal du 26 janvier au 26 février 1917, « Quelques notes sur les représailles sur le front français », dans lequel il insiste sur la faiblesse des hommes par manque de nourriture, le froid et les mauvais traitements. Prisonnier à Hamely, il part en direction de la France, *via* le camp de Darmstadt, Worms, Hambourg puis Thionville. Arrivé en France, il rejoint à pied le village de Flabas, à 18 km environ, pour travailler sur le front.

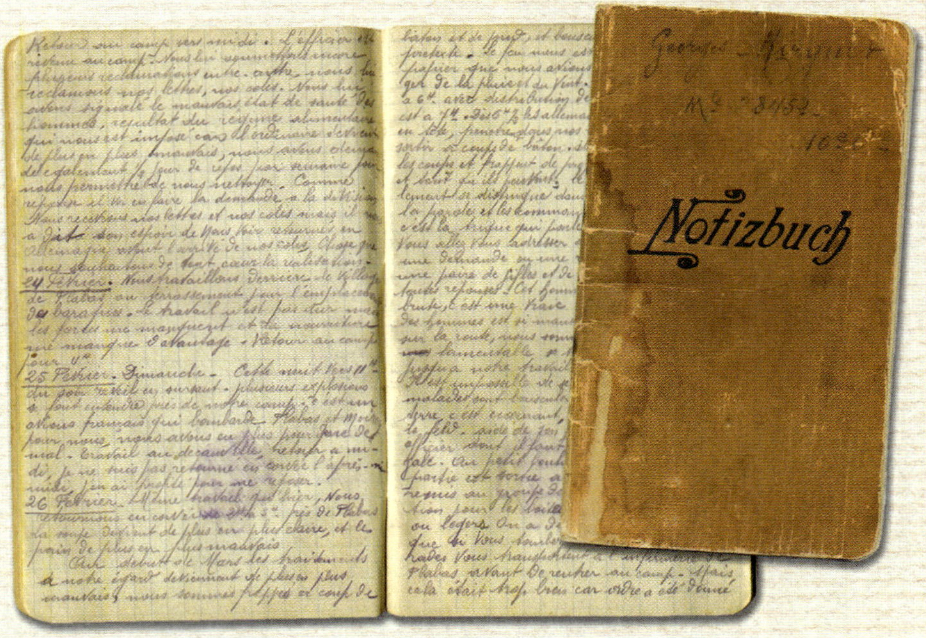

26 janvier. Départ de Hamely à 11 heures où nous sommes rassemblés depuis 7 heures [...] *il fait froid, le pays est couvert de neige* [...]. *La plupart des wagons ne sont pas chauffés par suite de la congélation des conduites de vapeur. Nous passons à Göttingen, Francfort-sur-Main et arrivons à Darmstadt le 27 à 6 heures du matin. La nuit a été très froide* [...]. *Notre séjour à Darmstadt se déroule normalement dans l'attente de renfort et de l'ordre du départ qui arrive le 8 février. J'en ai profité pour manger du mieux que j'ai pu me doutant des misères futures.*

8 février. Les 2 000 représaillés sont divisés en 9 groupes : 300-300-500-900 [...] *après appel et contre-appel, à 11 heures, nous partons* [...]. *Notre malchance continue car notre wagon et beaucoup d'autres n'étaient pas chauffés, nous sommes littéralement gelés. Nous passons le Rhin à Worms où nous apercevons un camp de prisonniers. Hambourg à 9 heures du soir, où nous mangeons la soupe, une soupe très claire de bouillon ayant servi à cuire des pâtes que nous n'avons pas vues. Enfin nous prenons la direction de la France. Il est 9 heures du matin nous arrivons à Thionville où nous mettons plusieurs heures pour faire quelques kilomètres. Dans la traversée de la Lorraine, la population nous a fait une ovation qui nous a fait grand plaisir, un gamin a demandé un képi qu'il s'est empressé de mettre et garder sur sa tête, tous nous parlaient français.* [...]

10 février. Réveil à 7 heures, départ à 8 heures toujours sans avoir rien mangé, ni bu un café chaud. Nous ne savons pas où nous allons mais les tuyaux nous parlent de 30 à 35 km, ça nous fait tirer la langue et faire triste figure. La marche est très difficile et très pénible. […] Nous sommes en file indienne et le chemin n'existe plus. C'est sur la neige que nous marchons, nous nous enfonçons profondément à chaque pas. À 12 heures nous arrêtons au village de Jametz. Une bonne soupe brûlée d'orge écrasé nous est servie ainsi qu'1/4 de boule de pain. En Allemagne on ne mange pas pendant les voyages, il en est ainsi toujours pour nous prisonniers. Voyez plutôt. Le 8 février à 9 heures nous avons une soupe à Darmstadt, la suivante nous est servie à 9 heures du soir à Hambourg, soit douze heures après. La troisième à Jametz le 10, à 12 heures, soit trente-neuf heures sans rien avoir. Ce qui fait que nous avons mangé seulement une soupe en l'espace de cinquante-et-une heures. Nous avons également souffert de la soif au point de sucer de la neige. […] Nous nous rapprochons de plus en plus du front et nous commençons à traîner la jambe, nous trouvons la route interminable et l'on commence à tomber de fatigue, nous sommes constamment arrêtés par des convois de ravitaillement. […] Enfin voici Flabas, c'est là que nous devrons subir nos misères. […] 300 hommes doivent coucher là, à terre sur une superficie de 140 m² maximum. […] Notre arrivée à Flabas s'est faite juste au moment où les Français faisaient une attaque de nuit. Il y avait longtemps que je n'avais entendu un tel roulement de canons et aussi près que ça du front.

12 février […] 200 hommes sont désignés pour aller en corvée. Ils vont à 4 km du front, en avant des pièces d'artillerie. Leur travail consiste à l'installation d'un chemin de fer Decauville servant au ravitaillement en munitions des pièces d'artillerie. Ils ne reviennent qu'à 5 heures du soir sans avoir rien mangé, selon la noble habitude allemande. […]

13 février. Aux différentes réclamations que nous avons soumises à l'officier d'état-major, voici ses réponses – pour la couverture des baraquements : « Les soldats dans les tranchées n'en ont pas, donc nous n'en avons pas besoin. » […]

17 février […] Nous commençons à sentir les premiers effets des représailles. […] la baraque est aménagée de la façon suivante : lit à 3 étages. Nous avons 2 m de largeur pour 6 hommes, c'est dire si l'on est serrés. La lumière est interdite, nous avons 2 petits poêles de tranchées dont 1 seul est en état de fonctionner.

20 février. Aujourd'hui j'ai travaillé à la réfection de la route entre Flabas et Moirey. Travail assez pénible qui a duré jusqu'à 5 h 30, pénible d'autant plus que nous n'avions pas mangé de la journée et que la faiblesse se faisait déjà sentir.

22 février Nous travaillons aux batteries d'artillerie, à la construction d'abris souterrains et de tranchées reliant les pièces, des nombreux obus français tombent autour de nous. Un Feldwebel *parlant français nous dit qu'à son avis nous ne resterons plus longtemps ici ; un auto-artilleur nous déclare sa joie de voir la guerre se terminer bientôt. […] Voilà trois jours qu'il est impossible de se laver faute de temps et surtout d'eau. […]*

25 février. Cette nuit réveil en sursaut. Plusieurs explosions se font entendre près de notre camp. Ce sont les Français qui bombardent. […]

Au début de mars les traitements à notre égard deviennent de plus en plus mauvais, nous sommes frappés à coups de bâton et bousculés sous le moindre prétexte. Le feu nous est retiré, ainsi que le papier que nous avions mis pour nous protéger de la pluie et du vent. […] L'état de santé des hommes est si mauvais que beaucoup tombent sur la route, nous sommes un troupeau lamentable se traînant péniblement jusqu'à notre travail où nous nous arrêtons, exténués. Il est impossible de se rendre à la visite, les malades sont bousculés, frappés, renversés par terre, c'est écœurant. Le triage est fait par le Feld aidé de son fameux sous-officier dont il faut se méfier comme de la gale. Au petit bonheur la chance une grande partie est sortie à coups de bâton pour être requis au groupe des corvées sans considération pour les boiteux, les malades […]. On a de la chance d'aller à la visite que si vous tombez en route, alors des camarades vous transportent à l'infirmerie de Flabas. Mais cela était trop bien car ordre a été donné de ne plus transporter les malades à l'infirmerie avant de revenir au camp. […] Le moral des hommes a baissé considérablement.

^ Fantassin français du 251e régiment d'infanterie et soldat allemand arborant le fusil Lebel modèle 1886 avec système adaptable de tromblon lance-grenades de son captif.

Bibliographie sommaire

Anonyme. *Histoire passionnante de la vie d'un petit ramoneur savoyard.* Paris, 1978.

Audoin-Rouzeau S. et Becker J.-J., *Les sociétés européennes et la guerre de 1914-1918.* Paris, 1990.

– (sous la direction de), *Encyclopédie critique de la Première Guerre mondiale.* Paris, 2004.

Audoin-Rouzeau S., *La guerre des enfants 1914-1918.* Paris, 1993.

–, Becker A., Ingrau C. Et Rousso H. (sous la direction de), *La Violence de guerre 1914-1945. Approche comparée des deux conflits mondiaux.* Bruxelles, 2002.

Autin J., *Foch.* Paris, 1987.

Bach A., *Fusillés pour l'exemple 1914-1915.* Paris, 2003.

Bainville J., *Les Conséquences politiques de la paix.* Paris, 1920.

Barbusse H., *Le Feu. Journal d'une escouade.* Paris, 1916.

Becker A., *Oubliés de la Grande Guerre. Humanitaire et culture de guerre : populations occupés, déportés civils et prisonniers de guerre.* Paris, 1998.

Becker J.-J., 1914. *Comment les Français sont entrés dans la guerre.* Paris, 1977.

– *et al.*, *Guerres et cultures 1914-1918*, Paris, 1994.

–, *L'Europe dans la Grande Guerre*, Paris, 1996.

–, *Le Carnet B. Les pouvoirs publics et l'antimilitarisme avant la guerre de 1914.* Paris, 1973.

–, *Le Traité de Versailles.* Paris, 2002.

Bessel R., *Germany after the first World War.* Oxford, 1993.

Blond G., *Verdun.* Paris, 1961.

Boulanger P., *La France devant la conscription. Géographie historique d'une institution républicaine, 1914-1922.* Paris, 2001.

Canini G., *Combattre à Verdun. Vie et souffrances quotidiennes du soldat 1916-1917.* Nancy, 1988.

Capdevila L., Rouquet F., Virgili F. et Voldman D., *Hommes et femmes dans la France en guerre 1914-1945.* Paris, 2003.

Cassagnau I., *Ce que chaque jour fait de veuves. Journal d'un artilleur 1914-1916.* Paris, 2004.

Cendrars B., *La Main coupée.* Paris, 1946.

Christadler M., *Kriegserziehung im Jugensbuch. Literarische Mobilmachung and Deutschland und Frankreich vor 1914.* Francfort, 1979.

Contamine H., *La Victoire de la Marne.* Paris, 1970.

Corns C. et Hugues-Wilson, J. Blindfold and Alone. *British Military Executions in the Great War.* Londres, 2001.

Darmon P., *Vivre à Paris pendant la Grande Guerre.* Paris, 2002.

Delaporte S., *Les Gueules cassées. Les blessés de la face de la Grande Guerre.* Paris, 1996.

Denizot A., *La Bataille de la Somme juillet-novembre 1916*. Paris, 2002.

Digeon C., *La Crise allemande la pensée française 1970-1914*. Paris, 1959.

Dorgelès R., *Les Croix de bois*. Paris, 1918.

Droz J., *Les causes de la Première Guerre mondiale. Essai d'historiographie*. Paris, 1973.

Ducasse A., *Balkans 14-18 ou le chaudron du diable*. Paris, 1964.

Dufour P., *La Légion en 14-18*. Paris, 2003.

Duroselle J.-B., *Clemenceau*. Paris, 1988.

–, *La France et les Français, 1914-1920*. Paris, 1972.

Faron O., *Les Enfants du deuil. Orphelins et pupilles de la nation de la Première Guerre mondiale, 1914-1941*. Paris, 2001.

Fejtö F., *Requiem pour un empire défunt. Histoire de la destruction de l'Autriche-Hongrie*. Paris, 1988.

Feldman G., *Army, Industry and Labor in Germany,1914-1918*. Oxford, 1992.

Ferro M., *La Grande Guerre 1914-1918*. Paris, 1969.

–, *La Révolution russe de 1917*. Paris, 1967.

Forcella E. et Monticone A., *Plotone di esecuzione. I processi della prima guerra mondiale*. Bari, 1972.

Gambiez général et Suire colonel, *Histoire de la Première Guerre mondiale*, 2 tomes. Paris, 1968.

Genevoix M., *La Boue*. Paris, 1921.

Girardet R., *Le Nationalisme français*. Paris, 1983.

Goldberg H., *Jean Jaurès*. Paris, 1970.

Gorokhoff G. et Korliakov A., *Le Corps expéditionnaire russe en France et à Salonique 1916-1918*. Paris, 2003.

Goya M., *La chair et l'acier. L'invention de la guerre moderne, 1914-1918*. Paris, 2004.

Grancher M.-E., *5e de Campagne. Au front pendant la Grande Guerre*. Lyon, 1937.

Guilloux L., *Le sang noir*. Paris. 1935.

Hemingway E., *L'Adieu aux armes*. Paris, 1948.

Hinzelin E., *Histoire illustrée de la guerre du droit*. Paris, 1916.

Horne A., *The Price of Glory, Verdun 1916*. Londres, 1962.

Horne J. et Kramer A., *German Atrocities, 1914. A History of Denial*. Yale, 2001.

Jahr C., *Gewöhnliche Soldaten Desertion und Deserteure im deutschen und britischen Herr. 1914-1918*. Göttingen, 1998.

Joll J., *The Origins of the First World War*. Londres, 1984.

Jünger E., *Orages d'acier*. Paris, 1920.

Kaspi A., *Le Temps des Américains. Le concours américain à la France en 1917-1918*. Paris, 1976.

Keegan J., *La Première Guerre mondiale*. Paris, 2003.

Keynes J.-M., *Les Conséquences économiques de la paix*. Paris, 1920.

Kriegel A. et Becker J.-J., *La Guerre et le mouvement ouvrier français.* Paris, 1964.
Leed E.-J., *No Man's Land. Combat and Identity in World War I,* Londres, 1979.
Martin du Gard R., *Les Thibault (été 1914).* Paris, 1936.
Meyer J., *La Vie quotidienne des soldats pendant la Grande Guerre.* Paris, 1967.
Michel B., *La chute de l'Empire austro-hongrois 1916-1918.* Paris, 1991.
Mosse G.-L., *De la Grande Guerre au totalitarisme. La brutalisation des sociétés européennes.* Paris, 1999.
Nicot J., *Les Poilus ont la parole. Lettres du front 1917-1918.* Bruxelles, 1998.
Offenstadt N., *Les Fusillés de la Grande Guerre et la mémoire collective, 1914-1999.* Paris, 1999.
Oudin B., *Aristide Briand. La Paix une idée neuve en Europe.* Paris, 1987.
Pedroncini G., *Les mutineries de 1917.* Paris, 1983.
–, *1917. Les mutineries de l'armée française,* Paris, 1968.
–, *Pétain. Général en chef 1917-1918.* Paris, 1974.
Prior R. et Wilson T., *La Première Guerre mondiale 1914-1918.* Atlas. Paris, 1999.
Prost A., *Les anciens combattants et la société française, 1914-1939,* 3 vol.. Paris, 1977.
Rabier B., *Flambeau, chien de guerre.* Paris, 1916.
Rauchensteiner M., *Der Tot des Doppeladlers. Osterreich-Ungarn und der erste Weltkrieg.* Graz, 1993.
Reed J., *Dix jours qui ébranlèrent le monde.* Paris, 1969.
–, *La Guerre dans les Balkans.* N.-Y., 1916.
Remarque E.-M., *À l'Ouest rien de nouveau.* Paris, 1929.
Renouvin P., *La Crise européenne et la Première Guerre mondiale.* Paris, 1969.
Rousseau F., *La Guerre censurée. Une histoire des combattants européens de 14-18.* Paris, 1999.
Salomon von - E., *Les Réprouvés.* Hambourg, 1930.
Smith L.V., *Between Mutiny and Obedience. The Case of the French Fifth Infantery Division during World War I.* Princeton, 1994.
Soutou G.-H., *L'Or et le sang, les buts de guerre économiques de la Première Guerre mondiale.* Paris, 1989.
Ternon Y., *Les Arméniens, Histoire d'un génocide.* Paris, 1977.
Tuffrau P., *1914-1918 Quatre années sur le front. Carnet d'un combattant.* Paris, 1998.
Weber E., *The Nationalist Revival in France, 1905-1914.* Los Angeles, 1959.
Zorgbibe C., *Histoire des relations internationales 1871-1918.* Tome 1, 1994.
–, *Wilson, un Croisé à la Maison Blanche.* Paris, 1998.

Crédits photographiques

Nous remercions les personnes mentionnées ci-dessous qui ont bien voulu nous confier leurs documents, ainsi que Gilles Aubagnac, Christian Benoît, Gilles Bernard, Antoine Champeaux, Cécile Fauré, Marcel Perrad et Emmanuel Ranvoisy.

Gervais Cadario : 27, 44, 47, 58 (ht), 81 (dr.), 82, 84, 95, 113, 126 (centre), 140-141, 144 (bas dr.), 154, 181, 195, 206-207, 208, 209, 218 (dr.), 219 (ht dr.), 230 (g.), 247

Olivier Calonge : 17, 18, 76 (photo), 81 (ht), 119, 126 (bas), 151, 158, 163, 164, 172, 185, 186, 219 (ht), 245, 278-279, 282, 283, 289, 297

Jean Chazottes : 39, 60, 66, 67 (ht), 90, 93, 94, 127 (bas), 128 (centre), 129 (bas), 130, 136, 140 (ht g.), 141 (ht g.), 144 (photo centre), 144 (ht dr.), 146, 153, 160-161, 162, 167 (ht), 195, 203, 206-207, 211 (bas), 215, 216, 218 (centre), 220 (bas g.), 221 (ht), 228, 230 (ht, bas dr.), 231 (bas), 233, 238 (bas), 239 (bas g.), 240 (bas), 241 (bas g.), 244, 246, 252, 257, 258, 262 (bas), 263 (bas), 265, 266, 288 (ht), 289, 290-291, 294-295

Pierre Dehé : 42

Deuxième Territoire-Eric Deroo : 10, 12, 19, 25, 28, 30, 31 (bas), 34, 35, 46, 49, 50, 56, 62, 71, 72, 78 (g.), 92, 93 (bas), 98, 99, 100, 101, 120, 122-123, 127 (ht), 135, 143, 150, 174, 175, 189, 210 (ht g.), 213, 217 (g.), 219 (centre g.), 220 (ht), 222, 226, 227, 235, 238 (ht, centre), 239 (dr.), 260 (ht), 262 (ht), 263 (ht), 264, 269, 271 (bas), 288 (bas), 293 (bas), 296

DR : 23, 52, 77, 87, 148, 149, 156, 157, 165, 166, 173, 177, 183, 188, 190, 191, 192, 193, 199, 219 (bas dr.), 224, 229, 231 (ht), 234, 236, 242, 243, 250, 254, 255, 268, 273, 274, 277

Richard de Filippi : 14, 16, 67, 133 (ht), 140-141, 152, 219 (ht)

Frédéric Finel-Overlord : 69, 202

Cyril Gaston : 58, 58 (centre), 78 (dr.), 106, 132

Gérard Gorokhoff : 112, 194 (bas)

Félix Ménard : 125, 128 (ht), 144 (ht), 145 (ht), 167 (bas), 210 (centre)

Le Poilu (Pierre Besnard, Patrice Bouchery) : 15, 31 (ht g.), 32, 40, 54, 55, 74, 83, 85, 88, 117, 134, 135 (ht), 205, 217 (dr.), 239 (fonds), 262 (centre)

Rémy Theys : 26, 59, 196, 198, 260 (centre), 267, 293 (ht)

Marcel Tirollois : 36, 48, 70, 76 (livret), 97, 142, 147, 251

Titus : 108-109, 110, 111, 197, 280-281

Union des Photographes russes : 180

Pierre Vallaud : 248, 249

Autres collections privées : 116, 194 (ht), 218, 253, 284

Cartes : Quarante-Quatrième Parallèle